Er führte das Land durch die Ölkrise, den Deutschen Herbst und den Kalten Krieg: Helmut Schmidt ist noch immer der beliebteste Politiker Deutschlands. Heute, in Zeiten von Terror, Globalisierung und Krise, scheint sein Rat gefragt wie nie – kaum ein anderer Staatsmann hat der Republik so leidenschaftlich Mitte und Maß vorgegeben.

Hans-Joachim Noack, der als politischer Korrespondent die Karriere Schmidts über Jahrzehnte verfolgt hat, schildert den Aufstieg des Lehrersohns aus Hamburg-Barmbek zum mächtigsten Mann im Staat. Der Autor, der Zugang zum Privatarchiv des Altkanzlers erhielt, beschreibt, wie der Krieg den Menschen Helmut Schmidt prägte und ihn zugleich auf die Karriere in der Politik vorbereitete. Er spürt dem Geheimnis seines Nimbus nach, der im Kampf gegen die Hamburger Flutkatastrophe 1962 gründet und im Terrorjahr 1977 seinen Höhepunkt erreichte. Und er zeigt, warum die Deutschen den Altkanzler von jeher als Verkörperung des gesunden Menschenverstandes betrachten.

Ein glänzend geschriebenes Lebenspanorama – und zugleich ein faszinierendes Kapitel deutscher Zeitgeschichte.

ro
ro
ro

Hans-Joachim Noack

Helmut Schmidt

Die Biographie

Rowohlt Taschenbuch Verlag

Veröffentlicht im Rowohlt Taschenbuch Verlag,
Reinbek bei Hamburg, März 2010
Copyright © 2008 by
Rowohlt · Berlin Verlag GmbH, Berlin
Umschlaggestaltung ZERO Werbeagentur, München
(Umschlagfoto: Jupp Darchinger / darchinger.com)
Satz aus der Minion PostScript bei
hanseatenSatz-bremen, Bremen
Druck und Bindung Druckerei C. H. Beck, Nördlingen
Printed in Germany
ISBN 978 3 499 62220 5

Inhalt

«Kerl ohne Fisimatenten»:
eine Annäherung

Geschichten beginnen häufig mit Zufällen – etwa diese im Mai 1980. Als Kurzurlauber in Rom fand ich in einem Café nur noch an jenem Tisch Platz, auf dem ein Exemplar der «Frankfurter Allgemeinen» lag, das vermutlich Landsleute zurückgelassen hatten. So fiel mein Blick auf einen Artikel des einflussreichen Bonner Hofchronisten Walter Henkels. Der eigentlich den christlichen Parteien zugeneigte Korrespondent lobte darin die allgegenwärtige Siegermentalität des regierenden Sozialdemokraten Helmut Schmidt. Erst kürzlich habe der in kaum einer Stunde eine Reihe von Journalisten im Schach abgebügelt.

Ich arbeitete damals in Frankfurt bei der «Rundschau» und galt dort zu Recht als Spieler; also war das eine aufregende Information. Dass den in der Bundeshauptstadt akkreditierten Kollegen solche Chancen geboten wurden, ließ mir keine Ruhe. Wahrscheinlich seien ihm da einige lausige Amateure über den Weg gelaufen, raunte ich dem Kanzler bei der ersten Gelegenheit mutig ins Ohr.

Meine Begegnungen mit Helmut Schmidt hatten mir bis dahin wenig Ruhm eingetragen. Im Winter 1978 war ich von ihm empfangen worden, um als politischer Reporter über den schwierigen Amtsalltag des Chefs der sozial-liberalen Koalition zu schreiben – eine ziemliche Blamage. Ich wollte ihm bescheinigen, in vielerlei Hinsicht *skrupulöser* zu sein, als es seinem öffentlichen Image entsprach. In der noch weitgehend unkorrigierten Deutschland-Auflage der «FR» tauchte aus unerfindlichen Gründen das befremdliche Adjektiv *skrupelloser* auf.

Der Kanzler war «not amused», wie mir sein zerknirschter Adlatus und Regierungssprecher Klaus Bölling ausrichtete, weshalb ich nun offenkundig dafür büßen musste. Ob ich mir einbildete, «mehr draufzuhaben als andere», fragte Schmidt nach meiner flapsig intonierten Herausforderung am Rande einer Pressekonferenz gallig zurück und zeigte mir dann ungnädig die kalte Schulter. Passé schien der schöne Journalistentraum, eine der Schlüsselfiguren im Lande als Schachpartner ködern zu können.

Aber ich täuschte mich. Ein volles Vierteljahr später meldete sich an einem fortgeschrittenen Sonntagabend eine Bonner Stallwache am Telefon. Der Bundeskanzler, wurde mir mitgeteilt, habe mein Erscheinen «zum vereinbarten Match» für den folgenden Nachmittag, 14 Uhr, in seinem Feriendomizil am schleswig-holsteinischen Brahmsee «vorgemerkt». Ich möge wegen der dort herrschenden strengen Sicherheitsmaßnahmen einen gültigen Personalausweis oder Reisepass nicht vergessen.

So traf ich ihn anderntags in seinem bescheidenen Anwesen, einer am Rande der Gemeinde Langwedel gelegenen ehemaligen Wehrmachtsbaracke. Der Gastgeber, der mich leger in Shorts und Ringelhemd begrüßte, erwies sich als angenehm unprätentiös. Er bat höflich um Verständnis dafür, dass im Garten mit Schnellfeuergewehren bewaffnete Grenzschutzbeamte Patrouille liefen, und führte mir dann nicht ohne Besitzerstolz das zum Teil von ihm selbst restaurierte «lütt Hus» vor. Am Ende durfte ich sogar ins eheliche Schlafzimmer sehen, wo in akkurat glattgestrichenen Betten sein blauweiß gestreifter Pyjama neben dem altrosa gerüschten Nachthemd von Frau Loki lag.

Es war ein bisschen wie bei Schmidts aus der Nachbarschaft: behütete grüne Idylle im deutschen Winkel und ein sichtlich entspannter Kanzler. Am Schachbrett bevorzugte er lustvoll einen auf möglichst raschen Figurenabtausch bedachten rustikalen Stil und freute sich diebisch, als ich ausgerechnet die für mich interessanteste Partie verlor. Die hatte ich mit seiner Einwilligung mitgeschrieben, um mir die Notation anschließend signieren zu lassen, worauf er nun grinsend bestand.

Es wurde trotzdem ein denkwürdiger Tag, von dem ich auch in meinem Job profitierte. Wir spielten danach immer mal wieder – etwa im Herbst 1980 während des Wahlkampfs gegen Franz Josef Strauß in seinem Sonderzug oder bei längeren Überseeflügen –, und nicht selten folgte dem exklusiven Vergnügen eine umfängliche politische Tour d'Horizon. Die bescherte mir stets einige verwertbare Details oder zumindest sachkundige Einschätzungen der jeweiligen Lage.

Das erste Interview, das ich mit Helmut Schmidt führen konnte, hatte in der Zeit der Großen Koalition stattgefunden, es sollte über Jahre hinweg mein Bild von ihm prägen. Im Kern teilte ich, was den Fraktionschef der SPD betraf, die Skepsis der «Achtundsechziger». Vor allem dass der alerte Genosse die heißumstrittenen Notstandsgesetze durchpaukte, hielt ich empört für einen obrigkeitsstaatlichen Amoklauf, und als er am 16. Mai 1974 gar den in meinen Kreisen angehimmelten Kanzler Willy Brandt ablöste, war das für unsereins fast wie ein Volkstrauertag.

Andererseits gab es aber auch Seiten an ihm, die mir früh imponierten. Die zupackende Art, mit der sich der damalige Hamburger Innensenator 1962 gegen die verheerende Flutkatastrophe in seiner Heimatstadt stemmte, beeindruckte mich ebenso wie sein ein Jahr vorher – noch als Bundestagsabgeordneter – publizierter Essay über «Verteidigung oder Vergeltung», eine militärstrategische Analyse des zunehmend maroden Ost-West-Verhältnisses.

Ich bewunderte fortan seine Fähigkeit, sich in außerordentliche Problemstellungen hineinzudenken, aber meine moralischen Vorbehalte legten sich erst im sogenannten Deutschen Herbst. Wie er in der schwierigsten Zeit seiner Kanzlerschaft 1977 beim Kampf gegen den Terror der «Roten-Armee-Fraktion» leise einräumte, selber Schuld auf sich geladen zu haben, als er den entführten Wirtschaftsmagnaten Hanns Martin Schleyer opferte, bewies mir sein Format. Helmut Schmidt, nach seinem Triumph über die RAF bald «Held von Mogadischu», war offenbar weit mehr als nur der vielzitierte «Macher».

Und der Besuch Anfang August 1980 am Brahmsee bewirkte ein Übriges. Es schmeichelte mir, dass mich der Hausherr, der das Gros der ihn umschwirrenden Korrespondenten manchmal rüde mit «Wegelagerern» verglich, erstaunlich zuvorkommend behandelte. Bei meinem ersten Privatissimum wie bei allen anderen, die er mir in den folgenden mehr als zweieinhalb Jahrzehnten gewährte, ließ er von der ursprünglich befürchteten arroganten Unnahbarkeit wenig spüren.

Ganz im Gegenteil: Sein properes Selbstwertgefühl machte die journalistische Arbeit mit ihm immer unkompliziert. Als Mann der klaren Worte gehörte er nie zu jener Kategorie von Politikern, die vor Interviews *off the record*, also unter der Hand, munter drauflosschwadronieren, um dann bei der Durchsicht der Druckfassung ihrer Texte bänglich die Pointen zu tilgen. Was er meinte sagen zu müssen, galt in aller Regel als gesagt, und so ähnlich präsentierte er sich auch, als ich ihn bat, mir bei seiner Rückschau auf sein bewegtes Leben Rede und Antwort zu stehen.

Geriet er in Wallung, langte er wie eh und je kräftig hin. Dass der vormalige Kanzler ein «prima Elder Statesman» geworden sei, «leider nur das gelegentliche Herumsauen nicht lassen» wolle, hatte mir noch in seinem Todesjahr 1992 der SPD-Ehrenvorsitzende Willy Brandt bestätigt – was Schmidt nun ungerührt unterstrich. Mit Vertretern konkurrierender Parteien sprang er dabei meistens weniger ruppig um als mit den eigenen Leuten. «Lieblingsgenossen» wie Erhard Eppler, Egon Bahr oder Horst Ehmke lieferten mir bei begleitenden Recherchen einige deftige Kostproben.

Auffällig war, wie selten der zweite sozialdemokratische Regierungschef einmal von ihm gefällte Urteile über Menschen oder Sachverhalte aus der zeitlichen Distanz abschwächte. Er verstärkte sie eher noch. Verbiestert nannte er etwa den ehemaligen US-Präsidenten Jimmy Carter «einen Schimmerlos vom Anfang bis zum Ende», um danach seine Freunde, vorweg das später ermordete ägyptische Staatsoberhaupt Anwar as-Sadat, warmherzig zu umgarnen. «Ich habe diesen Kerl geliebt», verriet er mir mehrmals und schwärmte wie ein jugendlicher Pfadfinder von gemeinsamen nächtlichen Bootsfahrten auf dem Nil. «Unter prächtigem Sternenhimmel» sei ihm da ein grundlegend neues, Juden, Christen und Moslems umschließendes holistisches Weltbild vermittelt worden.

In solchen Augenblicken durfte ich einem sehr viel empfindsameren Helmut Schmidt zuhören, als mir bis dahin bekannt war. Andererseits überwog, wie in seinem Metier üblich, auch bei ihm die Kunst, kühl kalkuliert nur jenen Teil der eigenen Identität abzuspalten, den er der Allgemeinheit preiszugeben gedachte. Fragen, die ihm signalisierten, dass sie sein Innenleben allzu sehr einzukreisen versuchten, wies er manchmal grantig zurück.

Reflektierte Gespräche: ja – aber bloß keine Psychoanalyse! Sich vor irgendwelchen «Seelenklempnern» rechtfertigen zu müssen, erzeugte in Schmidt eine eisige Abwehrbereitschaft, die er lapidar mit seiner angeblich «schlichten Bauart» begründete: Zu einer qualvollen oder auf eitle Verbrämung hinauslaufenden Introspektion, mokierte er sich, fehle ihm «einfach das Gen».

Man sollte ihm glauben, dass er deshalb auch konsequent davon absah, einer unter Spitzenpolitikern verbreiteten Verlockung zu erliegen. Wie seine Kanzler-Kollegen von Konrad Adenauer bis Gerhard Schröder mit den obligaten Selbstzeugnissen auf den Markt zu kommen, erschien ihm nicht nur als überflüssig, sondern historisch untaugliches Mittel. Autobiographen, belehrte er mich, ähnelten Männern bei der täglichen Nassrasur: «Die sind ständig in der Gefahr, sich zu schneiden, und möchten doch nur gut aussehen.»

Aber galt das nicht auch für ihn? In Wahrheit hatte er öfter zur Feder (oder genauer, zu einem seiner weichen Bleistifte) gegriffen als jeder andere Regierungschef der Bonner Nachkriegsrepublik. Auf «an die fünfundzwanzig Bücher» schätzte Schmidt bereits kurz vor dem 80. Geburtstag seinen gewaltigen Output, und in vielen, vor allem in einigen, die im Jahrzehnt danach dazukamen, befasste sich der Autor ausführlich mit seinem öffentlichen und privaten Leben.

Memoiren auf Raten, die erkennbar der Selbstvergewisserung dienten und natürlich das eigene Gewicht in der Welt nicht aussparten. Zugleich beharrte er aber auch in allen Gesprächen darauf, man möge ihm abnehmen, wie wenig Gedanken er sich darüber mache, in die Geschichtsbücher einzugehen. Was die Historiker letztlich mit seiner Person anfingen, sei ihm «völlig wurscht», schickte er unwirsch hinterher. Insbesondere habe er sich nie danach gedrängt, Regierungschef zu werden.

In Wirklichkeit begann der immens mitteilungsfreudige Workaholic schon früh damit, Schriftstücke jeglicher Art für die Nachgeborenen einzusammeln. Am Ende seiner Dienstzeit stapelten sich sowohl in der sozialdemokratischen Friedrich-Ebert-Stiftung in Bonn als auch daheim im Hamburger Stadtteil Langenhorn einige hundert laufende Meter Akten: ein künftiges Helmut-Schmidt-Archiv. Das Material soll nach seinem Ableben der Wissenschaft dienen.

Denn zu allen Zeiten war ihm daran gelegen, den Deutschen in guter Erinnerung zu bleiben. Einer seiner engsten Kombattanten, der ehemalige Finanz- und Verteidigungsminister Hans Apel, erzählte mir von einer bezeichnenden Begegnung mit dem einstigen Chef: Wie es um seine Chancen «als historische Figur» stehe, wollte der Ex-Kanzler erfragen, und er, der für seine Schnodderigkeit bekannte einstige Kronprinz, habe «idiotischerweise» geantwortet, «fürs Geschichtsbuch» werde es kaum reichen. Ein Lapsus, der ihre Freundschaft merklich eintrübte.

Dabei hatte Apel nur bekräftigen wollen, was der Realist Schmidt nicht anders sah: Große Kanzler benötigen große Themen – und als er das Zepter übernahm, waren mit Konrad Adenauers Westintegration und Willy Brandts Ostpolitik die entscheidenden Weichenstellungen in der Erfolgsstory der Bundesrepublik längst vollzogen. Die deutsche Einheit unter der Schirmherrschaft Helmut Kohls lag da noch in weiter Ferne.

Durfte er, der sich in hanseatischem Understatement einmal zum «leitenden Angestellten» des Bonner Teilstaats reduzierte, nicht ein bisschen neidisch darauf sein? Das «Glück eines epochalen Auftrags», ließ Schmidt zuweilen leicht elegisch einfließen, sei ihm nie beschieden gewesen. Der wohl sachkundigste und mit den besten Voraussetzungen ausgestattete Kanzler musste mit einer vergleichsweise unspektakulären Zeit des Übergangs vorliebnehmen.

Die erlegte dem im Ausland als «Weltökonom» gefeierten Deutschen auf, sich anstelle wegweisender Reformen dem Problemkatalog jener Jahre, vor allem der nach dem Ölpreisschock steigenden Arbeitslosigkeit und Staatsverschuldung zu widmen, was ihm nur zum Teil gelang. Dass er dabei der Bundesrepublik im internationalen Maßstab immer noch einen beachtlichen Rang sicherte, war ihm nur ein schwacher Trost.

Der vor Ehrgeiz lodernde Krisenmanager empfand sich zu Hause als chronisch unterschätzt, ein Gefühl, das ihn nie ganz verließ. Hatte nicht auch er – neben dem Kampf gegen den Terror der RAF und seiner unermüdlichen Bereitschaft, gemeinsam mit den Franzosen die Einigung Europas voranzutreiben –, zumindest *eine* strategische Meisterleistung vollbracht? Sooft es um die Highlights seiner achtjährigen Kanzlerschaft ging, war es Schmidt spürbar ein Anliegen, den von ihm initiierten und den USA aufgedrängten «Nato-Doppelbeschluss» gewürdigt zu wissen.

Sein Beharren darauf, die von Moskau gegen Westeuropa gerichteten SS-20-Raketen gegebenenfalls mit amerikanischen Pershings zu kontern, trieb Ende der Siebziger nicht nur eine gewaltige Friedensbewegung auf die Straßen. Die Entscheidung trennte ihn peu à peu auch von der Mehrheit seiner Genossen, die ihm so offenkundig widerstrebend folgten, dass sie der ohnehin schon schwankenden FDP den Vorwand lieferten, seinen Sturz zu riskieren. Erst Helmut Kohl verfügte über die nötige Unterstützung, das gefährliche Planspiel durchzusetzen. Der eigentliche Urheber war noch kläglich gescheitert.

Aber gab ihm der weitere Verlauf der Geschichte dann nicht auf glorreiche Weise recht? Er könne sich «vorstellen», presste Schmidt einmal zwischen den Zähnen hervor, dass, wenn er noch lebte, selbst der zu den Nachrüstungsgegnern «übergelaufene» Brandt im Lichte der globalen Folgen des Beschlusses seine Meinung geändert hätte.

Am Streit in dieser Frage lag es allerdings nicht allein, dass sich die Beziehungen des fünften Bonner Regenten zum vierten wie ein roter Faden durch seine Retrospektive zogen. Während ihm etwa zu Herbert Wehner, dem schwer durchschaubaren dritten Mann in der SPD-Troika, kaum ein abträgliches Wort über die Lippen kam, trieb ihn der Parteivorsitzende offenkundig um. Mal hielt Schmidt sich zugute, er habe schon an einer Ostpolitik gearbeitet, als «der frühere Berliner Bürgermeister noch in seiner Stadt zu den Kalten Kriegern zählte». Mal warf er ihm «Wankelmut» oder «Feigheit vor Freunden» vor, um dann im selben Atemzug seine «phänomenale Ausstrahlungskraft» zu bewundern.

Schwang da ein Hauch von Missgunst mit, wenn er sich gleichzeitig darauf versteifte, er habe den von Brandt erzeugten «Wärmestrom» weder kopieren noch mit ihm konkurrieren wollen? Von den Menschen respektiert zu werden, begründete er einmal unvermittelt heftig, sei für ihn «immer vollauf ausreichend gewesen – mich musste keiner lieben».

Also blieb er bei seinem Leisten – ein jenseits aller Moden und Trends an harten Fakten sich orientierender Aufsteiger, der sich im Kern seines Wesens dem ordentlichen und strebsamen Durchschnittsdeutschen, vor allem dem «Facharbeiter» und mit ihm der klassischen «Mitte» der Gesellschaft, verwandt fühlte. Und die dankte es ihm: Noch 1993, elf Jahre nach seinem von Liberalen und SPD-Linken erzwungenen Abgang, wünschten sich annähernd zwei Drittel der befragten Landsleute sein Comeback.

Brach da in den Wirren der Wende die Sehnsucht nach einem Politiker auf, der schon den Bürgern in der Bonner Republik «gerne mal in den Hintern getreten, dafür aber hochkompetent den Laden zusammengehalten hatte»? So sah es selbst Egon Bahr, der sich oft als Kritiker des Ex-Kanzlers profilierte. Und einige Monate lang schien sich für Helmut Schmidt, inzwischen Mitherausgeber der Hamburger Wochenzeitung «Die Zeit», tatsächlich die Chance zu bieten, doch noch den «epochalen Auftrag» zu ergattern. Es gab deutliche Hinweise darauf, dass er ernsthaft darüber nachdachte, es noch einmal zu versuchen. Aber seine SPD hüllte sich vielsagend in Schweigen.

Den «Willy-Brandt-Enkeln», die in den frühen Neunzigern auf dem Sprung standen, steckten nicht nur die zahllosen Kräche mit dem fast 75-jährigen Spitzengenossen in den Knochen – sie entsannen sich auch eines ewig umhergeisternden geflügelten Wortes, das sie wie kaum ein zweites als fortdauernde Kränkung empfanden: Helmut Schmidt, so hatten vor allem Sympathisanten der Konservativen unter das Volk gestreut, sei «der richtige Mann in der falschen Partei». Und der Veteran wich zurück. Angesichts seines Alters, ließ er die Fans in einer schriftlich verbreiteten sibyllinischen Botschaft wissen, verbiete sich eine Kandidatur.

Wie er öfter auf Gedächtnislücken verwies, wenn ihn Fragen verdrossen, war ihm dieser Vorgang, als wir uns darüber Jahre später unterhielten, angeblich entfallen. Dass er je einen neuen Anlauf im Schilde führte, entrüstete sich der Staatsmann a. D. mit gespieltem Ingrimm, sei «gewiss ein ebenso großer Quatsch» wie die ihm angedichtete Nähe zu anderen politischen Gruppierungen: Da habe man ihm «listig ein klassisches Danaer-Geschenk ins Nest gelegt – büsch'n vergiftet, will ich mal sagen».

Aber dann entspannten sich seine Züge. Im Übrigen, korrigierte sich Helmut Schmidt, während er sein immer noch vitales Raubtierlächeln vorführte, sei da «durchaus was dran». Wer ihm auf solche Weise habe bescheinigen wollen, dass er eine parteiübergreifende Vernunft verkörpere, werde von ihm nicht gescholten: «Ich sah mich nie als einen Kanzler der SPD.»

Vermutlich erklärt dies auch seine anhaltende Popularität. Keiner seiner Vorgänger und Nachfolger wurde so sehr von Wählern favorisiert, die zu den jeweils regierenden Farben in Opposition standen, wie der eigenwillige «Sozi» aus Hamburg. Der wiederum achtete sorgsam darauf, das gebräuchliche Genossen-Kürzel auf die ihm genehme Art zu übersetzen: Sozialdemokrat zu sein, hieß für ihn nicht, «irgendwelchen ideologisch überhöhten Spinnereien» anzuhängen, sondern sich schlicht als *sozialer Demokrat* zu bewähren.

Und ein zweiter Grund dafür, dass sich vor allem das bürgerliche Lager weit über seine Amtszeit hinaus mit ihm identifizierte, lag in seiner Vita. Wie bei kaum einer anderen öffentlichen Figur spiegelt die Biographie Helmut Schmidts, der unmittelbar nach dem Zusammenbruch des Kaiserreichs geboren wurde, die Höhen und Tiefen deutscher Geschichte: Der Junge erlebte «Weimar», der junge Mann sowohl den NS-Staat als auch die Auferstehung aus Trümmern – und als die Bundesrepublik erwachsen wurde, stand er ihr in einer Phase ökonomisch und technologisch bedeutsamer Umbrüche als Regierungschef vor.

So verdichtet sich die Entwicklungsgeschichte des Landes in der Entwicklungsgeschichte einer Person: Im «Dritten Reich» die fatale Verführbarkeit und danach eine emsige Bereitschaft, die Demokratie erlernen zu wollen; später ein weltweit gerühmter wirtschaftlicher Erfolg, aber auch die Neigung, die Vergangenheit so zu bewältigen, dass sie das prosperierende Gemeinwesen nicht lähmte. Und schließlich, als Ergebnis langjährigen Wohlverhaltens, die Rückgewinnung uneingeschränkter staatlicher Souveränität, die den Deutschen allerdings erst nach Schmidts Ära gelang.

Immerhin darf er noch erleben, wie «normal» sie mittlerweile geworden sind – «beinahe normal», schränkt der Publizist in einer Wolke von Mentholzigaretten-Qualm grübelnd ein, als ich ihn im Hamburger Herausgeber-Büro besuche, um mit ihm über seinen Anteil daran zu sprechen. Hatte der einst Lotse genannte rote Realo mit der obligatorischen Prinz-Heinrich-Mütze nicht in einer tückischen «Zwischenzeit» Mitte und Maß vorgegeben?

Ich will mit ihm über einen Satz Hans Apels reden, von dem er kurz zuvor als «Kerl ohne Fisimatenten und Inbegriff deutschen Wiederaufstiegs» gepriesen wurde – doch den seit Jahren fast tauben Altkanzler plagen die Geräusche eines über das Verlagsgebäude hinwegziehenden Flugzeugs, die sich wie detonierend in seinem Hörgerät brechen.

Er bittet mich, erst einmal das Fenster zuzumachen. Dann kommt er zur Sache.

Erstes Kapitel

«Weil ich ein Held sein wollte»: Jugend und Soldatenzeit

Als er am 23. Dezember 1918 geboren wird, vollzieht sich im schwer erschütterten Deutschen Reich gerade der große Epochenbruch. Vielerorts herrschen chaotische Zustände. In Hamburg kontrolliert an diesem Tag vor Weihnachten, während im roten Stadtteil Barmbek der Lehrer Gustav Schmidt und seine Ehefrau Ludovika ihr Söhnchen mit Namen Helmut Heinrich Waldemar im Arm halten, ein provisorischer Arbeiter- und Soldatenrat den Senat und die Bürgerschaft. Es ist die siebente Woche nach dem Ende des verlorenen Ersten Weltkrieges.

Der Vater, ein strebsamer ehemaliger Anwaltsgehilfe, dem noch vor seiner Dienstverpflichtung in einem preußischen Infanterieregiment die Umschulung zum Pädagogen gelang, interessiert sich für den tiefgreifenden Wandel nur mäßig. An der Front früh verwundet, hat er den Ruin der kaiserlichen Truppen im vergleichsweise beschaulichen Garnisonsstandort Schleswig verfolgt und widmet sich nun verstärkt seinem eigenen Fortkommen. In der «Weimarer Republik», die im Februar 1919 gegründet wird, absolviert er ein Abendstudium als Diplom-Handelslehrer, avanciert zum Studienrat und übernimmt danach sogar die Leitung einer Schule.

Für einen Mann, der sich aus ärmlichen Verhältnissen hocharbeiten musste, ist das eine erstaunliche Karriere. Immerhin hatte dessen Vater, der im Kreise der Familie allseits so genannte Opa Schmidt, noch als halber Analphabet und «unständiger» Stauer im Hamburger Hafen von Gelegenheitseinsätzen gelebt. Sooft in den siebziger Jahren der zweite sozialdemokratische Kanzler der Nachkriegsrepublik porträtiert wird, findet sich dieses bemerkenswerte Detail in besonders pointierter Form wieder. Es soll dazu dienen, die geradezu bilderbuchhaften proletarischen Wurzeln des prominenten Enkels zu belegen.

Der im Dreikaiserjahr 1888 geborene Gustav Schmidt wäre wohl kaum so erfolgreich gewesen, hätte er seinen Fleiß nicht mit äußerster Strenge verbunden. Seine Sprösslinge, der anfänglich etwas zart besaitete Helmut wie der 1921 zur Welt gekommene Bruder Walter, werden deshalb noch stramm nach den Denk- und Verhaltensmustern erzogen, die die wilhelminische Ära bestimmten.

Sowenig ihn die politischen Umwälzungen kümmern, so entschieden bleibt der Familienvorstand dem in den Zeiten der Monarchie gewachsenen gesellschaftlichen Komment verhaftet. Was ein «richtiger Hamburger Jung» sein will, hat natürlich die Tränen zurückzuhalten. «Do lach ick öber», ruft der auf Härte und Selbstdisziplin pochende Schulmeister, wenn sich die beiden Söhne beim Spielen blutige Schrammen holen. Während die sanftmütige Frau Ludovika solche Methoden stillschweigend hinnimmt, ahndet er Verstöße gegen die zahllosen Verbote nicht selten mit dem Rohrstock.

Er habe eine rundum «kleinbürgerliche Kindheit» verlebt, erinnert sich der Elder Statesman Helmut Schmidt – zugleich aber auch eine schöne, die er in erster Linie seiner Verwandtschaft mütterlicherseits verdankt. Denn dieser Zweig, die zum

Teil aus Rheinhessen stammende, musisch begabte Familie Koch, legt auf Geselligkeit und Gemeinschaft großen Wert. Sie versammelt sich regelmäßig zu beschwingten Liederabenden, spendiert ihm Klavierunterricht und fördert seinen Hang zur zeitgenössischen Malerei. Einen starken Eindruck hinterlässt vor allem der Großvater, der als gelernter Schriftsetzer und Drucker einer selbstbewussten Arbeiter-Aristokratie angehört. Der schafft mit dem Erwerb eines Weißwäsche- und Kurzwarenladens am Mundsburger Damm den Sprung in den Mittelstand. Zu seinen Gesprächspartnern zählt sogar der Vorsitzende der Deutschen Demokratischen Partei, Friedrich Naumann.

Dem quicken Helmut, der seiner manchmal nervenden Redseligkeit wegen als «Schnackfass» gehänselt wird, prägen sich die auffälligen Milieuunterschiede von klein auf ein: Hier der Vater des Vaters, der sich in Barmbek in einer schäbigen Kate mit aushäusigem Plumpsklo verschanzt hat – und dort der Respekt gebietende, aber leider häufig aufbrausende und deshalb für die Enkel nur schwer zugängliche Opa Heinrich Koch! Ihn ausgenommen, bleibt ihm die «ganze Sippe» als weitgehend «apolitisch, vielleicht sogar antipolitisch» im Gedächtnis.

Dabei beschäftigen ihn schon früh einige Fragen, die um eine noch diffuse «Gerechtigkeitsvorstellung» kreisen. Weshalb geht es den einen so viel schlechter als den anderen? Warum muss zum Beispiel die fünfköpfige Familie seiner Mitschülerin Hannelore («Loki») Glaser im Stadtteil Borgfelde auf 28 Quadratmetern hausen? Das würde der damals zehnjährige, über diesen Zustand «entsetzte» Helmut gerne erklärt haben, doch gegenüber seinem bis zum Stehkragen zugeknöpften Vater behält er solche aufwühlenden Erfahrungen lieber für sich.

Und ebenso wenig kommen daheim die gravierenden politischen Umbrüche zur Sprache. Der Lehrer schottet sich ab und verlangt das auch von den Seinen. «Kinder», lautet eine der kruden Maximen, «lesen keine Zeitung.» Kann es da verwundern, wenn sich der im Kern seines Wesens wissbegierige ältere Sohn der «Weimarer Verhältnisse» nur in vagen Umrissen entsinnt? Aus der Endzeit der ersten deutschen Republik vermag er sich immerhin an die Schießereien zwischen Kommunisten und SA-Leuten zu erinnern, als am berüchtigten «Altonaer Blutsonntag» im Sommer 1932 siebzehn Menschen sterben.

Andererseits ist der Studienrat Gustav Schmidt nicht nur ein engstirniger Patriarch, der an überkommenen Grundsätzen festhält. Weil ihm für die Sprösslinge die beste Bildung gerade gut genug erscheint, schickt er sie statt aufs Gymnasium in eine jener avantgardistischen Lehranstalten, die sich seit den frühen Zwanzigern einer konsequenten Reformpädagogik verschrieben haben. Als der erste Versuch scheitert, im Reich einen parlamentarisch verankerten Rechtsstaat zu etablieren, besucht der spätere Kanzler bereits die renommierte, nach einem vormaligen Direktor der Hamburger Kunsthalle benannte Alfred-Lichtwark-Schule.

Die hat sich zum Ziel gesetzt, die alten Hierarchien abzuschaffen, betont die musischen Fächer deutlich stärker als den naturwissenschaftlichen Sektor und pflegt die damals noch seltene «Koedukation». Jungen und Mädchen sollen zum weitgehend selbständigen Arbeiten erzogen und zu freier Entfaltung ermuntert werden – alles Prinzipien, die den aufgeweckten Helmut enorm beflügeln. Er wird ein Leben lang kaum eine Gelegenheit auslassen, seinen Lehrern dafür zu danken.

Bereits als Dreizehnjähriger traut er sich so, nach einem Ausflug ins Weserbergland detailliert über die Renaissancebauten in Hameln zu schreiben oder danach die wichtigsten Nordsee-häfen einer vergleichenden Analyse zu unterziehen. Er macht als fleißiger Chorsänger von sich reden, spielt mit Freuden Klavier oder schwärmt vom Poeten Ringelnatz wie von Brechts «Dreigroschenoper».

Für den deutlichsten Schub in seiner Entwicklung sorgt indessen die gleichaltrige Loki, Tochter eines arbeitslosen Elektrikers, die in der Klasse vor allem durch ihre Furchtlosigkeit beeindruckt. Bis in die Teenagerjahre hinein überragt sie die meisten Jungs nicht nur um Haupteslänge, sondern geht im Konfliktfall – Spitzname «Schmeling» – auch keiner Keilerei aus dem Wege. Um ihr zu imponieren, trainiert der körperlich zunächst etwas zurückgebliebene «Schmiddel» beim Rudern und Segeln auf der Außenalster oder bei den üblichen Radtouren zäh seine Muskulatur und profiliert sich darüber hinaus als prima Kumpel.

Nur was sonst um ihn herum geschieht, scheint ihn kaum zu kümmern. Als sich die «Weimarer Republik» der NS-Diktatur ausliefert und die braunen Horden durch die Straßen zu ziehen beginnen, so wird es Helmut Schmidt später immer wieder betonen, seien ihm die «altersbedingten Betätigungsfelder» weitaus wichtiger gewesen, als angestrengt über die großen Fragen der Welt zu grübeln. Außer von Fußball, Malerei und Mädchen habe er «keine Vorstellung von irgendetwas» gehabt.

Und wie in seiner patriotisch gesinnten Familie die Machtergreifung Adolf Hitlers allenfalls leise Beunruhigung hervorruft, misst auch er diesem Ereignis eine eher untergeordnete Bedeutung zu. «Aus der Rückschau betrachtet, hätte ich damals durchaus dem Zeitgeist erliegen und wenigstens anfänglich ein kleiner Nazi werden können», gesteht der Altkanzler in einem 1992 publizierten «Politischen Rückblick auf eine unpolitische Jugend», in dem er sich mit seinen Erfahrungen im «Dritten Reich» beschäftigt.

Unverblümt erzählt der pensionierte Staatsmann sogar, wie er als Schüler den sehnlichen Wunsch gehabt hat, in die Hitlerjugend eintreten zu dürfen, in der sich nach der Gleichschaltung der Pfadfinder, Freischar- oder Wandervogel-Bünde die meisten seiner Freunde vergnügen. Der umtriebige Helmut, der liebend gerne «auf Fahrt» geht und begeistert von der «Romantik des Lagerfeuers» schwärmt, fühlt sich da fast ein bisschen ausgeschlossen.

Denn die Eltern sperren sich. Nach deren Verhaltensnormen müssen Verbote Kindern nicht näher erläutert werden, aber als der Sohn insistiert, vertraut ihm die Mutter ein ängstlich gehütetes – und inzwischen auch brandgefährliches – Geheimnis an: Der Hafenarbeiter Opa Schmidt, verrät sie ihm, ist in Wirklichkeit nur der Ziehvater seines Vaters, der leibliche ein seit langem aus Hamburg verschwundener jüdischer Bankier namens Ludwig Gumpel.

Ihren Sohn aus Gründen der Camouflage umso eifriger in des «Führers» Jungmännerriege zu schleusen, kommt für die Eltern nicht in Frage, und dass der Vater im Falle der Aufdeckung seiner wahren Herkunft unweigerlich mit der Zerstörung der beruflichen Existenz würde bezahlen müssen, erschreckt auch den enttäuschten Helmut. Also vergräbt er die Nachricht in seinem Herzen. Im Übrigen hat er vor dem Vater noch so viel Bammel, dass er bis in die Kriegstage hinein kein einziges Wort mit ihm darüber wechselt.

In die Hitlerjugend gerät er dann doch noch, weil der zunehmend durchorganisierte NS-Staat den Ruderverein seiner Schule, dem er inzwischen als Kapitän vorsteht, kurzerhand der Marine-HJ einverleibt. Von da ab trägt er sogar den Titel eines Kameradschaftsführers, aber die große Leidenschaft scheint erloschen. Seit der Offenbarung der Mutter, so drückt es der Publizist fast sechzig Jahre danach in seinem Essay aus, habe er «innerlich» nicht mehr Nazi werden können.

So umständlich bemüht diese Erklärung auf den ersten Blick wirken mag, so präzise beschreibt sie den Zwiespalt, in dem er sich nun einzunisten beginnt. In seiner Parallelklasse beobachtet er einige «Abgänge»: Beliebte Lehrer müssen plötzlich ihren Dienst quittieren, und immer öfter verschwinden dort Freunde, deren Familien, wie man sich erzählt, ihre «Auswanderung» vorbereiten; vermutlich alles Juden. Dass sich die Betroffenen «bedrängt» fühlen, nachdem die öffentliche Diffamierung deutlich zunimmt, kann er sehr wohl verstehen.

Aber welche Schlüsse soll er daraus ziehen? Ihm dämmert, dass den neuen Herren, sofern man durch ihr politisches oder ideologisches Raster fällt, Leib und Leben nur wenig wert sind – doch zugleich begeistern ihn auch noch die Gemeinsinn und andere hehre Ziele vorgaukelnden Rituale der neuen Volksgenossenschaft. Und in seinem Umfeld findet sich niemand, der den faulen Zauber entlarvt.

«Denn schließlich», gibt Schmidt als Erwachsener zu bedenken, «hatte es unsereins mit Schulfreunden zu tun, deren Eltern Fischhöker auf der Fuhlsbütteler Straße waren», im Wesentlichen also mit uninformierten und einer permanenten Berieselung ausgelieferten Leuten. Von denen den nötigen Überblick zu verlangen, hält er noch heute für ziemlich abwegig, und überdies räumt er ein, er selber habe bis 1937 – das Jahr, in dem er sein vorgezogenes Abitur macht, weil das Regime dringend Soldaten braucht – «einzelnen NS-Ideen» durchaus nahegestanden. Er meint damit, ohne konkrete Beispiele anzuführen, das im Nazistaat angeblich verfochtene «quasi-sozialistische Moment».

In der Lebenswelt des jungen Mannes haben solche Versuche, dem Regime wenigstens einige positive Aspekte abzugewinnen, durchaus eine Rolle gespielt. Sosehr ihn die Misere mit dem jüdischen Opa zuweilen bedrückt, so empfänglich zeigt er sich für verlockende Angebote, die ihm und den Altersgenossen – wie er es in seinem «Rückblick» ziemlich kryptisch formuliert – eine «funktionale Erziehung zu Kameradschaft und Gemeinschaft» ermöglichen. Zum Programm der liberalen Lichtwark-Schule seien ihm insofern nur geringe Unterschiede aufgefallen.

Und er nutzt die Chancen. Als Scharführer leitet er im Stadtteil Eimsbüttel Heimatabende, auf denen mit Inbrunst deutsches Liedgut geschmettert wird, während zwischendurch eine Art Basisschulung stattfindet. In den Sommerlagern seiner Organisation missfällt ihm zwar der unbequeme Kasernenhof-Drill, doch er kann dort auch Sportprüfungen ablegen, etwa die begehrten Segelscheine erwerben. Im Olympiajahr 1936 nimmt er an einem landesweiten «Hitlermarsch» zum Nürnberger Parteitag teil, der ihm allerdings weniger behagt, weil er dort seine geschlossen antretende Marine-HJ als bloße «Kulisse» zweckentfremdet sieht.

Folglich eckt er zuweilen auch an und verbreitet «mit Kodderschnauze» über seinen obersten Chef, den «Reichsjugendführer» Baldur von Schirach, einige Anzüglichkeiten. Als es darum geht, den ihm zur Verfügung gestellten Saal für die Veranstaltungen in Hamburg zu renovieren, pinselt der zur Renitenz neigende Schmidt über die frisch gestrichenen Wände kühn einen Slogan, dessen Text er scheinbar blauäugig einem Liederbuch entnimmt: «Freiheit ist das Feuer, ist der helle

Schein / solang' sie noch lodert, ist die Welt nicht klein», steht da einen Abend lang in flammend roter Schrift auf weißem Untergrund.

Seine Vorgesetzten beantworten die Provokation mit dem sofortigen Rausschmiss, ein abrupter Karriereknick, den er sich wohl eher aus Übermut eingebrockt hat. Immerhin will er Architekt werden, und die von ihm abgelieferten schulischen Leistungen rechtfertigen solche Ambitionen. Ohne großen Aufwand macht er drei Monate später sein Notabitur mit guten bis sehr guten Zensuren. Als «tadellos» bewerten die Lehrer sein sicheres «eigenes Urteil», die stets wache Mitarbeit und sein solidarisches Verhalten.

Selbstverständlich ist dieses Zeugnis keineswegs, denn die Schule am Rande des Hamburger Stadtparks, die die NS-Behörden von Beginn an als «kommunistischen Saustall» attackieren, wird mit seinem Jahrgang geschlossen – aber der Eleve Schmidt darf hoffen. Die HJ-Hierarchen belassen es bei der Amtsenthebung, und den geschassten Jugendfunktionär verbindet mit den Nazis auch danach noch zumindest ein Rest von Sympathie.

Barbarisch erscheinen ihm die Machthaber erst, als sie sein ästhetisches Empfinden verletzen. Bereits als kleiner Junge – auf dem Weg zur Klavierstunde – hat er die in einem Schaufenster aushängenden Karikaturen des antisemitischen Hetzblattes «Der Stürmer» widerlich gefunden, und nun schließt sich der Kreis: Als der NS-Propagandaminister Joseph Goebbels im Juli 1937 die von ihm verehrten, angeblich «entarteten» Expressionisten brandmarkt, zieht er nach seinen Erinnerungen wütend den Schlussstrich: «Die Braunen sind verrückt», schießt es ihm durch den Kopf, «bei denen stimmt was nicht.»

Seit dem Nazi-Verdikt, das seine geliebten Künstler Ernst

Barlach, Käthe Kollwitz oder Emil Nolde aus der Volksgemeinschaft verbannt, habe er endlich gewusst, *wogegen* er sei, aber noch längst nicht, *wofür* es sich zu kämpfen lohne. Er will möglichst bald studieren, weshalb er sich prompt zum Wehrdienst meldet, um das Unvermeidliche rasch hinter sich zu bringen. In den südlichen Elbregionen Hamburgs hilft er zunächst im Reichsarbeitsdienst beim Deichbau, für den gerade mal Achtzehnjährigen nicht nur physisch ein Knochenjob. Er macht auch geistig eine ebenso einschneidende wie verwirrende Erfahrung: Zwei politisch höchst unterschiedlich engagierte «Kameraden», ein Bürgerlich-Liberaler und ein strammer Kommunist, versorgen ihn mit entsprechender Literatur.

In dieser Phase liest er sowohl Schriften von Marx und Engels als auch die russischen Klassiker Tolstoi und Dostojewski – und mehr: Die Lektüre ermutigt ihn, in der freien Zeit nach Büchern aus der Bibliothek seines Vaters zu greifen, die den Söhnen bis dahin verschlossen geblieben ist. Vor allem der «Aufstand der Massen», ein Essay des spanischen Philosophen Ortega y Gasset, oder Oswald Spenglers gewaltiges Opus vom «Untergang des Abendlandes» beeindrucken ihn schwer.

Die in den Texten versammelte Vielfalt von mitunter krass divergierenden Möglichkeiten, sich die Welt zu erklären, öffnet Schmidt zusehends die Augen – und doch hängt er weiterhin vielen in Hitlerdeutschland gängigen Sichtweisen an. Mit den meisten Menschen teilt er das Empfinden, dass die harschen Reparationen, die dem Volk nach dem verlorenen Krieg auferlegt worden sind, den Nazis erst zum Durchbruch verholfen haben. Der sogenannte Versailler Schandvertrag, der etwa seine Heimatstadt dazu zwang, den Siegern ihre stolzen Handelsschiffe zu überantworten, ist auch für ihn die Wurzel fast aller Übel.

Was ihn bewegt, vertraut er im Telegrammstil Notizbüchern an, die beim Großangriff auf Hamburg Ende Juli 1943 verbrennen. Auf Erinnerungen daran und nachfolgende Aufzeichnungen bezieht er sich, als er im Sommer 1945 in britischer Kriegsgefangenschaft eine Stichwortkartei über seine Zeit während des «Dritten Reiches» anlegt. Schmidt will zunächst für sich selbst seine Entwicklung in dieser Epoche rekapitulieren, eine spontan erstellte grobe Skizze, von der er allerdings erst Anfang der neunziger Jahre öffentlich Gebrauch macht – in dem bereits erwähnten «Rückblick».

Der repressiven NS-Ideologie steht der im Herbst 1937 eingezogene Rekrut demnach «ohne Einschränkung ablehnend gegenüber», doch andererseits verfestigt sich in ihm eine ausgeprägt patriotische Haltung. Er möchte sich nicht feige in die Büsche schlagen, und dass er nun der in Vegesack bei Bremen stationierten leichten Luftwaffen-Flak angehören darf, erfüllt ihn keineswegs mit Unbehagen. Er glaubt tatsächlich – und bringt es auch später noch so zum Ausdruck –, «endlich im einzig anständigen Verein» gelandet zu sein.

Gewiss ist das im Lichte der sich anbahnenden Katastrophe ein aufreizend provokanter Satz, den er im Laufe der Jahre, nachdem er in Bonn in höchste Ämter eingerückt ist, deutlich abschwächt, aber als junger Mann sieht er das so. Und er bekräftigt über längere Zeit hinweg diesen seltsam anmutenden Vergleich: Da es weder unter den Kollegen einen einzigen Nazi gegeben habe noch von den Vorgesetzten den Hauch nationalsozialistischer Beeinflussung, sei ihm der Standort «wie eine Oase» erschienen.

Auf jeden Fall teilt Helmut Schmidt die ihn umgebende Wirklichkeit in zwei strikt voneinander getrennte Bereiche: Auf der einen Seite die Truppe, alles ordentliche Kerle, die sich

31

nach bestem Gewissen bemühen, ihrem von äußeren und inneren Feinden bedrohten Vaterland die Stange zu halten – auf der anderen das in wachsendem Maße ungesetzliche und mit immer neuen bösen Überraschungen aufwartende NS-Regime, vor dessen Zumutungen er nur als Soldat halbwegs geschützt zu sein glaubt.

Und das nicht ohne Grund. Erleichtert registriert der Enkel eines Juden, «dass mich nun keiner mehr nach meiner arischen Abstammung fragen konnte». Erfolgreich wehrt er von Vegesack aus einen Versuch der Hamburger NSDAP-Kreisleitung ab, die ihm das übliche Antragsformular zur Aufnahme in die Partei zugeschickt hat. Er müsse sich erst einmal, wagt er nach Tagen der Angst vor möglichen Folgen mutig zurückzuschreiben, seiner Ausbildung zum Kanonier widmen – und die Nazis lassen ihn in Ruhe.

So erfüllt er seine Verpflichtungen, ohne sich einer herrschenden Gesinnung unterworfen zu fühlen. Zwar ödet ihn «der idiotische Kasernenhof-Dienst» an, aber seine Vorgesetzten schätzen den talentierten «jungen Spund». Mit der Sudetenkrise im September 1938, die dazu führt, dass seiner Einheit im Rahmen einer Teilmobilmachung Reservisten zugeteilt werden, steigt er innerhalb weniger Monate zum Geschützführer auf. Nun darf er einem halben Dutzend erwachsener Männer vorstehen, ein unverhoffter Zuwachs an Macht, nach dem er sich «ziemlich bedeutend» vorkommt.

Dass Hitler nach dem bereits in den NS-Staat eingegliederten Nachbarn Österreich auch das Sudetenland «heimholt», erscheint ihm da nur konsequent. Immerhin haben Franzosen, Engländer und Italiener der Annexion zugestimmt, und im Flakbatterie-Unterricht, in dem die Ausbilder einmal wöchentlich die aktuelle Lage behandeln, heißt man den dreisten Coup ebenfalls gut. Welche Skrupel sollen den einfachen Soldaten noch befallen, wenn schon sein «Verein» an dem völkerrechtswidrigen Gewaltakt so wenig Anstoß nimmt und überdies die im Nazi-Jargon als Reichskristallnacht verhöhnten Judenpogrome auf sich beruhen lässt? Die finden laut Helmut Schmidt mit keiner Silbe Erwähnung.

Er habe davon «zunächst nichts gemerkt», beteuert der Rekrut in der mehr als ein halbes Jahrhundert danach publizierten Retrospektive auf seinen Wehrdienst, den er im Übrigen als die «unbeschwerteste Zeit» seiner Jugend beschreibt. Und er wundert sich: «Sonderbarerweise» sei ihm völlig entfallen, wann und unter welchen Umständen er mit den Exzessen am 9. November 1938 konfrontiert wurde.

Ist das eine für seine Generation typische Behauptung, die sich immer dann auf reduziertes Erinnerungsvermögen beruft, wenn sie mit Vorwürfen konfrontiert wird? Der Altkanzler wehrt solche Fragen kaum ab, sondern verweist noch einmal auf seine damals betont unpolitischen Präferenzen: «Zeitungen las man nicht, und während des Sonntagsurlaubs war für mich alles andere wichtiger, als zu wissen, was in der Welt vor sich ging.» Aber beschäftigt haben ihn, der nach den Nürnberger Rassegesetzen als «Mischling 2. Grades» eingestuft worden wäre, die grassierenden Judenverfolgungen irgendwie doch. In seinen im Gefangenlager aufgeschriebenen Stichworten bekennt er unter dem Rubrum «Ende 1938» seine «Scham» über den Terror.

«Nunmehr klare Kontra-Stellung zum N. S.», notiert er da als Internierter im Stil eines Buchhalters – eine Bekräftigung seiner noch vor Kriegsbeginn langsam wachsenden Aversion gegen den nationalsozialistischen Rassenwahn, der in alle Lebensbereiche vordringt. Er verdankt diese Einsicht vor allem einer neuen Bekanntschaft.

Weil ihm der kärgliche Wehrsold, pro Tag gerade mal 50 Pfennig, keine großen Sprünge erlaubt, besucht der Soldat an dienstfreien Wochenenden regelmäßig das in der Nähe von Vegesack gelegene Künstlerdorf Fischerhude. Dort gewinnt er einen Freundeskreis, der ihn bald stärker als alles andere beeinflussen wird.

Die Bindung an seine Jugendliebe Loki hat sich inzwischen erheblich gelockert. Nach dem Abitur ist die ebenfalls zum Reichsarbeitsdienst beorderte Hannelore Glaser darauf bedacht, eine Laufbahn als Volks- und Realschullehrerin einzuschlagen, und sie erreicht ihr Ziel. Das Verhältnis zu Helmut, mit dem sie nach ihrer späteren Erinnerung 1935 «auf einer Bank im Hamburger Stadtpark erste zarte Küsse austauschte», erschöpft sich in der Zeit der Ausbildung in eher sporadischen Kontakten. An seinem Standort besucht sie den vormaligen Freund, der ihr auch deshalb ans Herz gewachsen war, weil man mit ihm «so gut zanken» und «endlos über Gott und die Welt diskutieren konnte», bloß ein einziges Mal. Dann reißt die Verbindung ab; man ist sich nun leider, wie sie nüchtern feststellt, «recht fremd» geworden.

Nach Fischerhude zieht es den neugierigen Rekruten, weil sich dort ein Kriegskamerad seines Lieblingsonkels Heinz Koch niedergelassen hat – und die auffällig lockere Atmosphäre in dessen Bekanntenkreis beflügelt ihn umso stärker, als ihn besonders eine Frau fasziniert. Die von einem Holländer geschiedene, mehr als doppelt so alte Tänzerin und Malerin namens Olga Bontjes van Beek unterhält ihrerseits enge Kontakte zu regimekritischen und unerschrocken liberal gesinnten Menschen. Denen versucht der Gast zu gefallen, und obwohl er sich beharrlich als «pflichtbewusster deutscher Patriot» präsentiert, wird er herzlich aufgenommen. Die ungewohnte Umgebung, schätzt sich Helmut Schmidt noch 1980 glücklich, sei für ihn in entscheidend prägenden Jahren der «Ursprungsort geistiger Orientierung» gewesen.

Ein junger Mann zwischen zwei Welten. Die eine, in der hochrespektable Nonkonformisten wie Otto Modersohn oder die Witwe Clara des Lyrikers Rainer Maria Rilke verkehren und eine verschworene Gemeinschaft zu bilden scheinen, nennt er emphatisch seine «seelische Heimat». Doch die andere, die militärische, der er vor allem zu dienen hat, setzt ihn erheblich unter Druck. In Vegesack bedrängt ihn der Batteriechef mehrfach, in Anbetracht seiner hervorragenden Eignung die Karriere eines Berufsoffiziers zu wagen. Helmut Schmidt redet sich vorsichtig damit heraus, auf jeden Fall Architektur studieren zu wollen. Zunächst aber sucht er kurz entschlossen nach einem dritten Weg.

Mit einer vom Vater spendierten «zurückhaltend karierten blauen Jacke» kreuzt der noch nicht volljährige Filius gegen Ende der Wehrpflicht in Hamburg bei der Deutschen Shell auf, um die Chancen für eine Anstellung auszuloten. Ihm schwebt vor, in Holländisch-Indien nach Öl zu bohren. Doch dazu ist es schon zu spät.

Die Ereignisse überrollen ihn. Am 1. September 1939, einem der letzten Tage seines Dienstes beim Flakregiment 28, hört er im Kreise von Kameraden am Radiogerät den entscheidenden Satz Hitlers, der – wie Schmidt es später ausdrücken wird – den «großen Schlamassel» einleitet. SS-Stoßtrupps in der Montur polnischer Widerstandskämpfer haben in der Nacht davor die grenznahe Rundfunkstation Gleiwitz gestürmt, eine plumpe Finte, mit der die bestens vorbereitete NS-Militärmaschine ihren vom «Führer» heiser herausgebrüllten Waffengang rechtfertigt: «Seit fünf Uhr fünfundvierzig wird zurückgeschossen ...!»

Etwas mehr als zwei Jahrzehnte nach dem ruinösen Ersten Weltkrieg ziehen die Deutschen wieder in die Schlacht.

Zwar ist die Euphorie über den Feldzug gegen den Nachbarn im Osten nicht annähernd so groß wie im August 1914, als vor allem junge Menschen singend und jubilierend zu den Fahnen eilten, aber die HJ-Indoktrination trägt Früchte. Vor der Dienststelle der SS in Vegesack versammeln sich Halbwüchsige in Scharen, die als Freiwillige ihre gedemütigten Väter rächen und rechtzeitig dabei sein wollen, wenn es um Ruhm und Ehre geht. Die an der Front kämpfenden Kameraden stehen nämlich schon bald tief im Feindesland.

Der Wehrmachtsangehörige Schmidt, der nun nicht mehr entlassen, sondern zum Wachtmeister der Reserve befördert wird, schwankt dagegen. Er habe den Ausbruch des Krieges, schreibt er als alter Mann lakonisch, eher «wie ein Naturereignis» empfunden, doch nie ins Kalkül gezogen, dass der «Führer» ihn unbedingt wollte: «Ich glaubte tatsächlich, die Polen hätten den Sender Gleiwitz überfallen, weshalb wir Deutschen uns jetzt wehren müssten.»

Zumindest trifft er weiterhin eine gravierende Unterscheidung. Sosehr ihm die Nazis zuwider sind, folgt er zunächst dem Urteil zahlloser Landsleute, die den letztverantwortlichen Hitler in deutlich milderem Licht sehen. Ihn nimmt er, wie er in seinen Notizen einräumt, selbst nach dem Angriff auf Polen «persönlich noch aus», und erst als der Diktator auch Frankreich im Handstreich erobert, fürchtet der kleine Kanonier ein weltumspannendes Inferno. Seinem Volk prophezeit er nun das zwangsläufige Desaster.

Müssen sein Denken und Handeln so nicht in einen unauflösbaren Widerspruch geraten? Helmut Schmidt erkennt die Gefahr: «Damals», hält er in seinem Rückblick fest, «begann für mich das, was man eine gespaltene Bewusstseinslage nennen könnte: Während ich einerseits den Nationalsozialismus ablehnte und ein schlimmes Ende des Krieges erwartete, zweifelte ich andererseits nicht an meiner Pflicht, als Soldat für Deutschland einzustehen.» Die Zukunft seiner Nation, ahnt er, wird «grauenhaft», aber er sieht auch keine Möglichkeit, sich diesem Drama zu entziehen.

Der Fachmann für leichte Flakgeschütze arrangiert sich mit der Situation. Noch im Laufe des Jahres 1940 trägt er die Rangabzeichen eines Leutnants der Reserve, und nachdem er in die Reichshauptstadt abgeordnet worden ist, wo er beim Oberkommando von Hermann Görings Luftwaffe mit der Ausfertigung wichtiger Schießvorschriften betraut wird, bringt er es 1942 zum «Kr. O.» – Kürzel für Kriegsoffizier.

Und auch privat stabilisiert sich Schmidt, allen Untergangsphantasien zum Trotz. Seine inzwischen als Pädagogin arbeitende Jugendfreundin Hannelore Glaser fasst sich ein Herz, um ihren in Sachen Liebe wankelmütigen Helmut noch einmal zu prüfen. «Nach mehreren beiderseitigen Abkühlungen, Affären mit anderen und Wiederanknüpfungen», wie er es etwas ungelenk in seinem Gedächtnisprotokoll festhält, kommt es im Sommer 1941 zu einer unvergesslichen Woche in Berlin. «In neuer Vertrautheit», bestätigt Loki, sitzt man dort stundenlang auf den Bänken unter der Hochbahn am Nollendorfplatz und verlobt sich spontan.

Die beiden schmieden Pläne und wollen am besten gleich heiraten, um das unverhoffte Glück zu gestalten. Denn wer weiß schon, ob sich dazu noch eine zweite Chance bietet? Allein die Gegenwart zählt – und das umso mehr, als der zum Oberleutnant ernannte Sachbearbeiter ausgerechnet in diesen, seinen bisher «schönsten Tagen im Leben» plötzlich beim

Wort genommen wird. Er hat sich in den zurückliegenden Monaten etliche Male eifrig darum bemüht, die stupide Funktion als «Bürohengst» mit einem Fronteinsatz tauschen zu dürfen, und kann nun endlich die Stiefel schnüren.

Ist das «Schizophrenie», wie er diesen Zustand innerer Zerrissenheit nach dem Kriege häufig auf den Punkt zu bringen versucht? Was treibt einen Menschen dazu, einerseits schon früh die Aussichtslosigkeit eines hypertrophen militärischen Projekts zu erkennen, um andererseits unbedingt seinen Beitrag zu diesem Größenwahn leisten zu wollen? Pathetisch spricht Helmut Schmidt von einer «Tragödie des Pflichtbewusstseins».

Der starke Drang, den «im Felde» stehenden Kameraden beizuspringen, statt zu Hause über Blaupausen und Formblättern zu brüten, entspringt zugleich einem zu jener Zeit weitverbreiteten Männlichkeitsideal, und insoweit will er nichts beschönigen: Noch 65 Jahre nach seiner Versetzung zur leichten Luftwaffen-Flakabteilung, die vor Leningrad die 1. Panzerdivision unterstützt, fallen ihm in seinem Feriendomizil am Brahmsee weniger hehre Motive ein, als dass er nur das Vaterland habe retten wollen.

Bilder steigen in ihm auf, die plastisch die Hochphase des damals noch expandierenden «Dritten Reiches» spiegeln. Er sieht die an Wochenenden auf der Berliner Friedrichstraße oder unter dem Brandenburger Tor flanierenden Fronturlauber, wie sie mit ihren Frauen im Arm Tapferkeitsorden vor sich hertragen – und mittendrin «der kleene Schmidt», entfährt es dem Altkanzler, als sei er noch immer in diesen Zusammenhängen gefangen, «der hat nix an der Brust!». Er habe sich auch deshalb zur kämpfenden Truppe gemeldet, «weil ich ein Held sein wollte».

Aber schon beim Abschied von der alten und neuen Gefährtin ereilt ihn abrupt die sehr viel härtere Praxis. Dass Loki «wie ein Schlosshund heulend» auf dem Bahnsteig steht, während ihr Bräutigam im Zug Richtung Russland davonfährt, beschreibt brutal eine andere Realität.

Die zunehmend verzweifelte Lage an der Ostfront beschert ihm darüber hinaus eine existentielle Erfahrung, die sich in seiner Erinnerung zu einer einzigen und alle Enttäuschungen umfassenden derben Metapher verdichtet: Der Oberleutnant erlebt nun mit eigenen Augen, wie es danach in den Jahrzehnten seiner politischen Vita immer wieder aus ihm herausbricht, «die große Scheiße des Krieges».

Schmidts Einsatz als aktiver Soldat fällt in eine Phase, in der die deutsche Wehrmacht von der ungeheuren Landmasse der Sowjetunion ebenso verschluckt zu werden droht wie einst der Franzose Napoleon. Seine Einheit, die hohe Verluste erleidet, bleibt nicht nur im Raum um Leningrad wochenlang im Schlamm stecken, sie scheitert auch kläglich, als sie im Winter bei Temperaturen von minus 35 Grad gegen Moskau vorrücken soll. «An den sogenannten Endsieg», entsinnt sich der ehemalige Flakexperte, glaubt bereits im Dezember 1941 kaum noch jemand.

Doch was folgt für ihn aus dieser Analyse? Schwerer als alle Vernunft wiegt die «verdammte Pflicht und Schuldigkeit», die zu erfüllen der evangelische Christ schon als Konfirmand erzogen worden ist. Nach Maßgabe des «Römerbriefs, Kapitel 13» der Obrigkeit untertan zu sein, stellt er erst sehr viel später in Frage. Er will Ereignisse, die sich kaum beeinflussen lassen, in Demut ertragen, und Halt geben ihm dabei vor allem die «Selbstbetrachtungen» des römischen Kaisers und Philosophen Mark Aurel, eine vom antiken Stoizismus beseelte Schrift über die Kraft, die aus der Gelassenheit erwächst. Das ihm zur Einsegnung geschenkte Büchlein schleppt er nun wie ein Kleinod in seinem Marschgepäck mit sich herum.

Aber dann fährt es dem Landser «wie ein Tritt in die Knie»: Der Kommandeur verkündet seinen Soldaten, Adolf Hitler habe sich angesichts der Rückschläge an der Ostfront höchstpersönlich zum Oberbefehlshaber des Heeres ernannt, was Schmidt schier den Atem verschlägt. Sein grundsätzlicher Respekt, den er dem System von Befehl und Gehorsam zollt, hindert ihn nicht daran, nun umso empörter am Verstand dieses militärstrategischen Hasardeurs zu zweifeln.

Der im fernen Berlin von der Weltherrschaft faselnde Diktator verliert für ihn die letzte Glaubwürdigkeit, während sich seine Identifikation mit der hoffnungslos überforderten Truppe eher noch verstärkt. Auf die deutsche Wehrmacht soll möglichst kein Schatten fallen. Dass sie sich wenigstens in Teilen einem gnadenlosen Vernichtungsfeldzug verschrieben und insbesondere in Russland aus rassenideologischer Verblendung kaltblütig grausame Verbrechen begangen hat, so beharrt er bis auf den heutigen Tag, könne er nicht bestätigen.

Wird da verdrängt oder zumindest besänftigt, was einer womöglich schmerzhaften Erinnerungsarbeit bedürfte? Wie brutal Führungsoffiziere der Partei ihre Untergebenen politisch auf Linie brachten, will der in der Bonner Republik zum Verteidigungsminister aufsteigende Helmut Schmidt erst nachträglich von seinem Bruder Walter gehört haben. Während seiner Soldatenzeit sei ihm in der Sowjetunion, bekräftigt er in den siebziger Jahren selbst gegenüber dem Kreml-Chef Leonid Breschnew, kein einziger Landsmann begegnet, der sich ihm jemals als Anhänger der Nazis vorstellte.

Er hat eben Glück, und dieses Glück bleibt ihm treu, als er

nach fünf Monaten bereits im Januar 1942 in die Heimat zurückgerufen wird, um in Berlin wieder an seinen Schießvorschriften zu werkeln. In der Erwartung schrecklicher Kriegsfolgen will er so bald wie möglich heiraten, aber ohne den Nachweis seiner arischen Abstammung ist das nicht möglich. Den kann der Vater, der vom Sohn nun notgedrungen mit dem Geheimnis seiner Herkunft konfrontiert werden muss, nicht beibringen. Das einzige Dokument, das er besitzt, registriert seinen Erzeuger als «unbekannt» – unter den obwaltenden Umständen ein lebensgefährlicher Vermerk.

Doch der für den Russland-Heimkehrer zuständige Kommandeur verzichtet auf die eigentlich erforderlichen Papiere. Er möchte lediglich in Augenschein nehmen, ob sich sein Mann auch standesgemäß zu vermählen beabsichtigt, und ist danach offenbar so überzeugt davon, dass er den Antragstellern eine mit Dienstsiegel versehene Unbedenklichkeitsbescheinigung aushändigt.

So treten die Schmidts vor den Traualtar. Obgleich der Bräutigam bis dahin eine eher lose und die ungetaufte Loki überhaupt keine Bindung an die Amtskirche hat, setzen die beiden bewusst auf die christliche Glaubensgemeinschaft. Wer sonst als die im heruntergekommenen Vaterland einzige noch halbwegs intakt gebliebene Instanz, fragt sich das Paar, sollte dazu imstande sein, den für alle Welt sichtbaren moralischen Morast zu beseitigen?

Und außerdem: Wie rasch sich der Mensch in Situationen verstricken kann, die ihm ein Gefühl von Schuld und Versagen eintragen, erlebt der Kriegsoffizier in diesem Sommer 1942 am eigenen Leibe. Zufällig trifft er Cato Bontjes van Beek, eine der Töchter seiner einst in Fischerhude angehimmelten Malerin Olga. Die nur um zwei Jahre jüngere Keramikkünstlerin,

41

die mittlerweile bei ihrem Vater in Berlin wohnt, lädt ihn zu einem Fest in das Haus eines Onkels ein – und wieder begegnet er dort Deutschen, die sich so unbefangen verächtlich über die im Hitler-Staat herrschende Willkür auslassen, dass ihm angst und bange wird. Er beteiligt sich zwar an der Debatte, vermeidet aber in Zukunft weitere Kontakte.

Weil er weiß, wie brutal die Sicherheitsbehörden inzwischen durchgreifen, hält er die Diskussion für unverantwortlich risikoreich – «Die spielen ja alle mit ihrem Leben» –, und er täuscht sich nicht. In Berlin wimmelt es von Denunzianten. Die NS-Justiz bezichtigt die junge Frau, die mit Widerständlern um Harro Schulze-Boysen zusammenarbeitet, schon kurz darauf der Vorbereitung zum Hochverrat, und sie endet, wovon er erst sehr viel später erfährt, im August 1943 in Plötzensee am Galgen.

Doch gleich nach jenem Abend habe er sich vor sich selber «geschämt», stellt der Oberleutnant bedrückt in seinem Rückblick fest. Hätte er die Freundin nicht eindringlich warnen müssen? (Dass er es tatsächlich versuchte, von Catos Vater indessen schroff abgewiesen wurde, weil er in Uniform an der Tür klingelte, ermittelte erst 1999 der Historiker Hartmut Soell bei Gesprächen mit Hinterbliebenen.) Schmidt kann sich an das entlastende Detail nicht mehr erinnern, sondern macht sich seither erhebliche Vorwürfe.

Die Schrecken des Krieges lassen ihm damals nur wenig Zeit dazu. Feindliche Flugzeuge zerstören seine in der Berliner Knesebeckstraße gelegene Dienststelle, und die Heimatstadt Hamburg liegt im Sommer 1943 im Fadenkreuz der britischen Luftwaffe, die ihre berüchtigte «Operation Gomorrha» startet. Der Feuersturm fordert binnen weniger Tage annähernd 45 000 Todesopfer; die Schmidt'schen Familien, die dabei ihr

Hab und Gut verlieren, können sich allesamt retten, während der ausgebombte Helmut mit Frau Loki in einer Kaserne in Bernau Unterschlupf findet. Dort wird ihnen im Juni 1944 ein Sohn geboren, der aber nach einigen Monaten an Meningitis erkrankt und stirbt.

Zum Schmerz über das rasch verflogene kleine Glück gesellt sich beim jungen Vater eine zunehmend ambivalente Haltung zur Lage des Landes. Unausgegorene Halbsätze, die er in Taschenkalender kritzelt, beweisen eindrucksvoll seine Stimmung, die zwischen wachsender Einsichtsfähigkeit und Trotz schwankt. Der Zusammenbruch der Heeresgruppe Mitte, an diesem Frontabschnitt bis dahin die entscheidende Stütze der nationalsozialistischen Militärmaschinerie, bestätigt ihn in den düstersten Ahnungen und mobilisiert zugleich seine unbedingte Verteidigungsbereitschaft: «Wenn man doch nur mitkämpfen könnte!», schreibt er gequält.

Ähnlich widersprüchlich reagiert er nach dem 20. Juli 1944, der als einer der deutschen Schicksalstage in die Geschichte des zwanzigsten Jahrhunderts eingeht. Nicht der Beschluss eines Kreises von Verschwörern, den entzauberten Feldherrn Adolf Hitler zu beseitigen, erscheint ihm verwerflich – er kritisiert heftig die totale Erfolglosigkeit ihres Bemühens. Männer, die «so was anfangen», entrüstet sich der schneidige Soldat Helmut Schmidt später in der Gefangenschaft, hätten gefälligst auch dafür Sorge zu tragen, dass die Sache «funktioniert». Und nennt das Misslingen des Anschlags sogar geringschätzig «ein Verbrechen».

Der Zorn über das nach seinem Empfinden dilettantisch ins Werk gesetzte Attentat wurzelt umso tiefer, als sich mit dessen Folgen auch für ihn schockierende Erfahrungen verbinden. Das auf Abschreckung bedachte NS-Regime zwingt die Offiziere im Stab des Generals der Flakausbildung, an den bald darauf inszenierten Schauprozessen als Beobachter teilzunehmen, und erzielt die erhoffte Wirkung. Einer größeren Niedertracht als jener, mit der der Präsident des Volksgerichtshofes, Roland Freisler, jeden Hauch von Humanität und Rechtsstaatlichkeit verhöhnt, ist der konsternierte Oberleutnant noch nie begegnet. Angeekelt bittet er seinen Vorgesetzten nach dem ersten Verhandlungstag darum, ihm weitere Besuche zu erlassen.

Er habe plötzlich die Kraft in sich gespürt, diesen Teufel in Menschengestalt «bedenkenlos» töten zu können, schildert der Kriegsheimkehrer Schmidt 1946 seinen Eindruck in einem bewegenden Brief an die Witwe des hingerichteten Diplomaten Ulrich von Hassell. Der rechtskonservative ehemalige Botschafter in Rom ist ihm bei den Verhören seiner Standhaftigkeit wegen als besonders imponierend im Gedächtnis geblieben. Teile aus diesem erhellenden Schriftverkehr publiziert der Altkanzler allerdings erst Jahrzehnte später.

Woran liegt es, dass er bis dahin wesentliche und ihn prägende Einzelheiten seiner Soldatenzeit unter dem Hakenkreuz höchst ungern zu Protokoll gibt und sich stattdessen eher auf allgemeingültige Betrachtungen beschränkt? Diese Enthaltsamkeit ermöglicht es etwa seinem christlich-sozialen Herausforderer Franz Josef Strauß, Mitte der Siebziger eine Kampagne gegen ihn loszutreten. Konservative Blätter wie der «Bayernkurier» suggerieren, der amtierende Bonner Regent sei mit der Abordnung zu den Prozessen Freislers quasi belohnt worden, seine damals zumindest nach außen hin positive Einstellung zum «Dritten Reich» also praktisch belegt. Doch Helmut Schmidt lässt sich nicht aus der Reserve locken.

Vielmehr wehrt er die Attacke auf die gleiche Art fast schon geschäftsmäßig nüchtern als Polemik ab, wie er Anfang der Achtziger Vorwürfen aus Israel entgegentritt. Da hat es den Anschein, als wolle die sozial-liberale Koalition arabische Staaten mit den begehrten «Leopard»-Panzern beliefern – und das bei diesem Kanzler!, raunt der gegenüber der Bundesrepublik chronisch misstrauische Premier Menachem Begin. Einen Moment lang ist der deutsche Regierungschef versucht, seinen jüdischen Großvater zu enttarnen, findet die Idee aber unter seinem Niveau.

Doch soweit sie seine vermeintliche «Vergangenheit» betreffen, erledigen sich die Spekulationen. Unklar bleibt zwar bis heute, ob die immer stärker das Militär unterwandernden nationalsozialistischen Führungsoffiziere Männer wie Schmidt mit dem Besuch der blutigen Freisler-Show auszeichnen oder eher einschüchtern wollten. Aber zumindest in seinem Falle verläuft die Debatte aus triftigem Grund im Sande. Denn bekannt wird auch, dass der zu unbedachten Sprüchen neigende Oberleutnant wenige Monate nach dem Attentat ebenfalls in Ungnade fällt: Ein paar flapsige Bemerkungen über Hermann Göring und andere braune Hierarchen tragen ihm ein Ermittlungsverfahren wegen des Verdachts der Wehrkraftzersetzung ein.

Während das «Tausendjährige Reich» fast schon in Agonie liegt, schwebt er damit unvermittelt in Lebensgefahr. Willkürlich verkündete und sofort vollstreckte Todesurteile sind in diesem Winter, in dem der NS-Staat die letzten Energien selbstzerstörerisch nach innen richtet, an der Tagesordnung. Nur den Generälen in seiner und der übergeordneten Dienststelle in Bernau hat es der Soldat mit dem etwas losen Mundwerk zu verdanken, dass die Justiz ihn nicht mehr zu fassen kriegt: Sie beordern ihn kurzerhand an die Westfront, wo er bis zum

Zusammenbruch im März 1945 zwischen verschiedenen Truppenteilen pendelt.

Helmut Schmidt wiederum im Glück. Um das Grab seines Sohnes Helmut Walter besuchen zu können, den er zu Lebzeiten zärtlich in «Moritzelchen» umgetauft hat, verhilft ihm in diesem Chaos sein mitfühlender Vorgesetzter sogar zu einem Urlaub auf Ehrenwort. Und dann ereilt ihn die «Stunde null» buchstäblich im Schlaf: Als er es wagt, sich nach der Auflösung seiner Einheit in Richtung Hamburger Heimat durchzuschlagen, wird der ermattet in einem Waldstück nahe Soltau liegende deutsche Landser von zwei bewaffneten «Tommies» überrascht.

So enden am 24. April 1945 acht Jahre Dienst in der deutschen Wehrmacht, ein militärisch ruhmloses, aber gemessen an seinen Prognosen mehr als glimpflich verlaufendes Finale. Immerhin hatten dem Oberleutnant bereits bei Hitlers Sieg über den Erbfeind Frankreich deutlich schrecklichere Szenarien vor Augen gestanden. Wie im ersten großen Krieg, sagten ihm seine damals noch spärlichen Geschichtskenntnisse, werde sich gegen den Machtrausch der Nationalsozialisten eine letztlich unschlagbare «Weltkoalition» bilden. Und er malte sich die zu erwartenden Folgen in den schwärzesten Farben aus: Wer die Verheerungen überstehe, vertraute Schmidt einem Studienkollegen seines Vaters an, müsse künftig wohl «in Baracken» oder vielleicht sogar «in Erdlöchern» hausen.

Doch nun, da er ohne nennenswerte körperliche Blessuren in einem britischen Gefangenenlager vor den Toren Brüssels seine erste Zwischenbilanz zieht, verändert sich der Blickwinkel. Neben der Erleichterung, überhaupt noch da zu sein, stellt sich rasch eine herbe Enttäuschung ein. Der bald siebenundzwanzigjährige Soldat, der als einzigen fragwürdigen Erfolgsnachweis für sich verbuchen kann, eine Reihe feindlicher Flugzeuge vom Himmel geholt zu haben, beginnt frustriert seiner verlorenen Jugend nachzutrauern.

Mit einigem Recht wird er später oft darüber klagen, dass er zu einer besonders betroffenen Altersklasse gehört habe. Er ist einerseits zu erwachsen, um wie etwa sein Nachfolger im Kanzleramt, Helmut Kohl, die «Gnade der späten Geburt» für sich in Anspruch nehmen zu dürfen, zugleich aber entscheidende Jahre jünger als zum Beispiel seine Parteifreunde Herbert Wehner und Willy Brandt. Die wissen bereits, was eine Demokratie bedeutet, während er, der «zwischen den Generationen» um Orientierung bemühte Youngster mit Notabitur, die Folgen des Krieges auszulöffeln hat.

Erschwerend kommt hinzu, dass sich im Camp zu seinen tristen Gedanken bedrückende Selbstzweifel gesellen. Klarer, als das bei ständiger Todesgefahr im Schützengraben möglich war, treten ihm nun die Kehrseiten seines Verständnisses von Pflichterfüllung gegenüber dem kämpfenden Vaterland ins Bewusstsein: Hat er mit solcher Gefolgschaftstreue, jeder Aktion draußen «im Felde» oder hinter dem Schreibtisch, nicht seinen Teil dazu beigetragen, dass sich das NS-Regime nur noch verfestigte und die ihm ausgelieferten Menschen umso länger leiden mussten?

Andererseits überfällt die im Lager 2226 zusammengepferchten überwiegend jüngeren Offiziere ein beträchtlicher Hunger nach Bildung, und der lernwillige Helmut Schmidt tut sich dabei besonders hervor. Die ihn quälende Identitätskrise wird von einer Gier nach allen erreichbaren Informationen überlagert, die ihm im «Dritten Reich» verwehrt worden sind. Da die Briten ihre Internierten nicht zu körperlichen Arbeiten heranziehen, besucht er unter anderem einen Kurs in Buchhaltung, bessert kräftig sein Englisch auf und befasst sich mit Physik und Jura oder verschlingt von Lessing über Goethe bis Rilke an schöngeistiger Literatur alles, was ihm die Sieger zu lesen erlauben. Zu essen gibt es nur wenig, dafür aber einen Reichtum an geistiger Nahrung.

Darüber hinaus profitiert der Häftling ein weiteres Mal von den Zufälligkeiten des Lebens. In der belgischen Zeltstadt trifft Schmidt auf einen anderthalb Jahrzehnte älteren Pädagogikprofessor namens Hans Bohnenkamp, einen mit Ritterkreuz und Eichenlaub dekorierten Oberstleutnant der Reserve, der sich als engagierter «religiöser Sozialist» entpuppt und ihn väterlich unter die Fittiche nimmt. Man verabredet sogar eine Vortragsreihe, in der der Hochschullehrer die Deutschen im «Dritten Reich» als «verführtes Volk» darstellt.

Dieser neue Freund – «ein wunderbarer Landsmann» – ist für Schmidt und sein zunächst noch ziemlich diffuses Verlangen nach einer verlässlichen Basis der erste und wichtigste Wegweiser. Er fördert seinen «Selbsterziehungsprozess zur Demokratie», indem er das Augenmerk des politisch unerfahrenen Offiziers auf die Schlüsselbegriffe einer von Freiheit, größtmöglicher Gleichheit und dem Bemühen um Brüderlichkeit geprägten Gesellschaft lenkt. Immerhin sind dies im Kern die Prinzipien, die er bereits im Krieg umzusetzen versucht hat, wo ihm «Kameradschaft» als das höchste aller Güter galt. Aus dem «damaligen unklaren Anti-Nazi», wird er später als Regierungschef sagen, habe der überzeugend auftretende Bohnenkamp so «zwangsläufig einen Sozi gemacht».

Und vor allem einen Genossen, der sich von Beginn an vital der Gegenwart zuwendet. Was geschehen ist, ahnt er schon als Gefangener, wird sich der Welt so tief ins Gedächtnis eingraben, dass es niemand zu tilgen vermag. Die Vergangenheit der Deutschen in den Jahren der Hitlerzeit, heißt seither sein Credo, lasse sich weder einfach «aufarbeiten» noch gar «bewältigen». Es gehe vielmehr darum, ihre Ursachen zu verstehen, um aus einer vernünftigen politischen und moralischen Bewertung «Maßstäbe und Maximen für unser heutiges Tun» zu gewinnen.

Dass der Kollege «seinen Sozialismus im Offizierskasino gelernt» habe, wie in den Fünfzigern der um grimmige Pointen selten verlegene SPD-Zuchtmeister Herbert Wehner stichelt, lässt ihn daher unberührt. Helmut Schmidt denkt nicht daran, sich ein zweites Mal einem System zu verschreiben, das seinen Anhängern strikte Gläubigkeit abverlangt. Letzte Wahrheiten oder auf angeblich wissenschaftliche Erkenntnisse fußende Theorien hat ihm der NS-Staat gründlich ausgetrieben.

Also steht das Kürzel «Sozi» – worauf er bis ins hohes Alter pocht – ausschließlich für einen der sozialen Demokratie verpflichteten Pragmatismus, der sich bereits in den Monaten seiner Internierung abzeichnet. Dass er fähig gewesen ist, einer Verbrecherbande zu Diensten zu sein und zum Beispiel Flugzeuge unter Beschuss zu nehmen, in denen viele Menschen saßen, wird er sich zwar ein Leben lang nicht verzeihen. Aber das Entsetzen darüber weicht bald dem festen Willen, anstatt sich in fruchtloser Selbstfindung zu verheddern, die Wiederholungsgefahr zu bannen.

An «Schweinereien», beruhigt sich Schmidt, sei er nie beteiligt gewesen, und da er von Auschwitz wie dem in anderen Vernichtungslagern fabrikmäßig betriebenen Massenmord an den Juden erst nach seiner Heimkehr gehört haben will, konzentriert er sich in diesem Sommer 1945 auf den Alltag im

Camp. Er füllt seinen Taschenkalender mit Bemerkungen etwa über Soldaten, die noch immer hartnäckig an Hitler festhalten, und nennt sie mitleidig «Esel». Umgekehrt ist er für die Mehrheit seiner Kameraden, die sich auf zuweilen hitzige Debatten mit ihm einlassen, ein typischer Nestbeschmutzer.

Sich derart an eine Person und Konstellationen zu klammern, die gottlob kläglich gescheitert sind, erscheint dem sozialdemokratischen Novizen jenseits aller moralischen Verwerflichkeit schlicht als dumm. So kaputt das Land sein mag, in dessen Namen er, der Oberleutnant Schmidt, erfüllen wollte, was er als seine Aufgabe empfand – die grundlegend veränderte Lage erfordert nach seiner Logik den unverstellten Blick nach vorn. Ärmel aufkrempeln und nach geeigneten Wegen zum Neuanfang Ausschau halten, lautet schon damals seine Devise.

In Phasen von Not und Bedrängnis wächst dem Menschen manchmal eine Robustheit zu, die er sich in normalen Zeiten nur schwer erklären kann, und so ähnlich ergeht es auch ihm. Selbst als sich die Gerüchte über unmittelbar bevorstehende Entlassungen zunächst nicht bestätigen, bleibt er ungewöhnlich optimistisch. «Bin wie immer ausgeglichener, heiterer Natur», hält Schmidt unter dem 7. August fest und hat die Nerven, allen im Lager herrschenden Widrigkeiten zum Trotz an einer «Disposition» zu arbeiten, um daraus anschließend eine «quasi autobiographische Aufzeichnung» über seinen bisherigen Lebenslauf zu verfertigen.

Von der frühen Kindheit bis zum Niedergang des «Dritten Reiches», das nach seiner Analyse an «Desorganisation, Unfähigkeit, Bonzentum» litt, beginnt er sich Rechenschaft über die eigene wie die allgemeine Entwicklung im Hitlerstaat abzulegen. Doch was treibt ihn dazu? Schreibt er die Stichworte unter der etwas seltsam anmutenden Überschrift «Verwandlungen» tatsächlich bloß aus diesem Grund auf – oder sollen die Briten heimlich mitlesen? Will Helmut Schmidt, ohne dass es ihm richtig bewusst wird, trickreich seinen Bewachern den um Erkenntnis ringenden Deutschen vorführen, auf dessen Läuterung man in Zukunft bauen kann? Immerhin wird er schon einige Wochen darauf in die Kategorie «Kein NS-Anhänger» eingestuft und darf als einer der Ersten die Heimreise antreten.

Abgemagert und vor Hunger fortwährend von Ohnmachtsanfällen bedroht, aber psychisch erstaunlich unversehrt, kehrt der Soldat in einer aus Tarnstoff selbst geschneiderten Hose in das verwüstete Hamburg zurück. Er habe den Nationalsozialismus «ohne Schaden an Geist und Seele überstanden, beileibe keine Selbstverständlichkeit», diagnostiziert in einem Buch der «Zeit»-Autor Michael Schwelien – ein Befund, den man dennoch bezweifeln muss.

In Wahrheit nämlich lassen ihn die nationalsozialistische Diktatur und seine Rolle, die er in dieser finstersten Epoche deutscher Geschichte spielte, nie mehr ganz los. Schmidt, der in den früheren Jahren seiner steilen Karriere häufig auch deshalb hart attackiert wird, weil er habituell wie kaum ein Zweiter an den Typus des Wehrmachtsoffiziers erinnert, gehört so lange zu den Reizfiguren der Republik: Mal fühlt er sich als Opfer, mal unbegründet als Täter bloßgestellt, und er schlägt dann handfest zurück: «Le Feldwebel», wie ihn seines gelegentlich hochfahrenden Auftretens wegen französische Zeitungen titulieren, scheint bei allem, was den NS-Staat betrifft, unter permanentem Rechtfertigungszwang zu stehen.

Insbesondere zielt seine ständige Abwehrbereitschaft auf die erste Nachkriegsgeneration, deren angebliche Borniertheit und «arrogante Verhörmethoden» den alten Mann noch heute schwer vergrätzen: «Tolle Helden», entfährt es ihm zornig, die ihre etwa in Wackersdorf oder Brokdorf inszenierten Krawalle «mit lebensgefährlichem Widerstand verwechseln», um die im «Dritten Reich» wirklich existentiell unter Druck stehenden Väter gnadenlos der Feigheit zu bezichtigen!

Da ist es wohl eine Frage der Ehre, sich von «solchen Leuten» nicht zu irgendwelchen windelweichen Geständnissen verleiten zu lassen. Als 1979 der Bremer Senator Hans-Stefan Seifriz seinen Rücktritt einreichen muss, weil er mit siebzehn Jahren zur Waffen-SS stieß, spendet ihm der stark beschäftigte Kanzler höchstpersönlich Trost: Er habe in «sehr klarer Erinnerung», schreibt er ihm mitfühlend, wie nach 1933 «große Teile der damaligen Kinder und Jugendlichen in den Bann der nationalsozialistischen Beeinflussung» gezogen wurden – und das «ohne jede Chance, zu einem entweder an Vorbildern oder Vergleichen sich orientierenden unabhängigen eigenen Urteil zu gelangen». Ihm selber sei das vorübergehend ebenfalls nicht erspart worden.

Woher dieser Bekenntnisdrang, dem der Bonner Regierungschef noch dadurch zusätzliches Gewicht verleiht, dass er den SPD-Führungsgenossen Willy Brandt und Hans Koschnick Kopien seines Briefes zukommen lässt? Es macht ihn wütend, wie da eine ignorante Generation zunehmend die Deutungshoheit über einen Zeitabschnitt zu gewinnen versucht, den sie glücklicherweise nicht miterleben musste und deshalb kaum bewerten könne.

Und so vermag er auch die patriotischen Motive des Dichters und Literatur-Nobelpreisträgers Günter Grass nachzuvollziehen, als der im Sommer 2006 enthüllt, in der Spätphase des Zweiten Weltkrieges in die Waffen-SS eingetreten zu sein. «Da konnte man sehr leicht hineingeraten», erläutert Schmidt, folglich sei die «öffentliche Aufwallung weit überzogen». Beklagen dürfe sich der Schriftsteller nur deshalb nicht, weil er sich in den zurückliegenden Jahrzehnten häufig genug selbst «wenig sachgemäß» in die politische Diskussion eingemischt habe: «Scheint mir kaum verwunderlich zu sein, wenn sich nach dieser Blöße die Feinde wie Geier auf das Aas stürzen.»

Das Deutsche Reich zwischen der Machtergreifung der Nationalsozialisten und dem Zusammenbruch im Mai 1945 – für den Altkanzler ist das immer noch in vielerlei Hinsicht eine ebenso unerforschte Landschaft wie danach über vier Jahrzehnte hinweg die DDR. Wer das «Phänomen des Gehorsams» der großen Mehrheit ihrer Bürger gegenüber den beiden totalitären Herrschaftssystemen verstehen, beurteilen oder auch verurteilen wolle, versteift er sich in seinem Essay, der kurz nach der Wende erscheint, müsse sich «konkret in die damalige Erlebniswelt – des Einzelnen *und* der Masse! – zurückversetzen».

Demnach hätten alle, die den NS-Staat oder das Regime der SED nicht als Zeitzeugen selber erlitten haben, in den Debatten darüber Enthaltsamkeit zu üben – und so meint er das auch. Um nicht allein den Historikern das Feld zu überlassen, deren Arbeiten er größtenteils verächtlich als «Journalismus» abqualifiziert, entsinnt sich der Autor in einem Sammelband seiner «Kindheit und Jugend unter Hitler».

Warum so versteckt und warum so spät? Seine Erklärung, er habe im Tohuwabohu von 1989/90 und der rasch beginnenden Jagd auf die tatsächlichen oder vermeintlichen Täter im Wirkungsbereich der Sozialistischen Einheitspartei «Parallelen» zu den Realitäten von 1933 bis 1945 aufzeigen wollen, ist wohl nur ein Teil der Wahrheit. Wichtiger scheint ihm die

Rücksichtnahme auf den 1980 verstorbenen Vater gewesen zu sein, der zwar nicht seine jüdische Herkunft, umso mehr aber die uneheliche Geburt als Makel empfand.

Dafür nimmt der Sohn jahrzehntelang in Kauf, dass notwendigerweise unzureichende Informationen über ihn in Umlauf geraten: der Kanzler als Spross einer Familie, die dem niedersten Hamburger Hafenarbeiter-Milieu entstammt, und der danach in schwindelnde Höhen aufsteigt ... Wer weiß, welchem Kesseltreiben Schmidt in den bigotten Fünfzigern ausgesetzt worden wäre, hätte er beizeiten seine vollständige Geschichte erzählt, die in Bezug auf seine Wurzeln der Biographie Willy Brandts alias Herbert Frahm nicht unähnlich ist.

Passte dem kühl kalkulierenden Hanseaten diese gleichsam bereinigte Fassung ins Erfolgsschema? Selbst treue Weggefährten halten für sehr wahrscheinlich, dass er auch im eigenen Interesse schwieg: Der Genosse habe während seiner aktiven Laufbahn nichts dem Zufall überlassen, sondern sorgfältig das richtige Timing seiner Selbstauskünfte bedacht – und vermutlich gilt das ebenso für den Rückblick auf seine Bewusstseinsentwicklung im «Dritten Reich». Eine halbwegs umfassende, mit exakten persönlichen Daten unterfütterte Retrospektive wagt er erst als Polit-Pensionär.

Und die wirkt über weite Strecken so plausibel wie ausgeklügelt. Der Bundeskanzler a. D. in der Pose des durchschnittlichen Deutschen seiner Generation: «Held» ist er nicht geworden – eine Bezeichnung, die er ausschließlich und vielleicht ein bisschen neidvoll jenen zuerkennt, die sich aktiv am Widerstand beteiligten –, aber eben auch «kein Schwein». Er weigert sich beharrlich, gemeinsame, «kollektive Schuld» zu akzeptieren, sondern es geht für ihn stets nur um das konkrete, jedem Einzelnen zuzurechnende Versagen. Immerhin betrachtet er sich als Angehörigen eines Volkes, in dem eine «Mischung aus Angst und Pflichtgefühl» die Mehrheit der Menschen «objektiv zu Beihelfern» Hitlers werden ließ.

So veranlassen ihn vor allem Auschwitz und die brutalen Eroberungsfeldzüge zu einem Leben «in Scham», doch gleichzeitig warnt er eindringlich vor Übertreibungen und der Gefahr, sich in «neurotischem Antipatriotismus» zu verlieren. Wer den Nachgeborenen die Geschichte ihres Landes als ein einziges «großes Verbrecher-Album» darzustellen versuche, verhindere die im europäischen Kulturkreis zwingend gebotene «nationale Selbstidentifikation».

Insgesamt ist es eine sorgsam austarierte, im Kern auf die Gestaltung der Zukunft bedachte Analyse, mit der er den meisten, vor allem den älteren seiner Landsleute offenkundig aus dem Herzen spricht. Sie bietet zwar keine billige Entlastung an, fördert aber den Mut zur Überwindung der begangenen Untaten oder, wie Schmidt es formuliert, die «politische Erbschaft der Schuldigen zu tragen und aus ihr vernünftige Schlussfolgerungen zu ziehen». Zu den Konsequenzen gehört für ihn, im Inneren der Bundesrepublik «Humanitas und Demokratie zu verwirklichen» und «nach außen uns voll und ganz in die Gemeinschaft der Völker einzufügen».

Natürlich möchte er mit solchen Sätzen auch die jüngere Generation erreichen – doch schon seine 1947 geborene Tochter Susanne vermisst, nachdem sie ihr einen Entwurf seiner Niederschrift zu lesen gegeben hat, eindeutige Antworten auf wichtige Fragen: Ob er etwa über das Schicksal der Juden mehr hätte wissen können, wenn er mehr hätte wissen wollen, moniert sie, komme in seinen Ausführungen zu kurz. Außerdem möge er ihr erklären, weshalb er so lange «ein apolitischer Mensch» gewesen sei. Diese Zweifel treffen ihn umso härter, als sie genau jene Ressentiments spiegeln, die er immer wieder den «Achtundsechzigern» vorwirft.

Aus dem Abstand von weiteren anderthalb Jahrzehnten, die inzwischen seit der Veröffentlichung seiner Bilanz vergangen sind, nennt es Schmidt selbstverständlich, dass er sich mit den Einwänden seinerzeit noch einmal beschäftigte. Aber letztlich ohne Ergebnis.

Der prominente Vater bleibt bei seiner Version.

Zweites Kapitel

«Frechster Lümmel des Hauses»:
politische Lehrjahre

Mit seiner Heimkehr am 29. August 1945 wartet auf ihn das
übliche Elend, das in diesem ersten Nachkriegssommer vor allem in Ballungsräumen wie Hamburg grassiert. In der Trüm-
merwüste zu beiden Seiten der Elbe haust jeder zehnte der nur
noch 1,2 Millionen Einwohner der Hansestadt in Wellblech-
baracken oder Kellern. Wem das Geld fehlt, um zu horrenden
Schwarzmarktpreisen die drastisch verknappten Grundnah-
rungsmittel zu ergattern, muss sich mit den Hungerrationen
begnügen, die der britische Oberbefehlshaber als amtlichen
Verpflegungssatz festgelegt hat. Pro Kopf und Tag sind das gerade mal 1200 Kalorien. Der ausgemergelte Helmut Schmidt
schlägt sich den Bauch meistens mit «dickem Grießpamp»
voll.

Wie Abertausende Landsleute wird der spätere Kanzler der
Bundesrepublik zwangsläufig zum Hamsterer und Kohlenklau,
der zuweilen sogar mit der Polizei in Konflikt gerät. «Überwältigt vom Glück, die Doppelkatastrophe von Diktatur und
Krieg überdauert zu haben», entwickelt er zäh jene fast schon
legendäre Zielstrebigkeit, die in den fünfziger Jahren die Wie-
deraufbau-Generation kennzeichnet.

Und Frau Loki, die im Vorort Neugraben eine winzige Ein-
zimmerwohnung gemietet hat, steht ihm an Entschlusskraft

kaum nach. Während der Ehemann in zwei aufeinanderfolgenden Rekordwintern nachts aus Güterzügen den dringend benötigten Brennstoff «organisiert» – und daheim Tisch und Bett selber zimmert –, verdingt sich die vorübergehend vom Lehramt suspendierte einstige Kameradschaftsführerin im BDM als Putzhilfe oder näht für die Kinder bessergestellter Familien Kleidung. Diesen Job behält sie auch dann noch bei, als sie nach einem halben Jahr wieder unterrichten darf. Denn in den eigenen vier Wänden fehlt es, so der Haushaltsvorstand besorgt in seinen Notizen, vom «Topf bis zum Kragenknopf» praktisch an allem.

Zudem verdüstern persönliche Schicksalsschläge den knüppelharten Alltag: Nachdem es bereits den Sohn verloren hat, wartet auf das Ehepaar Schmidt eine neue bittere Enttäuschung: An Heiligabend 1945 erleidet die wieder schwangere Loki ihre erste von insgesamt sechs Fehlgeburten.

Große Pläne lassen sich unter solchen Umständen nur schwer verwirklichen. Einige Monate lang hängt Helmut Schmidt noch seinem Traum an, im zerbombten Vaterland als Städtebauer Karriere zu machen, aber die nächstgelegene Technische Hochschule steht im 150 Kilometer entfernten Hannover. Um möglichst rasch ins Erwerbsleben eintreten zu können, wählt er stattdessen das «Brotstudium» der Volkswirtschaft – damals noch Nationalökonomie genannt –, das ihm bereits nach sechs Semestern einen Abschluss verspricht. Bemerkenswert ist schon, dass er bei dem herrschenden Andrang überhaupt immatrikuliert wird: Von den zwölftausend Bewerbern schaffen das, wie er nicht ohne Stolz in seinen Aufzeichnungen aus dieser Zeit registriert, gerade mal zweitausend.

Doch der bildungshungrige Ex-Offizier, der im abgeschabten Soldatenmantel in den ungeheizten Hörsälen der Kälte trotzt, will mehr. Unverdrossen stürzt er sich in eine Art Studium generale, büffelt Staatslehre, Philosophie und Soziologie und interessiert sich für alles, was ihm die ignoranten Nazis vorenthalten haben. Sein Nachholbedarf vor allem in Sachen Politik ist riesig. Etwa von der wechselvollen Entwicklungsgeschichte Europas oder dem fragilen Beziehungsgeflecht zwischen den Supermächten USA und Sowjetunion weiß er zunächst so gut wie nichts.

Der vom Willen zur Selbstbehauptung beflügelte Kriegsheimkehrer, der sich mittlerweile eher den befreiten als den besiegten Deutschen zugehörig fühlt, sucht in einer noch ziemlich chaotischen Welt nach einem halbwegs überschaubaren Standort. Dass er festen Boden unter die Füße kriegen muss, um dann «nie wieder», wie er sich schwört, vom richtigen Weg abzukommen, steht für Schmidt außer Frage – aber wie findet man den? Wie lässt es sich vermeiden, ein weiteres Mal existentiellen Fehlern zu erliegen?

Was in seinem Fachgebiet an wirtschaftswissenschaftlicher und staatsrechtlicher Literatur angeboten wird, erscheint ihm im Kern antiquiert, und noch unzufriedener ist er mit den meisten seiner Professoren. Den ganzen Unibetrieb, in dem nach wie vor zahllose, kaum zu belehrende NS-Anhänger oder gelenkige Mitläufer den Ton angeben, hält er schon als Student für verblasen und destruktiv. Akademiker, die sich in ihrer elitären Eitelkeit selbst genügen, statt den praktischen Nutzen ihrer Einfälle zu überprüfen, sind ihm so suspekt wie verblendete Ideologen. Er wird ihnen stets mit spöttischem Unverständnis begegnen.

Eine Ausnahme bildet für ihn allein ein 35-jähriger Nationalökonom namens Karl Schiller, der sich in seinen Vorlesungen zunehmend an amerikanischen und englischen Kollegen orientiert. Ihm gefällt dessen unkomplizierte Art, die zur Diskussion gestellten Modelle auf ihre Tauglichkeit zu testen. Und da der politisch versierte Hochschullehrer in Hamburg sogar eine Senatskommission leitet, die die am Boden liegende Wirtschaft in Schwung bringen soll, ist er für Helmut Schmidt der geeignete Spiritus Rector.

Darüber hinaus führt ihn sein Drang, das nach bestem Wissen als vernünftig und richtig Erkannte möglichst zügig umzusetzen, geradewegs in die Partei. Nachdem er sich im April 1946 in Celle noch einmal mit seinem klugen Kriegskameraden Hans Bohnenkamp ausgetauscht hat, unterschreibt er ein Aufnahmeformular bei den Sozialdemokraten, denen er sofort seinen Stempel aufzudrücken versucht. Im heimischen Neugraben reicht ihm ein einziges wohlformuliertes Referat, um zum Sprecher der Arbeitsgemeinschaft der Jusos aufzusteigen. Zu Beginn des Sommersemesters 1947 wird er Chef des seinerzeit noch fügsamen Hamburger Sozialistischen Deutschen Studentenbundes (SDS) und schon kurz darauf einer von zwei Bundesvorsitzenden.

Die höchst fragilen Strukturen in «Trizonesien», wie die westlichen Besatzungszonen vom Volksmund getauft werden, fördern solche Karrieren, und Schmidt ist im Nachhinein daran gelegen, seinen raschen Aufstieg zu relativieren. Da seien «gewiss auch einige Zufälle im Spiel gewesen», erinnert sich der Altkanzler abwiegelnd; er möchte dem Eindruck entgegenwirken, von Anfang an auf eine berufspolitische Laufbahn spekuliert zu haben.

Aber er verhält sich kaum anders. Wo immer der sozialdemokratische Newcomer aufkreuzt, um in Konferenzräumen und Hinterzimmern von Gaststätten dynamisch über Deutschlands Zukunft zu sprechen, sind die neuen Freunde beeindruckt. Der redegewandte Genosse, der sich binnen weniger Monate traut, in Schillers Ökonomie-Seminar die ausgiebig debattierten Thesen des berühmten Briten John Maynard Keynes zu bewerten, strotzt vor Selbstsicherheit. Alles, was ihn berührt und wofür er glaubt kämpfen zu müssen – etwa schon damals für die Notwendigkeit, den veralteten Schwangerschaftsparagraphen 218 zu reformieren –, wird sofort zum großen Thema erhoben.

Zwar scheut Helmut Schmidt auch die in der SPD unverzichtbare Ochsentour nicht und klebt aus Anlass der ersten Hamburger Bürgerschaftswahl, die bereits im Winter 1947 anberaumt wird, mit Frau Loki fleißig selbstgemalte Plakate, aber zum pflegeleichten Gefolgsmann taugt er nur bedingt. Seinem Naturell entsprechend, zieht es ihn schon früh auf die Podien und Schritt für Schritt in die Entscheidungszentren der Partei. Für einen Gruppenabend des SDS verkündet er hochtrabend «Leitsätze» einer ihm angemessen und zeitgemäß erscheinenden Sozialismus-Definition.

Sozialdemokratisches Credo ist für den Jungstar «im weitesten Sinne ... die Überzeugung von der Verpflichtung jedes freien Einzelnen gegenüber der Gesamtheit» – eine absichtsvoll weich gefasste Formulierung, die in einer noch kaum ausdifferenzierten Nachkriegsgesellschaft die Basis der SPD verbreitern soll.

Bereits im Dezember 1947 darf er in Hannover dem in der Partei vergötterten Kurt Schumacher seine Pläne erläutern. Es geht dabei auch um die Folgen der in der Sowjetischen Besatzungszone kaltschnäuzig durchgepeitschten Zwangsvereinigung von KPD und SPD zur SED. Die Kommunisten sind dem Studentenführer Schmidt so sehr ein Dorn im Auge, dass er sich am liebsten von ihnen trennen möchte, und der große Vorsitzende ermutigt ihn dazu.

Natürlich ist der Besucher aus Hamburg nach einem mehrstündigen Gespräch von seinem Gastgeber, dieser in zwei Weltkriegen schwer verwundeten und im Konzentrationslager gequälten roten Lichtgestalt, angetan, doch er hat auch Bedenken: Ihm missfällt der pathetisch beschworene Anspruch Schumachers, er allein verfolge den einzig möglichen Weg zum Ziel. In der Deutschland- und Außenpolitik beklagt er dessen fatalen Hang zu einer überkommen «nationalistischen» Sichtweise.

Statt schon wieder letzten Wahrheiten zu huldigen, bemüht sich der künftige Volkswirtschaftler um pragmatische Lösungen. Damit in der Bundesrepublik verlässliche Demokraten heranwachsen, plädiert er eindringlich für eine an den Realitäten ausgerichtete Umorientierung und warnt die Genossen vor übermäßigen ideologischen Auseinandersetzungen. Die erhöhen nach seiner Einschätzung nur die Spaltungsgefahr – im Übrigen werde, so wagt er vorherzusagen, die SPD scheitern, wenn sie sich dauerhaft auf die Rolle einer klassischen Arbeiterpartei beschränke.

So entwickeln sich die ersten Ansätze einer politischen Positionsbestimmung, die in den späteren Jahren seines Wirkens zu einem Image führt, das er nie mehr loswerden wird: Ungezählten Bundesbürgern gilt der eigenwillige Sozi noch heute als ein in den Tiefen seiner Seele Konservativ-Liberaler, und der Rest sind allenfalls linke Einsprengsel. Dass dieses Urteil nicht völlig falsch ist, bestätigt er selber, wenn er mit Blick auf die Gründerphase der Republik als alter Mann einräumt, was er damals natürlich verschleiert: Der beharrlich auf Westintegration setzende «bedeutende Stratege Konrad

Adenauer» sei dem neutralitätsfixierten Kurt Schumacher eindeutig überlegen gewesen – und vor allem zur Marktwirtschaft Ludwig Erhards habe es «im Ernst keine Alternative» gegeben.

Hätte er folglich ebenso gut und mit möglicherweise besseren Argumenten einer anderen Partei beitreten können? Ganz so einfach, wie es in der Rückschau eines gereiften Staatsmanns auszusehen scheint, ist es seinerzeit nicht. Mag er auf ökonomischem Gebiet und außenpolitisch auch einige Zweifel haben: Sein Herz schlägt für die SPD, weil er sich in ihrem Milieu beheimatet fühlt. Entscheidend sind für ihn der «Solidaritätsgedanke» – also gleichsam eine Fortsetzung der im Krieg glückhaft erlebten Kameradschaft – und die «Gerechtigkeitsfrage».

Und genau genommen gehört er in diesen Jahren, die den Westdeutschen im Juni 1948 die Währungsreform und dreizehn Monate darauf die Gründung der Bundesrepublik bescheren, ja selber zu den kleinen Leuten. Trotz vielversprechender politischer Kontakte fristet der Student, der inzwischen Vater einer Tochter mit Namen Susanne geworden ist, privat noch ein eher kümmerliches Dasein. Um die schmale Haushaltskasse aufzubessern, hält er für wenig Geld Vorträge oder bietet sich als «Experte» einheimischen Betrieben beim Ausfüllen von Steuererklärungen an.

Nach seinem Examen im Frühsommer 1949 hofft er auf eine Anstellung beim sozialdemokratischen «Hamburger Echo», das schon einige Artikel von ihm veröffentlicht hat, aber die Redaktion wimmelt ihn ab. Das Blatt, bei dem der 1947 zur SPD gestoßene Ex-Kommunist Herbert Wehner weitgehend die Linie bestimmt, folgt offenkundig einem Wink aus der Parteizentrale.

Denn die Vorständler um Schumacher haben dem journalistisch talentierten Helmut Schmidt nicht vergessen, dass er in einem Zeitungskommentar das von ihnen scharf kritisierte Ruhrstatut ausdrücklich lobte. In ihm einigen sich die westlichen Siegermächte und die Beneluxstaaten darauf, mittels einer internationalen Behörde die Kontrolle über das Zentrum der deutschen Montanindustrie – einst die gefürchtete «Waffenschmiede» des Reiches – zu übernehmen.

Ein bisschen bewegt sich der tüchtige Quertreiber fortan wie im verminten Gelände. Einerseits kann die rote Hochburg an der Elbe, in der der weltläufige, aus den USA zurückgekehrte Emigrant Max Brauer regiert, helle Köpfe wie ihn gut gebrauchen, doch es gibt dort auch Gegner. Insbesondere den in der Weimarer Zeit sozialisierten Traditionsbataillonen der SPD ist der streitbare Neuling nicht ganz geheuer: Was will der ehemalige Wehrmachtsoffizier? Hat da nicht einer allzu behände seine Soldatenuniform abgestreift, um selbstgefällig die vom Widerstand gegen Hitler erschöpften Parteifreunde zu belehren?

Welches Misstrauen ihm in jenen Zirkeln entgegenschlägt, vertraut der offen attackierte Studentenführer wieder mal seinem Taschenkalender an: Man begegne ihm plötzlich «kalt und feindselig» – und er arbeitet an sich. Geschickt nutzt er die weitverbreitete Apathie, der die politisch und kulturell demoralisierten Landsleute bis zur Währungsreform verfallen, um so einen Kreis um sich zu scharen, der seine Fähigkeiten schätzt. Bei aller Lust an der Polarisierung kann er auch klug zusammenführen, und diese bereits früh und häufig außerhalb der Partei geknüpften Seilschaften mit Künstlern oder Repräsentanten der Wirtschaft werden von ihm bis in die Gegenwart hinein gepflegt.

Helmut Schmidt auf allen Ebenen: Daheim in Hamburg ist es insbesondere der 13 000 Mitglieder zählende SPD-Kreis Nord, den er bald zu seiner ersten kleinen Hausmacht ausbaut, während er gleichzeitig bundesweite und zunehmend internationale Verbindungen unterhält. Noch ehe die Westdeutschen ihre Republik gründen, trifft er in Straßburg sogar den Franzosen Jean Monnet, den bedeutendsten «Europäer der ersten Stunde», der sein großes Vorbild wird.

Das geteilte Vaterland in eine supranationale «Gesamtkonzeption» einzubetten, hat der agile Volkswirt bereits in seiner Diplomarbeit gefordert, die die Wirtschaftsreformen in der Bundesrepublik und in Japan vergleicht, und für diese Überzeugung kämpft er vehement auf Foren und Kongressen. Vor Studenten aus vierzehn Ländern entwickelt Schmidt im April 1948 im schleswig-holsteinischen Barsbüttel die Idee einer Transformation des geschundenen alten Kontinents zu einer global wirksamen «dritten Kraft». Nur so, glaubt er, lasse sich der bedrohlich anwachsende Konflikt zwischen den konkurrierenden Gesellschaftssystemen der beiden Supermächte «neutralisieren».

Doch wie sich rasch erweisen wird, ist das reichlich naiv gedacht. Mit der Einführung der D-Mark auch in den Westzonen Berlins lässt die Sowjetunion im Juni unverzüglich die Zufahrtswege zum freien Teil der ehemaligen Reichshauptstadt sperren, und die Fronten verhärten sich. Eine den Amerikanern aufgezwungene, bewundernswert erfolgreiche Luftbrücke kann die endgültige Spaltung der Deutschen diesseits und jenseits der Demarkationslinie nicht verhindern. «Eiserner Vorhang» und «Kalter Krieg» heißen danach die Schlüsselbegriffe, die den misslichen Zustand der Welt beschreiben.

Und der mit seinen ersten hochfliegenden Plänen gescheiterte Helmut Schmidt steigt ins Berufsleben ein. Seine Lichtgestalt an der Uni, Karl Schiller, der in Hamburg inzwischen Wirtschaftssenator geworden ist, bietet dem jungen Kollegen einen Vertrag als Referent an, um ihn schon bald darauf zum Abteilungsleiter und ab 1952 gar zum Verkehrsdezernenten zu berufen. Innerhalb weniger Jahre gewinnt er so eine beachtliche Gestaltungsmacht: Vor allem darf er die Interessen der Hansestadt in den Ausschüssen des Bundesrates vertreten.

Aber selbst dass er nun mit Anfang dreißig auch in der norddeutschen SPD zu den dominierenden Figuren gehört, genügt ihm nicht. Weder reizt es seinen zu Geltungssucht neigenden unruhigen Geist, eine Beamtenlaufbahn einzuschlagen, noch findet er zu diesem Zeitpunkt hinreichend Gefallen an einer politischen Karriere, die ihn an Parteitagsmehrheiten und Vorstandsbeschlüsse bindet. Erschwerend hinzu kommt, dass er mit dem omnipotenten, eitlen Professor zu rivalisieren beginnt. Der kaum weniger von sich überzeugte Schüler fühlt sich seinem Ziehvater durchaus ebenbürtig.

Er strebt nach größtmöglicher Unabhängigkeit, was ihn immer wieder dazu verführt, mit der Privatwirtschaft zu liebäugeln, doch er traut sich nicht. Bereits im Sommer 1950 bietet sich ihm die Chance zum Absprung, als er eine hanseatische Regierungsdelegation in die Vereinigten Staaten begleitet. Man wirbt dort für die Hamburger Hafenwirtschaft, und nach dem offiziellen Programm stattet Schmidt entfernten Verwandten einen Besuch ab, die sich Jahrzehnte zuvor im US-Staat Minnesota niedergelassen haben. Denen soll er im Auftrag seiner Sippe für die nach dem Krieg geschickten Carepakete danken.

Hauptsächlicher Adressat ist sein Onkel August, Besitzer einer florierenden Eisengießerei, die den neugierigen Neffen aus Germany nachhaltig beeindruckt. Dass die kleine Firma ihre etwa zwanzig Arbeiter und Angestellten gut ernährt, ist für den Gast schon erstaunlich genug – aber besonders fasziniert ihn ein anderes Detail: Vor dem Betrieb stehen exakt so viele Fahrzeuge, wie an den Maschinen Leute beschäftigt sind. «Jeder besaß ein Auto», fließt es ihm noch nach Jahrzehnten in einem Reisebericht begeistert aus der Feder, «dergleichen hätten wir in Deutschland nicht zu träumen gewagt!»

Für Helmut Schmidt, der zu Hause immer noch in äußerst beengten Verhältnissen lebt, ist das in vielerlei Hinsicht eine Erfahrung mit Folgen. Er wird zum Freund der Vereinigten Staaten, und noch in einem fünf Jahre nach seinem Sturz als Bundeskanzler veröffentlichten Buch unter dem Titel «Menschen und Mächte» schimmert jene Erregung durch, die ihn sofort erfasst, als er zum ersten Mal amerikanischen Boden betritt. Neben der «herzerfrischenden Spontaneität» und «umwerfenden Großzügigkeit» seiner Gastgeber schwärmt er seitenlang von der «ungeheuren Vitalität und Dynamik» der USA.

Ohne Umschweife macht ihm der Onkel das verlockende Angebot, in sein Unternehmen einzutreten und die Familie nachkommen zu lassen. Der überwältigte Volkswirt schlägt die Offerte schließlich aus, weil er an Hamburg und Deutschland hängt. Doch sein weltanschauliches Koordinatensystem, das er vorher mit Inbrunst und Scharfzüngigkeit in die Debatten seiner SPD eingebracht hat, verändert sich. Von einer europäischen Äquidistanz zum Sowjetkommunismus und Kapitalismus amerikanischer Prägung ist nach seiner Heimkehr ebenso wenig die Rede wie von einem eigenen «dritten Weg». Helmut Schmidt erkennt, dass der alte Kontinent und vor allem die

Bundesrepublik nur dann eine Chance haben, wenn sie sich in die westliche Hemisphäre unter Führung der Vereinigten Staaten integrieren.

Und das erscheint ihm umso wichtiger, als seit Juni 1950 im fernen Korea ein klassischer Stellvertreterkrieg tobt, der die globale Bipolarität zusätzlich verstärkt. Der ursprünglich eher linken Modellen anhängende Genosse wandelt sich so unversehens zum Realpolitiker, der in seiner den USA traditionell kritisch gegenüberstehenden Partei für transatlantische Beziehungen zu werben beginnt. Seinem inzwischen gestiegenen Marktwert tut die Kehrtwende keinen Abbruch. Sozialdemokratische oder gewerkschaftsnahe Organisationen buchen ihn immer öfter als Redner.

Ist es nur ein Spleen, dass er trotzdem entschieden darauf beharrt, er habe nie «in die Politik» zu gehen beabsichtigt? Lapidar nennt sich Helmut Schmidt in der Rückschau einen «Wanderprediger ehrenhalber», der im Herbst 1953 angeblich nur deshalb als Abgeordneter in die Bundeshauptstadt wechselt, weil ihn in Hamburg und Umland gleich drei Wahlkreis-Vorstände zur Kandidatur auffordern. Für eine Legislaturperiode will er das «aus Gründen der reinen Neugier mal probieren».

Der über die Landesliste in die Volksvertretung gerutschte Jungparlamentarier trifft in Bonn auf eine Szenerie, die sich gegenüber den Anfängen der Republik erheblich gefestigter präsentiert. Konrad Adenauer, der vier Jahre zuvor bloß mit denkbar knapper Mehrheit zum ersten Kanzler gekürt worden ist, gebietet nun unangefochten über eine Koalition, die sich aus CDU / CSU, FDP und GB / BHE – einem Gesamtdeutschen Block und dem Bund der Heimatvertriebenen und Entrechteten – zusammensetzt. Neben dem niedergeschlagenen Arbeiteraufstand vom 17. Juni hat das im Westen des geteilten Landes mächtig in Fahrt gekommene «Wirtschaftswunder» Ludwig Erhards die Gewichte eindeutig zugunsten der konservativen Kräfte verschoben.

Dagegen stehen die Sozialdemokraten, die seit August 1952 anstelle des verstorbenen Kurt Schumacher von dem drögen Journalisten Erich Ollenhauer geführt werden, auf verlorenem Posten. Die Partei August Bebels muss mit 28,8 Prozent der Stimmen nicht nur das schlechteste Ergebnis aller Zeiten verschmerzen, sie ist auch inhaltlich ohne Perspektive. Das Gros ihrer Funktionäre fühlt sich immer noch allzu sehr den ideologischen Kämpfen aus der Endphase des 19. Jahrhunderts verhaftet, um zur erblühenden freien Marktwirtschaft eine Alternative aufzeigen zu können, die die Bürger mobilisiert. Der sich redlich bemühende neue SPD-Chef hat zudem wenig Charisma.

Nach seinem Einzug in den Bundestag, sagt Helmut Schmidt, habe es ihm «in den ersten Wochen an jeglicher Orientierung gefehlt». Wer auf welchem Gebiet wofür und warum zuständig ist, lässt sich in der noch weitgehend als provisorisch empfundenen Stadt am Rhein schwer erkunden, und zu schaffen machen ihm die schlimmen Arbeitsbedingungen. Sekretärinnen und Assistenten gibt es zu jener Zeit nicht. Sein Abgeordnetenbüro, das er in der Pädagogischen Hochschule mit einem Kollegen teilt, ist so klein, dass man dort kaum noch einen dritten Stuhl für Besucher hinstellen kann.

Aber der agile Volksvertreter beißt sich durch. In seiner Fraktion, die von Betriebsräten und Gewerkschaftern dominiert wird, profitiert der Newcomer vom allgemein herrschenden Mangel an Fachkompetenz. Insbesondere auf den Feldern der Ökonomie und des Verkehrs – zwei Bereiche, in denen er durch seine Tätigkeit in Hamburg wertvolle praktische Erfahrungen gesammelt hat – gibt es einen enormen Nachholbedarf. Wie er es seinen Wählern versprochen hat, beschäftigt sich Helmut Schmidt energisch mit allen Fragen, die sich aus den damals noch chaotischen Verhältnissen im Straßen- und Schienennetz der Republik ergeben.

Und das Echo auf seine effektvoll dargebotenen Diskussionsbeiträge ist schon bald enorm. Nach seiner Jungfernrede im Februar 1954 sieht er sich von den wichtigsten westdeutschen Zeitungen gewürdigt – für einen Anfänger eine außergewöhnliche Ehre, die ihn aber seltsamerweise nur wenig beglückt. An seine frühen Jahre im Bonner «Treibhaus» erinnert sich der spätere Vollblutpolitiker vielmehr mit bemerkenswert gemischten Gefühlen: Das von unentwegten Kungeleien begleitete politische Geschäft entspricht so gar nicht seinen noch ausgeprägt idealistischen Vorstellungen.

Schwierigkeiten bereiten ihm auch die bescheidenen äußeren Lebensumstände. Die junge Demokratie bettet ihre Repräsentanten nicht gerade auf Rosen, und die Schmidts, die daheim zunächst wieder im Viertel ihrer Kindheit – im proletarischen Barmbek – und dann in einem Reihenhaus in Othmarschen wohnen, haben keinerlei Reserven. Nach Bonn umzuziehen, kommt für Frau Loki, die als Lehrerin eine mit monatlich 250 Mark dotierte Anstellung gefunden hat, nicht in Frage. Und weil sich die Familie für den vollständig durchgerosteten Volkswagen aus der Vorkriegszeit wenigstens ein halbwegs komfortables Auto leisten möchte, muss der klamme Abgeordnete einen zweckgebundenen Personalkredit beantragen.

Der Hamburger Chef der Norddeutschen Bank und spätere Bundesbankpräsident Karl Klasen genehmigt ihm für die Anschaffung eines gebrauchten Mercedes 170 Diesel 5000 Mark – eine nach dem Empfinden des Schuldners «ungeheure Summe», die ihn «sehr bedrückt». Da andererseits das Parlament großzügig Kilometergelder erstattet, verzichtet der sparsame Volksvertreter auf den wöchentlichen Pendelverkehr per Bahn und stottert das Darlehen auf diese Weise ab.

Wahrscheinlich liegt es an solchen Erfahrungen, dass ihn gelegentlich wieder Ausstiegsgelüste beschleichen. Im Laufe des Jahres 1955 bändelt er vorsichtig mit einem Hamburger Seehafen-Speditionsbetrieb an und absolviert inkognito eine Art Praktikum, das ihn während der Sommerferien in mehrere Balkanländer führt. Er kundschaftet im Namen der Firma neue Transportwege aus, ein offenbar einträgliches Gewerbe, das ihm dann aber doch nicht behagt.

Denn im Grunde hat ihn die Politik, wie er Freunden gesteht, längst «mit Haut und Haaren» gepackt. «Der wollte Sachen in die Hand nehmen, gestalten» und habe «ja nicht zu Unrecht schon frühzeitig das Etikett des Machers angehängt bekommen», erinnert sich einer seiner engsten Vertrauten, der Jurist Peter Schulz, der Anfang der siebziger Jahre in Hamburg zum Bürgermeister gewählt werden wird. Und aller scheinbaren Wankelmütigkeit zum Trotz leistet Helmut Schmidt auf seinem vermeintlichen Versuchsfeld ganze Arbeit.

Was immer er noch ins Kalkül gezogen haben mag – etwa den Gedanken zu promovieren –, gilt bald nicht mehr. Nach dem gleichen professionellen Muster, das er bereits im Bundestagswahlkampf vorgeführt hat, als er auf S- und U-Bahnhöfen mit Fernsehspots aus der Werkstatt des bekannten Filmproduzenten Gyula Trebitsch wirbt, strickt er nun konsequent an seiner Parteikarriere. 1956 übernimmt er den Vorsitz des SPD-Kreisverbandes Hamburg-Nord, ein untrügliches Zeichen dafür, dass er endlich weiß, was er will.

Entscheidend dabei ist offenkundig der seinem Selbstwertgefühl schmeichelnde Eindruck, in der Republik gebraucht zu werden. Seit dem Korea-Konflikt drängen die Alliierten das Kabinett Adenauer, die rechtlichen Voraussetzungen für den Aufbau deutscher Streitkräfte zu schaffen, die der listige Kanzler in möglichst schlichter Form durchzupauken gedenkt: Gegen eine ihm ausreichend erscheinende, um die Wehrpflicht ergänzte einfache Grundgesetzänderung laufen die Sozialdemokraten Sturm. Der Genosse Schmidt hat sein großes Thema gefunden.

Anstatt sich mit Verkehrslobbyisten herumzuschlagen, mausert sich der vormalige Kriegsoffizier zum klug differenzierenden Militärexperten. Einerseits ist ihm klar – und er plädiert entschlossen dafür –, dass sich seine Partei den im Rahmen eines kollektiven Sicherheitssystems erforderlichen «staatspolitisch notwendigen Vorschlägen» nicht entziehen kann. Aber die prinzipielle Verteidigungsbereitschaft der SPD soll an wetterfeste Maximen geknüpft werden: Eine künftige Bundeswehr, die er langfristig für unvermeidlich hält, lässt sich nach seinem Verständnis nur dann befürworten, wenn sie sich einer stetigen parlamentarischen Kontrolle unterwirft.

So gerät er unversehens zwischen alle Fronten. Unter den Sozialdemokraten verübelt ihm eine anfänglich riesige Mehrheit, dass er die angestrebte Wiederbewaffnung nicht in Bausch und Bogen verdammt, sondern mit aufgeklärten Konservativen, vorweg dem einstigen Generalstäbler Wolf Graf Baudissin sympathisiert. Der arbeitet im sogenannten Amt Blank, einem Vorläufer des Verteidigungsministeriums, an modernen neuen

Leitbildern, etwa dem des Soldaten als «Staatsbürger in Uniform» und der «inneren Führung».

Seine generelle Zustimmung zur Bundeswehr hindert Schmidt dennoch nicht daran, über den im Umfeld Adenauers erblühenden «Kanzler-Militarismus» herzufallen und den zur Selbstherrlichkeit neigenden «Alten von Rhöndorf» empfindlich in Verlegenheit zu bringen. Dem Inhaber der politischen Richtlinienkompetenz nun auch noch den Oberbefehl über das Heer einzuräumen, wie es in Weimar leider üblich war, soll den Landsleuten kein zweites Mal widerfahren.

Deshalb legt er sich mit den Mehrheitsparteien an, wo immer sie in ihm den Verdacht erregen, sie könnten unbesorgt diskreditierte Traditionen fortsetzen. Als sich Theodor Blank und seine Berater anschicken, sogenannte Wehrversammlungen vorzuschreiben, auf denen in Friedenszeiten einmal pro Jahr der Bestand des Heeres erfasst und die Reservisten zu einem soldatischen Zusammensein einbestellt werden sollen, schlägt der Abgeordnete Alarm. Höhnisch nennt er die CDU, die sich wie im Ersten Weltkrieg für ein «allgemeines militärisches Besäufnis mit Papierblumen und bunten Hüten» stark zu machen beabsichtige, eine «Christlich-Deutschnationale Union» und fängt sich im Parlament prompt einen Ordnungsruf ein.

Aber seine Hartnäckigkeit zahlt sich aus. Binnen zweier Jahre gelingt es der Opposition vor allem aufgrund der unablässigen Warnungen Schmidts, der Regierung ein weniger obrigkeitsstaatlich geprägtes Wehrkonzept abzutrotzen. Die Kommandogewalt liegt danach in Friedenszeiten beim zuständigen Ressortminister, während ein mit Volksvertretern besetzter Verteidigungsausschuss Verfassungsrang erhält. Er hat damit weitreichende Möglichkeiten der unmittelbaren Einwirkung auf die Armee.

«Das von der SPD geputschte Parlament», brüstet sich der Genosse im April 1956 vor Parteimitgliedern im schleswig-holsteinischen Bad Segeberg, habe über den Kanzler «gesiegt» – ein etwas aufgeblasen wirkender, von leicht martialischen Tönen durchsetzter Erfolgsbericht, der seinen inzwischen deutlich gefestigten Seelenzustand spiegelt. Bereits im dritten Jahr seiner Zugehörigkeit zum Bundestag steht der quicke Sozialdemokrat aus dem Hamburger Norden im Blickpunkt des öffentlichen Interesses. Er darf sich rühmen, den fintenreichen Taktiker Adenauer in die Defensive gedrängt und darüber hinaus seinen an Fragen der Sicherheit desinteressierten Kollegen den Weg gewiesen zu haben.

Endgültig vorbei sind nun offenkundig die Zeiten, in denen sich Schmidt wie noch kurz nach dem Krieg «ein abseits von aufgeregtem Getriebe verlaufendes friedliches und einfaches Leben» vorstellte. Konflikte spornen ihn an, und wo immer sich die Chance bietet, seinem jeweiligen Gegenüber die eigene analytische und rhetorische Überlegenheit vor Augen zu führen, scheut er keine Mühen.

Aber auch sonst repräsentiert er in Gestus und Habitus einen neuen Abgeordnetentypus. Der klein gewachsene Mann mit der akkurat gescheitelten schwarzen Haarpracht ist unter den größtenteils welken Gestalten in allen Fraktionen eine Ausnahmeerscheinung, die Frische signalisiert. Als Angehöriger einer Generation, die sich als «relativ nüchtern und pragmatisch» empfindet, fühlt sich der Mandatsträger «im Max Weber'schen Sinne mit Leidenschaft der Res publica verpflichtet» und geniert sich nicht. Kaum ein anderer deutscher Politiker verkörpert die von ihm später häufig gescholtene Mediendemokratie auffälliger als er.

Dass die Union im Oktober dieses Jahres ihren ersten Verteidigungsminister zurückzieht, liegt so jedenfalls vor allem an ihm. «Schmidt Schnauze» – wie er von seinen Gegnern geschimpft wird –, der in Fragen der Wehrpolitik längst kein Autodidakt mehr ist und mittlerweile einen für Materialbeschaffung und Waffenkontrolle eingesetzten Unterausschuss leitet, hat den unbeholfen agierenden Parteichristen Blank nach Belieben ausmanövriert. Die Feuertaufe ist damit bestanden; allerdings verkörpert der Nachfolger Franz Josef Strauß, im Kabinett Adenauer bisher Minister für Atomfragen, in seiner Durchschlagskraft ein ungleich größeres Kaliber.

Die Duelle des derben, machthungrigen Bayern mit dem sicher feiner gewirkten, aber ebenso aggressiven Antipoden von der Waterkant gehören in Bonn bald zu den parlamentarischen Glanzlichtern. Und das nicht nur, weil sie am ehesten die damals noch schroffen Gegensätze zwischen den beiden großen Parteien personifizieren – FJS und Helmut Schmidt, im Zweiten Weltkrieg jeweils im Range eines Oberleutnants, sind sich in ihren Stärken und Schwächen sehr viel ähnlicher, als es die auf dauerhafte Rivalität getrimmte Außendarstellung vorgaukeln möchte.

Wie einige Jahre zuvor Karl Schiller ist es nun Strauß, der in seinem Gegenspieler den unwiderstehlichen Impuls eines Klassenprimus wachruft. Er will die mit Fleiß errungene Spitzenstellung als sicherheitspolitischer Experte behaupten, ein in dieser Phase der SPD besonders schwieriger Kraftakt. Denn seit Mai 1955, dem Eintritt des Bonner Teilstaats in die Nato, hat die Partei zunehmend Orientierungsprobleme, was vor allem in ihrer Chefetage zu einer bedrückenden Bunkermentalität führt. Weder entwickeln Erich Ollenhauer und seine zumeist in der Weimarer Republik aufgestiegenen Zuarbeiter ein Gespür für den stürmischen Wandel des Zeitgeistes, noch scheint sie der besorgniserregende Vertrauensverlust ihrer Couleur zu schrecken. Seit der Währungsreform sind den Sozialdemokraten von den damals mehr als 700 000 Mitgliedern geschätzte vierzig Prozent davongelaufen.

Wie schwer die Aufnahme der Bundesrepublik in den Nordatlantikpakt ausgerechnet die immer noch um die Einheit bemühte SPD erschüttern muss, sieht natürlich auch Schmidt, aber er stellt sich den Realitäten. Mögen seine Altvorderen die Westbindung eisig zurückweisen – dass in Anbetracht der im Lande grassierenden Furcht vor einem entfesselten Sowjetimperialismus die Freiheit der höchste Wert ist, wird von ihm anerkannt, und so sucht er umso eifriger nach Alternativen zum hinfällig gewordenen Konzept.

Im Propagandakrieg zwischen Ost und West sollen nach seiner Vorstellung die Ängste der jeweils anderen Seite mehr als bisher berücksichtigt werden – ein erster Baustein für seine in den folgenden Jahrzehnten unermüdlich geforderte Gleichgewichtspolitik. Die will er durch «atomfreie Zonen» und eine allmähliche «militärische Verdünnung» absichern, doch zunächst einmal steht ihm eine andere, seinen kühnen Plänen krass zuwiderlaufende Debatte ins Haus: Es gibt starke Indizien dafür, dass Adenauer und Strauß heimlich das Ziel verfolgen, die junge Bundeswehr mit taktischen Nuklearwaffen auszurüsten.

So bahnt sich in diesem Herbst 1956 in Bonn eine Konfrontation an, die den Verteidigungsfachmann Schmidt einerseits äußerst beunruhigt – was aber die Chancen seiner Partei angeht, fast in Jubel ausbrechen lässt. «Die Adenauer-Ära ist zu Ende, der Glorienschein des Kanzlers hat sich in ein schweres Handicap für seine Partei verwandelt», beschwört der neue Vorsitzende des SPD-Kreises Hamburg-Nord seine Funktionäre und beruft sich dabei auf angebliche Umfragen, die für die Bundestagswahl im September 1957 einen Regierungswechsel prophezeien. Glaubt er wirklich daran, dass der Streit um die Atomsprengköpfe zu einem Erdrutsch führen wird – oder ist das bloß ein verzweifelter Versuch, seinen lethargischen Veteranen-Club aufzumöbeln, der sich ungerührt in einer von marxistischen Standardformeln bestimmten, obsolet gewordenen Welt einigelt?

Was immer den Ausschlag geben mag: Die Sozialdemokraten springen abermals deutlich zu kurz. Anstelle der von ihnen proklamierten Wende kommt die SPD gegenüber ihrem dürftigen Resultat von 1953 nur unwesentlich vom Fleck, während der greise Übervater der Union nun sogar über eine absolute Mehrheit verfügt. Schmidt immerhin gewinnt mit stolzen 44,1 Prozent sein erstes Bonner Direktmandat.

Unter welchem Schock die Genossen stehen, die sich nun schon in der dritten Legislaturperiode mit den harten Oppositionsplätzen begnügen müssen, zeigt sich unmittelbar nach dem Desaster. Bei der Neubesetzung der Fraktionsspitze werden dem irritierten Erich Ollenhauer mit Carlo Schmid, Fritz Erler und Herbert Wehner drei Vertreter zur Seite gestellt, die allesamt dem zuvor noch gedeckelten Reformflügel der SPD angehören. Und mehr: Nachdem der Chef eingekreist worden ist, demontieren die Delegierten eines Konvents, der sich im Mai 1958 in Stuttgart versammelt, auch die verharschte, aus hauptamtlichen Funktionären bestehende Machtzentrale des alten geschäftsführenden Parteivorstandes, das zunehmend gefürchtete sogenannte Büro.

Statt sich weiter der Weimarer Traditionskompanie unterzuordnen, wählt die SPD ein elfköpfiges Präsidium, in dem nun erstmals jüngere Bundestagsabgeordnete den Ton angeben – eine Entwicklung, die fast einer inneren Kulturrevolution gleicht. Und Helmut Schmidt hat daran erheblichen Anteil. Kaltblütig nutzt er die Generalaussprache über das neue Statut, um vor allem den erstarrten Automatismus zu hinterfragen, der dem Vorsitzenden in Sachen Kanzlerkandidatur eine nahezu unumschränkte Entscheidungsfreiheit zubilligt. Der «freche Kerl aus Hamburg», wie er sich selber gerne bezeichnet, pocht dagegen energisch auf «Teamgeist» und heizt so fast schon halsbrecherisch eine in der Sozialdemokratie streng verpönte Personaldiskussion an.

Doch die meisten seiner Genossen folgen dem entschlossen auftretenden Modernisierer, und der Einsatz lohnt sich auch für ihn: Nachdem er seit kurzem bereits dem Fraktionsvorstand angehört, rückt er mit dem erstmals bundesweit erfolgreichen Regierenden Bürgermeister von Berlin, Willy Brandt, in das erweiterte Führungsgremium der Partei ein – in der stürmischen Karriere des gerade mal 39-jährigen Volkswirts innerhalb weniger Monate der zweite bedeutsame Sprung.

Fester als zu jener Zeit des beginnenden großen Umbruchs, der die bis dahin unbewegliche Oppositionspartei organisatorisch und programmatisch grundlegend erneuert, wird Helmut Schmidt in seinen Reihen nie mehr verankert sein. Seit der Anfang 1958 angelaufenen Kampagne «Kampf dem Atomtod» steht er bei Rechten wie Linken gleichermaßen hoch im Kurs, und den Ausschlag dafür gibt insbesondere eine viertägige Parlamentsdebatte über die nun offenkundigen Absichten der Union zur nuklearen Aufrüstung.

Wie in der griechischen Mythologie Kairos, der Gott der günstigen Gelegenheit und des rechten Augenblicks, schwingt sich der unerschrockene SPD-Abgeordnete da in einer Rede,

die später als Sternstunde in die Annalen der jungen Demokratie eingeht, zur zentralen Figur seiner Partei auf. In einer
immer wieder von empörten Zwischenrufen («frechster Lüm-
mel des Hauses») und tumultartigen Szenen unterbrochenen
Abrechnung nennt er die noch im Plenum anzutreffenden
Kollegen der einstigen Zentrumspartei, die 1933 für das nationalsozialistische Ermächtigungsgesetz votierten, «politische
Ahnherren» des Adenauer-Bündnisses. Erregt vergleicht er deren Zustimmung mit der «ekstatischen Entschlossenheit» der
CDU/CSU-Fraktion, die gebeutelten Deutschen gewissenlos
tödlichen Gefahren aussetzen zu wollen.

Die damalige Entscheidung, wirft sich Schmidt in die Brust,
habe ihn «wie viele Millionen andere später auf die Schlacht-
felder Europas geführt» und darüber hinaus «uns damalige
Schuljungs dem raffinierten psychologischen System des Dritten Reiches ausgeliefert – und wir haben einige Zeit gebraucht,
um uns aus dieser geistigen Umklammerung unserer jungen
Unmündigkeit zu befreien».

Das Bundestagsprotokoll vom 22. März 1958 verzeichnet
anhaltende Wutausbrüche auf Seiten der Unionsparteien und
vor allem den häufigen Einsatz der Glocke des Präsidenten.
«Das war hier Sportpalast!», brüllt am Ende der Christdemokrat Kurt Schmücker, während dessen Parteifreund Kurt Georg Kiesinger, der zwischen 1966 und 1969 zum dritten Kanzler der Republik gekürt wird, angewidert von einem «einzigen
Schmutzkübel» spricht.

Umso begeisterter zeigt sich die SPD, für die sich der Vorsitzende Ollenhauer beim Redner per Handschlag bedankt. Ein
neuer Star ist geboren, der die Risiken, die mit der Verfügungs-
gewalt über atomare Potentiale einhergehen, augenscheinlich
so hoch veranschlagt, dass er erstmals in der Geschichte West-

deutschlands sogar einen Generalstreik nicht länger ausschließen möchte.

Aber der Querdenker Schmidt bleibt auch für die eigene Partei ein unbequemer Mann. Weil er den Dienst an der Waffe unter den herrschenden Gegebenheiten grundsätzlich bejaht und außerdem beweisen möchte, dass Sozialdemokraten «gute Soldaten sein können», nimmt er kurzerhand an einer Reserveübung der Bundeswehr teil. Die Armee, die er in den turbulenten Fünfzigern noch «auf ungewissem Pfad» wähnt, allein den Konservativen zu überlassen, widerspricht nach seiner Einschätzung nicht nur der betroffenen Menschen wegen dem Gebot der Vernunft – er will vor allem die Regierungsfähigkeit seiner Partei sichern, die in der Bonner Republik nach wie vor in Frage gestellt wird.

Doch die SPD straft ihn für seinen aufsehenerregenden Alleingang ab. Im November 1958 kippt die Fraktion den vermeintlich nur auf Schlagzeilen erpichten Kollegen aus dem Vorstand, und auch auf anderem Terrain muss er bald danach eine herbe Niederlage einstecken. Ein in Berlin stattfindender Studentenkongress zeigt ihm, wie stark die an den westdeutschen Universitäten rumorenden «Anti-Atom-Ausschüsse», die er anfänglich durchaus mit Wohlwollen begleitet hat, bereits kommunistisch unterwandert sind. Der vermeintliche Bündnispartner sieht sich bedrängt, seine auf beiderseitigen Abbau der Truppen und Waffenarsenale bedachten militärstrategischen Überlegungen dem Moskauer Vasallenregime in der DDR anzupassen, und flieht entgeistert vom Rednerpodest. Von da an meidet er alle Bürgerbewegungen.

Stattdessen konzentriert sich Helmut Schmidt auf einen grundlegenden Perspektivenwechsel seiner SPD. Für das 1959 verabschiedete «Godesberger Programm», mit dem sich die bislang marxistisch ausgerichtete selbsternannte Schutzmacht der Arbeiter und sonstigen kleinen Leute zur zweiten großen Volkspartei wandelt, schreibt er wesentliche Teile der ökonomischen Plattform. Und schon wenige Monate darauf betreut er mit beachtlichem Ergebnis ein weiteres hochambitioniertes Projekt: Im Rahmen eines «Deutschlandplans» starten die Sozialdemokraten ihren letzten Versuch, stufenweise die Spaltung der geteilten Nation zu überwinden – und der Experte aus Hamburg macht sich abermals daran, im Auftrag des Präsidiums die dazu unerlässlichen wirtschaftlichen Voraussetzungen zu definieren. Längere Passagen dieser profunden Fleißarbeit rufen sich die Politiker noch in Erinnerung, als drei Jahrzehnte später die Einheit tatsächlich kommt, aber in den Tagen des Kalten Krieges wirkt die ihrer Zeit weit vorauseilende Studie noch ziemlich weltfremd.

Für ein vages Neutralitätsversprechen einer in der Minderheit verharrenden Bonner Oppositionspartei den Kern ihres osteuropäischen Glacis preiszugeben, ist dem Kreml nicht mal eine Antwort wert. Der zum starken Mann der SPD avancierte Herbert Wehner leitet im Sommer 1960 folgerichtig einen radikalen Richtungswechsel ein: Die düpierten Genossen suchen ihr Heil nun wie die Union im Westen; das Papier wird zur Makulatur erklärt.

Natürlich ist das ein schmerzhafter Abschied von Träumen, den die Sozis nur deshalb einigermaßen spannungsfrei bewältigen, weil sich die internationale Lage erheblich verschärft. In Berlin bricht die Sowjetunion eine zweite existentielle Krise vom Zaun, die nach dem Berliner Mauerbau am 13. August 1961 die deutsche Landkarte buchstäblich zementiert. Dass sich die SPD zumindest auf außenpolitischem Gebiet dennoch rascher erholt, als sie es zunächst selbst glauben mag, liegt vor allem am Regierenden Bürgermeister der bedrängten Stadt und dessen Aura als Freiheitskämpfer. Der Stratege Wehner boxt ihn konsequenterweise als Kanzlerkandidaten durch.

Und während unter Brandt, dem damals noch strammen Antikommunisten, im vierten Anlauf der Bonner Dauerregent Konrad Adenauer endlich gekippt werden soll, wendet sich Schmidt in der auslaufenden Legislaturperiode wieder verstärkt seinem eigentlichen Thema zu. Da für ihn die Trennung der Deutschen jetzt auf unabsehbare Zeit «fact of life» ist, möchte er wenigstens die militärischen Spannungen reduziert sehen. Also unterbreitet er Abrüstungsvorschläge, die sich auf Zentraleuropa beziehen, und präsentiert im Bundestagswahljahr sein selbst in den USA anerkanntes Buch über «Verteidigung oder Vergeltung».

Der als persönliche Meinung deklarierte Essay befasst sich so eingehend mit den Gefahren atomarer Vernichtung, dass der Autor dabei fast schon seherische Fähigkeiten entwickelt: «Man stelle sich die amerikanische Reaktion bei einer eventuellen Stationierung sowjetischer Mittelstreckenraketen auf Kuba vor», warnt er mit Nachdruck – ein gespenstisch die künftigen Ereignisse vorwegnehmendes Szenario, das schon anderthalb Jahre danach die Welt tatsächlich an den Abgrund führt.

Spätestens seit dieser stark beachteten Analyse erfreut sich der scharfsinnige Deutsche sowohl im Bündnis als auch daheim steigender Wertschätzung, und dass der Wähler die in Godesberg gewendeten Sozialdemokraten im September 1961 ein weiteres Mal zurückweist, mindert sein Ansehen nicht. Nachdem nun auch der von Adenauer und den christlichen Parteien schwer unter Beschuss genommene ehemalige Emigrant Willy Brandt sein Ziel verfehlt hat, gilt Schmidt in der ausgedünnten sozialdemokratischen Führungsreserve mehr denn je als Mann mit Zukunft.

Doch der nach acht Jahren zermürbender Parlamentsarbeit bitter enttäuschte Hoffnungsträger verlässt abrupt die Bonner Bühne.

Drittes Kapitel

«Ein vom Schicksal Berufener»: Innensenator in Hamburg

Der Tag vor jener Nacht, die sich im Leben Helmut Schmidts einprägen wird wie kaum eine andere, beginnt mit einer vom heimischen Seewetteramt herausgegebenen Warnung. Es ist Freitag, der 16. Februar 1962, und über der norddeutschen Tiefebene toben, nachdem ein ausgedehntes Azorenhoch subtropische Warmluft in die atlantischen, sehr viel kälteren Schichten gepumpt hat, orkanartige Stürme. Die haben schon Mitte der Woche in einigen küstennahen Waldgebieten schwere Schäden angerichtet, scheinen nun aber allmählich abzuflauen.

Zumindest werden die eingehenden Meldungen darüber von den Behörden als ein für die Jahreszeit typischer Verlauf gewertet. Zwar treffen sie die üblichen Vorkehrungen, halten etwa den Rundfunk zur Durchsage von Wasserständen an oder überprüfen die Qualität einiger Deiche, aber im Grunde gilt das als Routine. Ein gesteigertes Gefahrenbewusstsein herrscht jedenfalls nicht. Schließlich gab es die letzte große Flut, der an der unteren Elbe mehrere hundert Menschen zum Opfer fielen, Anfang 1825.

Die beiden politischen Spitzenpositionen in Hamburg sind an diesem Morgen verwaist. Während sich der kränkelnde Bürgermeister Paul Nevermann zur Kur in Bad Gastein aufhält, konferiert der nach seinem überraschenden Abgang aus Bonn zum Innensenator der Hansestadt gewählte Helmut Schmidt in West-Berlin. Er stellt sich dort seinen neuen Kollegen aus den Bundesländern vor und erkundigt sich mehrfach am Telefon nach der Lage daheim. Von der Wetterfront, melden ihm seine Beamten, sei im Vergleich zu den vorangegangenen Tagen «nichts Besonderes» zu berichten.

Dass die Millionenmetropole gegen Katastrophen verheerenden Ausmaßes nur unzureichend gewappnet sein könnte, fürchtet der oberste Sicherheitsbeauftragte seit längerem. Vor allem, weil ihm als ehemaligem Verteidigungsexperten die Verwüstungen eines möglichen Krieges vor Augen stehen, hat er sich schon kurz nach seiner Amtseinführung im Dezember 1961 einen ersten Überblick verschafft und seinen Verdacht bestätigt gefunden. Eine gründliche, zur Klärung angemessener Vorsorgemaßnahmen erforderliche Schutzübung steht für den Mai bereits in seinem Terminkalender. An entfesselte Naturgewalten denkt er dabei wohl weniger.

Doch nun, da in der Nacht zum Sonnabend ganze Teile seiner Heimatstadt im Chaos versinken, hat Schmidt keine Ahnung. Dass es auf dem Rückweg umso heftiger bläst, je weiter er von Berlin aus nach Nordwesten vorstößt, erkennt er allenfalls daran, wie sehr ihn die Fahrt strapaziert. «Bockige Böen», gibt er später zu Protokoll, zwingen ihn und seinen Chauffeur, mit dem er sich am Steuer abwechselt, immer wieder, das Tempo zu drosseln. Als er im Morgengrauen endlich sein im Bezirk Langenhorn gelegenes Haus erreicht, ist er nur noch «todmüde».

Bei Windstärke 13 drängen die aufgepeitschten Wassermassen mit einer solchen Wucht in die trichterförmig schmale Mündung der Elbe, dass bereits kurz nach Mitternacht in den südlichen Vororten fünfzig Deiche gebrochen sind. Die ungebändigten Fluten türmen sich in der Frühe an den Landungsbrücken in St. Pauli zur nie erreichten Höhe von 5,70 Meter über null auf, um dann rund ein Sechstel des Stadtgebiets wie eine riesige Badewanne volllaufen zu lassen. Annähernd hunderttausend Menschen flüchten in Panik auf Hausdächer und Bäume; für mehr als dreihundert kommt jede Hilfe zu spät.

Eine größere Heimsuchung hat Hamburg seit den Luftangriffen im Zweiten Weltkrieg nicht mehr erlebt – und dennoch gehen die Schreckensnacht und die nachfolgenden Tage als Musterbeispiel für effizientes Krisenmanagement in die Geschichte der Stadt ein. Und der Mann, der in diesem infernalischen Naturschauspiel zum umjubelten Helden emporwächst, heißt Helmut Schmidt. Ohne ihn und seine ebenso couragierte wie unkonventionelle (oder, genauer gesagt, mitunter eindeutig gesetzwidrige) Regie hätte die Zahl der Opfer sehr leicht weit höher liegen können.

Dabei stehen die Chancen, dass er sich ausgerechnet im Zusammenhang mit einem Unglück solchen Ausmaßes profilieren kann, von Anfang an schlecht. Als er gegen 6.20 Uhr alarmiert wird und mit Blaulicht und Martinshorn das Polizeipräsidium erreicht, trifft er größtenteils auf Beamte, deren offenkundige Ratlosigkeit und Desorientierung ihn an einen «gackernden Hühnerhaufen» erinnern.

Was bedeutet es da schon, dass der für die Wasserwirtschaft zuständige Bausenator bereits um 0.30 Uhr den Notstand erklärt hat? Im Orkan sind das Telefonnetz und die Stromversorgung weitgehend zusammengebrochen, und vor allem in Wilhelmsburg, wo die Flutwelle in den tiefliegenden Gartenkolonien massenhaft vielfach bewohnte Häuser davonschwemmt, scheitert die dringend gebotene Evakuierung an der mangelnden Koordination.

Doch «forsch, frech und furchtlos», lobt ihn später das Nachrichtenmagazin «Der Spiegel», reißt der Leiter der Innenbehörde «die Macht» an sich. Er nutzt seine in Bonn geknüpften Beziehungen und mobilisiert binnen kurzem Einheiten der Bundeswehr wie der britischen, amerikanischen und holländischen Streitkräfte, die mit Helikoptern und Schlauchbooten anrücken, um die Arbeit der inzwischen aus allen Teilen der Republik herbeigerufenen zivilen Organisationen zu unterstützen. Im Laufe des Tages gebietet der einstige Kriegsoffizier, der nach dem Eindruck der Wochenzeitung «Christ und Welt» seinen Einsatzort praktisch zum «Militärhauptquartier» umfunktioniert, über ein Heer von mehr als vierzigtausend Helfern.

Und alles hört auf sein Kommando. Niemand beschwert sich, dass er zum Beispiel das wegen der starken Stürme strikte Startverbot für die hundert Maschinen umfassende Hubschrauberstaffel missachtet und sich am Samstagnachmittag selbst an Bord eines Flugzeugs begibt. Mit ausgehängten Türen waghalsig über die im Wasser versunkenen Gebiete fliegend, so wird er noch Jahrzehnte danach stolz erzählen, habe er höchstpersönlich Hand angelegt, um «die Leute von den Dächern zu pflücken».

Die Presse sieht ihm solche und ähnliche Einzelheiten, mit denen er gerne auch auf die eigenen Verdienste verweist, nicht nur nach – sie bedankt sich ausdrücklich für die offensive Schmidt'sche Informationspolitik, die sich in rundum positiver Berichterstattung niederschlägt.

Als Beweis für seine unübertroffene Sachbezogenheit, die in Notfällen jede Hierarchie außer Kraft setzt, zählt so bis auf den heutigen Tag eine Auseinandersetzung zwischen dem Innensenator und seinem aus Österreich herbeigeeilten Bürgermeister. Nach einer der zahllosen umlaufenden Versionen erinnert Paul Nevermann seinen Kollegen im Krisenstab daran, dass bei allen Entscheidungen doch wohl immer noch «die in der Hansestadt geltende Verfassung» zu berücksichtigen sei, doch der sichtlich aufgedrehte Parteifreund denkt nicht daran: Er verbittet sich lachend, mit «unwichtigen Fragen» behelligt zu werden.

Der Zweck heiligt die Mittel. In Hamburg reift in diesen Tagen ein sozialdemokratischer Pragmatiker zur lebenden Legende heran, der nach vielen bedeutenden Reden nun endlich auch einen Beleg für seine enorme Tatkraft geliefert hat. «Du warst großartig», schreibt ihm etwa der Harburger Bundestagsabgeordnete und heimliche Parteiführer Herbert Wehner, und in die Schar der Gratulanten reiht sich sogar der weltweit geschätzte «Urwald-Doktor» Albert Schweitzer ein, der ihm begeistert aus dem fernen Afrika gratuliert: Wie beherzt und seiner Verantwortung bewusst der Senator «als ein vom Schicksal Berufener» die Leitung schwierigster Rettungsarbeiten in die Hand genommen habe, nötige ihm äußerste Hochachtung ab.

Kann das Licht eines freiwillig in die kommunalen Niederungen hinabgestiegenen Politikers in so kurzer Zeit heller leuchten? Doch den über Nacht zu Ruhm und Ehren gelangten Helmut Schmidt plagen schon bald die ersten Entzugserscheinungen.

Ein paar Wochen lang hat die Flutkatastrophe eine Frage in den Hintergrund gedrängt, die auch er sich wohl erst noch beantworten muss: Welche Gründe haben den Ausschlag dafür gegeben, dass einer von seinem Zuschnitt die bereits erklommenen Höhen wieder verließ, um nun eine ganze Etage tiefer mit einem sehr viel begrenzteren Aufgabengebiet vorliebzunehmen? Ist der Auszug aus Bonn vor allem eine der Schmidt'-

schen Ungeduld geschuldete Kurzschlusshandlung gewesen – oder glaubt er tatsächlich daran, sich am Ort seiner Kindheit eher verwirklichen zu können?

Am 28. Juli 1962 veröffentlicht die Tageszeitung «Die Welt» einen Artikel, der Aufsehen erregt. Der anonyme, unter drei Sternchen publizierte Beitrag beschäftigt sich mit den Tugenden und Schattenseiten der Freien und Hansestadt Hamburg, die nach Ansicht des Autors in der Vergangenheit Außerordentliches geleistet hat, aber nun Gefahr läuft, in der Mittelmäßigkeit zu versanden. «Denn sie schläft, meine Schöne», klagt der große Unbekannte, um dann wehmütig ihre inzwischen erheblichen Defizite anzuprangern: Die nach Berlin bedeutendste Kapitale der Bundesrepublik sei leider dabei, ihre «deutsche Aufgabe zu verkennen».

Der Verfasser heißt – wie er erst mehr als drei Jahre danach offenlegen wird – Helmut Schmidt, der da schon längst zu den populärsten Söhnen seiner Stadt gehört. Dass er ihr wie dem einstmals glorifizierten «Hanseatentum» so die Leviten liest, liegt in seinen ehrgeizigen Zielen begründet: Es geht ihm um nichts weniger, als das Zentrum des Nordens mit seiner «traditionellen Weltläufigkeit» zu einem «Gegenpol» zum «Bundesdorf» Bonn und zum dort herrschenden «Klüngel von Rhein und Ruhr» auszubauen.

Hehre, beschwörende Worte, die der nach Hamburg zurückgekehrte Sozialdemokrat wohl auch deshalb so plakativ unter das Volk streut, weil er seinen spektakulären Wechsel von der großen in die Landespolitik zunächst einmal vor sich selber zu rechtfertigen sucht. Die Geschicke seiner Heimatstadt maßgeblich mitzustimmen, suggeriert sich der nach acht Jahren Oppositionsarbeit auf Gestaltungsmacht versessene Schmidt, sei natürlich des Fleißes der Edlen wert. Eine kurzfristig die

Schlagzeilen beherrschende Flut genügt ihm da nicht – er will jetzt endlich auch sonst «Nägel mit Köpfen» machen.

Und die Voraussetzungen dafür, in seinem vertrauten Umfeld dauerhaft Akzente zu setzen, sind ja durchaus günstig. In Hamburg, wo die SPD einige Wochen nach ihrem erneuten Fehltritt in Bonn bei der Bürgerschaftswahl 57,4 Prozent der Stimmen eingefahren hat, ist dem prominenten Genossen das eigens geschaffene Amt des Innensenators regelrecht auf den Leib geschneidert worden. Er verfügt über ein gewaltiges, alle Bereiche der Sicherheit und Ordnung umfassendes Exekutivorgan, dem annähernd zwanzigtausend Beamte, Angestellte und Arbeiter dienen.

Andererseits lässt sich sein Drang, den Stadtstaat und dessen Bevölkerung beständig im Fokus der deutschen Öffentlichkeit zu halten, bestenfalls in Ansätzen verwirklichen. Nach dem Drama vom Februar, einem letztlich ja nur naturbedingten und von allen Bürgern geduldig ertragenen Schicksalsschlag, fallen die Hamburger rascher, als es Schmidts kühnen Träumen entspricht, in einen erstaunlich betulichen Alltag zurück, während der gefeierte Nothelfer spürbar zu leiden beginnt. «In Finkenwerder oder Sasel immerfort Polizeiwachen oder Feuerwehren zu inspizieren», lästert er noch Jahre später, habe ihn ziemlich rasch gelangweilt.

Zumindest in solchen Augenblicken scheinen die Proportionen nicht zu stimmen. Einem wie ihm, der bereits auf internationalem Parkett universelle Fragen erörtert und dabei meistens eine gute Figur gemacht hat, kann die Heimatstadt schwerlich Ersatz dafür bieten. Dieser Mangel gibt sich schon in der Ausstattung seines Büros zu erkennen: Neben der schwarz-rot-goldenen Flagge und den Konterfeis der beiden Bundespräsidenten Theodor Heuss und Heinrich Lübke hängt da als einziges seine tatsächlichen Ambitionen verratendes Leitbild der von ihm verehrte John F. Kennedy.

Das rastlose Energiebündel Helmut Schmidt fühlt sich in Hamburg zusehends im toten Winkel, und das umso mehr, als ihm eines der nach der Sturmflut seltenen überregionalen Ereignisse nur noch Ärger beschert. Im Herbst 1962 publiziert der «Spiegel» eine Enthüllungsgeschichte über die unzureichende Tauglichkeit der Bundeswehr, die angeblich auf streng geheimen Dokumenten basiert und prompt einen Presseskandal auslöst. Der Herausgeber Rudolf Augstein und sein für den Text verantwortlicher Redakteur Conrad Ahlers landen, ehe sie die Affäre berühmt macht, im Gefängnis.

In der Republik tut sich angeblich ein «Abgrund von Landesverrat» auf, wie es der notorisch misstrauische Bonner Kanzler den Deutschen vorzugaukeln versucht – und involviert ist nach Einschätzung der christdemokratischen Tugendwächter, in deren Reihen sich Franz Josef Strauß besonders hervortut, auch der Hamburger Innensenator. Die mit dem Bonner Verteidigungsministerium eng kooperierende Bundesanwaltschaft verdächtigt den Wehrexperten der SPD, zur Veröffentlichung des inkriminierten Artikels einen erheblichen «Beitrag» geleistet zu haben, und entlastet ihn erst nach vollen vier Jahren. Obgleich die auf Lügen aufgebaute Strafverfolgung seinem militärpolitischen Gegenspieler aus Bayern alsbald das Amt kostet, fühlt sich Schmidt schwer gedemütigt.

Liegt es auch an diesem für einen bekennenden Patrioten ehrverletzenden Vorwurf des Landesverrats, dass ihm in jener Phase etwas das Glück abhandenkommt? Er neigt zur Wehleidigkeit und lässt bitter durchblicken, nicht allein von einigen «übergeschnappten Bundesanwälten» einer systematischen Verleumdungskampagne ausgesetzt worden zu sein – er hadert zugleich mit seiner Partei: Die hat ihn nach seiner Überzeugung, als es Strauß darum ging, auf einem besonders umstrittenen Gebiet einen ausgewiesenen Fachmann einzuschüchtern, nur halbherzig unterstützt.

Und daheim tritt der Senator ebenfalls eher auf der Stelle. Zwar gelingt es ihm, für seine Mammutbehörde eine stabile Organisationsstruktur zu entwickeln, aber aus der Absicht, die Stadt im Vergleich zu Bonn zu einem Hort exemplarischer Liberalität herauszuputzen, wird nicht viel. Übrig bleibt von solchen Planspielen allein ein überparteilicher Kreis örtlicher Honoratioren, der sich seit Ende 1962 regelmäßig in der Wohnung der Journalistin Marion Gräfin Dönhoff versammelt, um einen ungezwungenen Gedankenaustausch zu pflegen.

Am Anfang des Bundestagswahljahres 1965 sieht es deshalb so aus, als habe sich der arbeitswütige Sozialdemokrat mit seinem unfruchtbaren Faible für Hamburg in eine Sackgasse manövriert.

Doch in Wahrheit ist es wohl mehr eine Krise der Orientierung. Er verfügt, was seine Zukunft anbelangt, durchaus über Optionen, scheint sich aber unschlüssig zu sein, welcher er den Vorzug geben soll. Zu Hause gilt der tüchtigste und intelligenteste aller hanseatischen Genossen zwar seit längerem nahezu unbestritten als «präsumtiver Bürgermeister», bloß ihn selber plagen noch Zweifel. Schließlich hat ihm Willy Brandt, der nach einem resignativen Schub in diesem Herbst ein weiteres Mal um die Kanzlerschaft kämpfen wird, den Job des Verteidigungsministers angeboten, und Schmidt hat bereits zugesagt. Aber was, wenn es in Bonn wieder nicht reicht?

Ist es da nicht besser, an Ort und Stelle zu wirken? Mit seiner Vaterstadt hat der ungeduldige Politprofi aller offensichtlichen Stagnation zum Trotz noch nicht abgeschlossen. Es gibt

Abende, an denen er sich bis in die Nacht hinein geradezu emphatisch über verdiente Lokalmatadore wie den Wirtschaftskapitän der Gründerjahre, Freund des Kaisers und ruhmreichen Schiffsbauer Albert Ballin verbreitet oder eindringlich die Notwendigkeit einer weitsichtigen Verkehrsplanung herausstreicht – alles Themen, in denen erkennbar seine unausgelebten Jugendträume mitschwingen. Immerhin ist er «Hamburger von Geburt und Gesinnung», wie er bei solchen Anlässen gerne betont.

Auf jeden Fall soll die Bindung an seine norddeutschen Wurzeln nicht verlorengehen. Was immer da auch kommen möge: Das Eigenheim, das er 1961 vor seiner Rückkehr vom Rhein an die Elbe im biederen Bezirk Langenhorn erworben hat, stellen Helmut und Loki Schmidt ebenso wenig zur Disposition wie ihr Feriendomizil am nahen Brahmsee. Dort teilen sie sich mit dem Bundestagsabgeordneten und engsten Freund der Familie, Willy Berkhan, seit Ende der fünfziger Jahre ein geräumiges Grundstück.

Also schwankt der Senator noch über die Bundestagswahl hinaus und enttarnt sich stattdessen als Autor jener im psychischen Sommerloch von 1962 in der «Welt» veröffentlichten Kritik, die im Kern ja auch eine Liebeserklärung war: «Hamburg, das ist unser Wille zu sein», hatte er damals etwas pathetisch den früh verstorbenen Dichter Wolfgang Borchert zitiert und schwärmerisch über die «großartige Synthese einer Stadt aus Atlantik und Alster, aus Buddenbrooks und Bebel» philosophiert, der das öde Bonn nicht das Wasser reichen könne.

Möchte er so und mit seinem ungalanten Diktum, die Bundeshauptstadt sei dagegen «ein trauriger Witz», einem abermaligen Wechsel an den Rhein endgültig den Riegel vorschieben? Was ihn seinerzeit wirklich umtreibt, deuten selbst enge

Freunde wie die späteren hanseatischen Bürgermeister Peter Schulz und Henning Voscherau mit deutlich unterschiedlichem Ergebnis. Der eine glaubt noch heute, dass Schmidt es als höchsten Adel empfunden hätte, im Rathaus den Chefsessel zu besetzen, was der andere stark bezweifelt: Hamburg sei ihm von Anfang an in seinen Möglichkeiten viel zu begrenzt und allenfalls als Durchgangsstation reizvoll erschienen.

Vermutlich fährt er auf klassische Weise zweigleisig – nur in diesem Herbst 1965 sind die Spielräume für den lavierenden Machtmenschen spürbar enger geworden. Zum Verteidigungsminister in einem Kabinett Willy Brandt kann er es nach der Wahl nicht mehr bringen, weil der sozialdemokratische Spitzenmann auch im zweiten Anlauf sein Ziel verfehlt, und zu Hause haben sich die Verhältnisse bereits seit dem frühen Sommer grundlegend geändert.

Wegen der Weigerung seiner Frau, anlässlich des Staatsbesuchs der britischen Königin an einem Empfang teilzunehmen, hat im Juni Axel Springers «Bild»-Zeitung dem in Scheidung lebenden Stadtoberhaupt Paul Nevermann eine peinliche Rücktrittsdebatte aufgenötigt, die auch für Helmut Schmidt nicht ohne Folgen bleibt. Der in den heimischen Medien als chancenreichster Nachfolgekandidat gehandelte Innensenator kann nicht anders, als sich unverzüglich zu erklären. Er entscheidet sich da noch zugunsten eines bundespolitischen Engagements.

Er wolle «kein Schaukelpferd» sein, hatte er den Genossen versichert, doch ganz so uneigennützig, wie es auf den ersten Blick aussah, war sein Votum wohl nicht. Schmidt hätte befürchten müssen, dass Teile seiner Partei, die den amtierenden Bürgermeister in scheinheiligem Bedauern abservierten, im Falle einer Bewerbung mit ihm kaum anders verfahren wären.

Denn auch ihm hängt ja eine «Weibergeschichte» an, die zum Zeitpunkt der Nevermann-Affäre in eingeweihten Kreisen bereits kursiert. Nach einem «flotten Techtelmechtel» mit einer verheirateten «attraktiven dunkelhaarigen Helga» – wie die Illustrierte «Stern» später enthüllen wird – hat der Kandidat gute Gründe, auf das höchste Amt im Stadtstaat zu verzichten. Stattdessen sprechen sich die Sozialdemokraten für ihren Finanzexperten Herbert Weichmann aus.

Über eine echte Alternative verfügt Schmidt deshalb nicht mehr, als sich am Abend des 19. September 1965 herausstellt, dass die SPD immer noch zu schwach ist, um die Union im Bund von der Macht abzulösen. Andererseits wird nun einer von seiner Schlagkraft – was vor allem dem Regisseur Herbert Wehner klar ist – in Bonn erst recht gebraucht. Er soll in der Fraktion die durch mehrere Abgänge entstandenen Lücken schließen und sich im Übrigen als eine Art Edelreservist bereithalten. Nicht umsonst gilt der populäre Krisenmanager als allseits einsetzbare Mehrzweckwaffe – oder, wie selbst die «Frankfurter Allgemeine» ihm attestiert, «am wenigsten vernutzte Figur seiner Partei».

Und dennoch hält er sich immer noch eine Hintertür offen. Da der zu diesem Zeitpunkt bereits im 70. Lebensjahr stehende Bürgermeister Weichmann in Hamburg lediglich als Übergangslösung zu regieren scheint, nährt der gebremste Innensenator unverblümt seine zumindest auf längere Frist angelegten Rückversicherungsambitionen. Er denke nicht daran, in seiner geliebten Heimatstadt vollends die Zelte abzubrechen, ruft er auf einer Pressekonferenz den zahlreich versammelten Journalisten zu, sondern gehe zunächst einmal nur «mit zwei weinenden Augen».

Helmut Schmidt in der Rolle des Doppelstrategen: Während er sich in Bonn auf bewährte Art mit Fleiß in sein neues Aufgabengebiet stürzt, sucht er daheim seine Hausmacht zu stärken. Der ruhelose Sozi, den zum Beispiel der britische «Sunday Express» schon als künftigen Kanzler feiert, strebt erstaunlich hartnäckig den vergleichsweise unbedeutenden SPD-Landesvorsitz an – und wird im darauffolgenden Jahr seine bis dahin bitterste Niederlage erleiden.

Viertes Kapitel

«Auch Demokratie braucht Führer»:
der dritte Mann in der Troika

In Bonn ergeht es den Sozialdemokraten, als Helmut Schmidt über die Hamburger Landesliste wieder in den Bundestag einzieht, wie bei allen früheren Kämpfen um die Macht: Nachdem sie sich in vier Legislaturperioden Konrad Adenauer geschlagen geben mussten, hat sich nun Ludwig Erhard als zu hohe Hürde erwiesen. Zwar darf sich die SPD mit fast 40 Prozent der Stimmen über ihr bisher bestes Ergebnis freuen, aber zum ersehnten Regierungswechsel reicht der Zuwachs noch nicht.

Dass er auch im zweiten Anlauf nicht zum Zuge gekommen ist, stürzt den ohnehin von erheblichen Stimmungsschwankungen geplagten Spitzenmann Willy Brandt in schwere Selbstzweifel. Bereits am Wahlabend erkennt er sein Scheitern an, und einige Tage später konfrontiert er die enttäuschten Genossen mit seinem, wie es aussieht, endgültigen Beschluss: Einem dritten Versuch, in Bonn die Kanzlerschaft zu erlangen, so der verbitterte Berliner Bürgermeister, wolle er sich im Hinblick auf 1969 nicht mehr aussetzen. Alle Bemühungen Herbert Wehners, den inzwischen zum Parteichef gekürten Kollegen zugleich mit dem Fraktionsvorsitz zu betrauen, erübrigen sich.

Brandt bleibt an der Spree – eine einsam getroffene Entscheidung, die es verhindert, dass die SPD ihre Kräfte bündelt. Auch Helmut Schmidt hält sie deshalb für falsch und riskiert damit, obschon er sich in der Bundeshauptstadt niemandem enger verbunden fühlt als dem amtierenden Oppositionsführer Fritz Erler, einen schmerzlichen Loyalitätskonflikt. Geht es um das Wohl der Partei, spielen nach seiner Auffassung die persönlichen Interessen eines überaus verdienstvollen Mitstreiters, den viele noch immer als den eigentlichen Kopf der Sozialdemokraten verehren, keine Rolle.

Früher als andere sieht er im abermals zurückgewiesenen Kanzlerkandidaten, der sich seit dem Mauerbau vom manchmal allzu dick auftragenden «Frontstadt-Kommandanten» zum phantasievollen Entspannungspolitiker emanzipiert hat, die künftige Führungsfigur. Er bewundert die von Brandt auf dem Höhepunkt der Berlin-Krise bewiesene «psychologische Ausstrahlung auf Massen» – übernähme er in Bonn die Macht, so jubelte Schmidt bereits als Schatten-Verteidigungsminister im Wahlkampf, wäre das einem Wechsel «von Eisenhower zu Kennedy vergleichbar».

Und sein Engagement kommt ja auch nicht von ungefähr. Seit dem Tode des Parteichefs Erich Ollenhauer darf sich der Genosse aus Hamburg vor allem beim Nachfolger dafür bedanken, dass er hinter dem neuen, von Brandt, Erler und Wehner gebildeten Triumvirat sozusagen als vierte Kraft in der SPD gilt. Mit dem Vorsitzenden tauscht er Briefe aus, die – soweit es das beiderseits nüchterne Naturell erlaubt – von erheblichem Vertrauen zeugen. «Für ihn», wird Helmut Schmidt in späteren Zeiten seines politischen Aufstiegs ein ums andere Mal beteuern, «wäre ich bis Mitte der sechziger Jahre durchs Feuer gegangen.»

Aber nun, da es darauf ankommt, nach der zweiten Niederlage als Kanzlerkandidat das nötige Stehvermögen zu zeigen, scheint sich Brandt einigeln zu wollen. Statt seiner bestätigen die Abgeordneten Fritz Erler im Amt, und der an den Rhein zurückgekehrte pflichtbewusste Hanseat, der im November 1965 zu einem seiner Stellvertreter aufrückt, dient auch dem angestammten Fraktionschef auf bemerkenswert altruistische Weise. Trotz aller Spekulationen, die in ihm bereits den Herausforderer Ludwig Erhards sehen, hält er sich selber bedeckt. Er habe wohl die «rechte Mitte zwischen Schmidt Schnauze und Schmidt Staatsmann» noch nicht gefunden, bemerkt etwas süffisant das Wochenblatt «Die Zeit».

Wahrscheinlicher ist, dass er bis ins Frühjahr 1966 hinein nicht nur die Bonner Szene im Visier hat, sondern genauso aufmerksam die Entwicklung in seiner Heimat verfolgt. Denn eigentlich hatte er dort ja im Falle einer neuerlichen Niederlage der SPD im Bund bleiben wollen – eine heimliche und starke Sehnsucht, die sich trotz der erfolgreichen Überredungskünste seiner Kombattanten aus der Parteispitze nicht verflüchtigt. Deshalb will er, obwohl ihn Wehner ausdrücklich vor einer Doppelbelastung warnt, in Hamburg mit Paul Nevermann um den Landesvorsitz streiten.

Dass er das Problematische an dieser Kandidatur nicht einmal dann erkennt, als sich unter den Genossen zu Hause massiver Unmut darüber zu regen beginnt, scheint er im Nachhinein kaum noch zu verstehen. Sich da gleichsam als im Nebenerwerb tätiger Chef aufzudrängen, ist so wenig durchdacht wie das Wagnis, ausgerechnet einen Mann herauszufordern, der, wie Schmidt selbst einräumt, aus völlig nichtigem Anlass zum Rücktritt vom Amt des Bürgermeisters gezwungen wurde.

Doch das scheint ihm seinerzeit egal zu sein, und er kriegt

die Quittung dafür. Am 14. Mai 1966, gerade mal vier Jahre nach seinem heroischen Einsatz bei der Flutkatastrophe, zeigen ihm die wütenden hanseatischen Sozialdemokraten die Grenzen auf: Der Bonner Politstar reißt an der norddeutschen Peripherie kläglich die Hürden.

Was er da getrieben habe, sagt er noch als alter Mann, sei ein grober Fehler und «ungehörig» gewesen.

Seine Überlegungen, Schritt für Schritt wieder in Hamburg Fuß zu fassen, haben sich damit erledigt – in seiner Karriere ein peinlicher Tiefpunkt, den er aber rasch überwindet. Schon Anfang Juni erleben die Delegierten eines Bundesparteitags, der in Dortmund den außen- und sicherheitspolitischen Standort der SPD bestimmt, einen sehr viel konstruktiveren Helmut Schmidt. Der setzt sich mit Verve dafür ein, die durch sowjetische Mittelstreckenraketen bedrohte militärische Balance in Europa zu erhalten, ohne den Mitbesitz an Nuklearwaffen anzustreben – ein Ziel, das mehr als zehn Jahre danach zum berüchtigten Nato-Doppelbeschluss führt. Und er wirbt zugleich für eine Auflockerung der mittlerweile erstarrten «antagonistischen Bipolarität» der Welt.

In jener Zeit legen die Sozialdemokraten vor allem Wert darauf, in der Bonner Republik als moderne und zu Innovationen fähige Partei des Realismus wahrgenommen zu werden. Neben Herbert Wehner und Willy Brandt mit seiner bereits in Entwürfen skizzierten Ostpolitik versteht kaum jemand dieses Signal überzeugender zu setzen als der stellvertretende Fraktionschef. Er begrüßt alle Schritte, die dazu beitragen, die «Furcht vor Deutschland zu eliminieren», kritisiert in der Frage der Wiedervereinigung verbrauchte Formeln und plädiert mit Hingabe für ein differenzierteres, von plattem Antikommunismus gereinigtes DDR-Bild, das die «schwere Last des Geteiltseins» mindert.

Jedenfalls scheinen nach diesem Konvent die Irritationen auf der Führungsebene ausgeräumt. Dass Willy Brandt mit 324 von 326 abgegebenen Stimmen unangefochtener Vorsitzender bleibt, leitet am Ende nicht nur für ihn eine langandauernde Renaissance ein – es klärt auch andere Fronten: Helmut Schmidt, der wieder voll in der nationalen und internationalen Politik angekommen ist, wird damit bewusst, dass der erstarkte Freund in Sachen Kanzlerkandidatur das letzte Wort noch nicht gesprochen haben dürfte. Und er verhält sich entsprechend.

Der Parlamentarier entdeckt seine alte Leidenschaft wieder, im Bundestag die Fäden zu ziehen, und rückt in der sozialdemokratischen Volksvertreter-Riege anstelle des mittlerweile an Leukämie erkrankten Fritz Erler zur unverzichtbaren Führungsfigur auf. Darüber hinaus ergreift er jede Gelegenheit, seinen Horizont zu erweitern: Während die Kollegen in die Ferien gehen, nutzt das «Arbeitstier» Schmidt etwa die Sommerpause 1966, um mit Frau Loki und Tochter Susanne einen Blick hinter den «Eisernen Vorhang» zu werfen.

Der «Major in der Maske des Biedermanns», wie das «Neue Deutschland» giftet, auf großer Tour: Am Steuer seines Opel legt er bei einer Reise durch die CSSR, Polen und Teile der Sowjetunion innerhalb eines Monats fünftausend Kilometer zurück und führt, soweit sich das einrichten lässt, zahllose Gespräche. Vor allem die Begegnungen mit den einfachen Menschen beeindrucken ihn sehr. Seine eher spärlichen Kontakte zu Angehörigen der Nomenklatura in Moskau und Warschau belehren ihn dagegen über die Zählebigkeit des Status quo im Zentrum Europas, der immer noch als unantastbar verteidigt wird. «Selbst die kleinste Bewegung» löse im Ostblock tief verwurzelten Argwohn aus, berichtet der ernüchterte Abgeordnete nach der Heimkehr den Bonner Genossen.

Doch in diesen Tagen bleibt ihm nur wenig Muße, seine Erfahrungen aufzuarbeiten. Als Schmidt wieder am Schreibtisch Platz nimmt, zeichnet sich in Bonn eine folgenreiche Zäsur ab, die auch der SPD zu denken gibt: Die Union und insbesondere der Koalitionspartner, die Freien Demokraten, beginnen sich von ihrem Kanzler abzusetzen. Bei der Landtagswahl im strategisch wichtigen Nordrhein-Westfalen, das seit längerem von Zechenstilllegungen gebeutelt wird, verliert die CDU ihre Mehrheit – und der «Vater des Wirtschaftswunders», Ludwig Erhard, reagiert auf die Rezession konfus mit lauen Maßhalte-Appellen.

Die erfolgsverwöhnten Deutschen lernen ein neues Fremdwort kennen, das für drastische Auftragsrückgänge in der Industrie und die mit 3,5 Prozent höchste Inflationsrate seit 1951 steht. Schon ein Jahr später wird sich zum ersten Mal das reale Bruttosozialprodukt sogar verringern, gleichzeitig muss der Arbeitsmarkt annähernd 500 000 Erwerbslose verkraften. Dazu kommt ein bereits im Herbst 1966 sichtbares Haushaltsdefizit, das der Marktwirtschaftler Erhard mit einer unpopulären Erhöhung der Steuern zu tilgen gedenkt. Die FDP-Minister verlassen empört das Kabinett.

So ist die sozialdemokratische Opposition, als der glücklose Kanzler aufgibt, der Teilhabe an der Macht plötzlich näher als je zuvor in der Geschichte der Bonner Republik – und sie streitet sich heftig: Während Brandt anfangs eine Liaison mit den Liberalen favorisiert und Wehner die Juniorpartnerschaft in einem Bündnis mit der Union anstrebt, hält Schmidt Neuwahlen für die sauberste Lösung. Den unsicheren Kantonisten von der FDP eine Offerte zu unterbreiten, erscheint ihm als «arithmetischer Unfug», aber er möchte auch der geschwächten CDU nicht kampflos die Regierungszentrale überlassen.

Nach Wochen zähen Ringens siegt in der Führungsspitze die Einsicht, dass allein ein Pakt der beiden Volksparteien dem ins Schlingern geratenen Land zu neuer Stabilität verhelfen und das von den meisten Genossen ersehnte Mehrheitswahlrecht durchsetzen kann. Also steigen die Sozis am Ende einer erregten Debatte am 27. November 1966 nicht nur in die vom schwäbischen Feingeist Kurt Georg Kiesinger geleitete Große Koalition ein – sie sind sogar bereit, wie es Schmidt hinterher formuliert, «die Kröte Strauß» zu schlucken.

Was Experten aus allen Lagern in den Jahrzehnten danach als Geniestreich Wehners feiern – nämlich die SPD an der Seite ihres lange Zeit befehdeten Gegners zunächst einmal die Regierungsreife erlangen zu lassen –, ist in Wahrheit ein ziemlich gewagtes Unternehmen. Zwar bewerten fast siebzig Prozent der befragten Bürger den überraschenden Schulterschluss positiv, aber er hat auch seinen Preis. Der in kühler Berechnung aus dem Boden gestampfte neue Koloss beflügelt in beängstigender Weise die politischen Ränder: Sowohl die rechtsextreme NPD als auch die Außerparlamentarische Opposition (APO) erhalten kräftigen Auftrieb.

Und Schmidt, der ein Ministeramt ausschlägt, nachdem die Union auf dem Verteidigungsressort beharrt hat, wächst in eine nervenaufreibende Scharnierfunktion hinein. Als Nachfolger Fritz Erlers, der im Februar 1967 stirbt, steht er nun einer Fraktion vor, die der ungewohnten schwarz-roten Gemeinsamkeit häufig nur mit Zähneknirschen applaudiert. Dass etwa der Emigrant Willy Brandt dem einstigen NSDAP-Mitglied Kurt Georg Kiesinger die Hand reicht und der Oberstratege Wehner das Bündnis zu einem Lehrbeispiel für schiere Vernunft verklärt, fördert unter den Genossen die Lust an stillen Racheakten. Von den insgesamt 217 SPD-Abgeordneten nehmen an der Wahl des neuen Fraktionschefs lediglich 144 teil, während ihm gerade mal 121 ihre Stimme geben – ein im Grunde unerhörter Affront.

Doch der machtbewusste und auf eiserne Disziplin achtende «Vollblut-Parlamentarier», wie ihn sein Biograph Ulrich Blank nennt, hat inzwischen so viel Stehvermögen entwickelt, dass er das miserable Ergebnis kaum zur Kenntnis nimmt. Er weiß, dass er in dieser Konstellation keine ernsthafte Konkurrenz fürchten muss, und zieht von Anbeginn seine Linie durch: Demokratie, doziert er in der Art eines Oberlehrers, bestehe natürlich «aus Debatte» – aber auch aus «anschließender Entscheidung aufgrund der Debatte».

Zugleich versucht Schmidt das in einer Großen Koalition zwangsläufig reduzierte Gewicht der ihm anvertrauten Volksvertreter zu kompensieren. Weil er sich ausrechnen kann, dass bei der gewaltigen Mehrheit, die den schwarz-roten Block stützt, die Stimme des Einzelnen sehr viel weniger gilt als vorher, redet er die Repräsentanten der Legislative von Anfang an stark. Soll sich nur niemand einbilden, die Elefantenhochzeit von Union und SPD werde einen Verlust an Eigenständigkeit nach sich ziehen! «Dieser Deutsche Bundestag», teilt er drohend mit, fühle sich auch in Zukunft seinen Aufgaben verpflichtet, und deren wichtigste listet er dann im Telegrammstil auf: Es gelte, «*erstens* politische Ziele zu setzen, *zweitens* Initiativen zu ergreifen und *drittens* Kontrolle über die Bundesregierung auszuüben».

Bei nahezu jeder Gelegenheit wird so sichtbar, wie sehr der selbstbewusste Genosse, der das neue Bündnis letztlich für die beste aller Möglichkeiten gehalten und in einem «Acht-Punkte-Programm» die Vorgaben der SPD erarbeitet hat, nun ganz in seinem Element ist. «Ein Fraktionsvorsitzender ist einer, ein Minister aber nur einer von zwanzig», streut er schon bald als Bonmot und paukt im Plenarsaal zunächst einmal eine veränderte Sitzordnung durch. Die zuvor von ihren privilegierten Bänken auf die Abgeordneten herabsehenden Kabinettsmitglieder müssen in Zukunft mit gleicher Höhe vorliebnehmen.

Stets um griffige Metaphern bemüht, versteht sich Helmut Schmidt nachdrücklich als Chef eines «riesenhaften Aufsichtsrats», der insbesondere davon profitiert, dass er vom Start weg mit seinem Pendant Rainer Barzel erstaunlich gut zurechtkommt. Der 42-jährige Christdemokrat gehört wie er noch der Kriegsgeneration an, und als Profis begreifen beide auf Anhieb, dass sie ihre Chancen nur dann wahren können, wenn sie sich nicht im fruchtlosen Gegeneinander verschleißen. Er sei von ihm bei allen unterschiedlichen Interessen «nie hinters Licht geführt, nie beschissen» worden, bestätigt der Sozialdemokrat seinem damaligen «coalition brother» noch, als Union und SPD wieder getrennt marschieren. Und der Partner gibt das Kompliment artig zurück: Man habe «gemeinsam den Laden zusammengehalten».

Wie sich bald herausstellen wird, ist es bei allen Bemühungen ein schwieriges Geschäft: CDU und CSU müssen ihren Wählern glaubhaft machen, dass der vorübergehende Wechsel von den Liberalen zu den vorher verhassten Roten ihrer bitter nötigen Regeneration dient, während die SPD als Partner der einstmals böse verteufelten Union ein ebenso riskantes Etappenziel verfolgt. Würde das schwarz-rote Experiment misslingen, das weiß der Fraktionsvorsitzende natürlich, bliebe seiner Partei wohl kaum mehr übrig, als sich nach einem kurzen und kräftezehrenden Zwischenspiel wieder von der Macht zu verabschieden.

Denn immerhin hat die nach seinem Befund «völlig neuartige» Situation eine ohnedies schon prekäre Entwicklung beschleunigt, die dem Führungsteam erheblich zusetzt. Die seit Bad Godesberg gewandelte SPD steht in schweren Abwehrkämpfen. Seit Mitte der sechziger Jahre attackieren vor allem in den Universitätsstädten Jungsozialisten und Teile des Sozialdemokratischen Hochschulbundes das vermeintlich dem Kapitalismus verfallene Establishment – und nach der immer unkontrollierter aufschäumenden Debatte um die Notstandsgesetze gehen nun zunehmend auch die großen Gewerkschaften zu Schmidt und Co. auf Distanz.

Dass sich in der Republik ein Umbruch vollzieht, der über eine kurzfristige Modeerscheinung deutlich hinausgeht, ist dem für neue Strömungen sensiblen Fraktionschef rascher als anderen klar. Auf einem Parteitag seines Hamburger Landesverbandes im Mai 1967 lobt er deshalb das wachsende Selbstbewusstsein einer von Schuldgefühlen weitgehend unberührten Jugend und die «unpathetische Art», sich Gehör zu verschaffen. Dass sie «jeglicher Autorität feindlich gestimmt» sei, lässt der Redner nicht gelten, sondern wertet ihre Aufmüpfigkeit als Ausdruck von Normalität – «Diskussion ist das Lebenselixier einer demokratischen Partei!» –, den die Sozialdemokratie im Prinzip unterstützen müsse.

Und selbst als wenige Wochen später der gewaltsame Tod des Studenten Benno Ohnesorg bundesweit wie ein Fanal wirkt, rät Helmut Schmidt zur Bedachtsamkeit. Zwar sieht er nun eine «unangenehme Bewegung» am Werk, die von einigen wilden SDS-Einpeitschern gesteuert werde, aber er äußert zugleich noch Verständnis: «Viele dieser jungen Leute meinen es sehr ernst, wenn sie glauben, für die Sache der Freiheit demonstrieren zu sollen; sie glauben nämlich auch, dass ihre Väter nicht genug dafür getan haben.»

Ist das bloß der Versuch eines rhetorisch geschulten Politikers, die um sich greifenden Unruhen mit einigen wohlfeilen Sätzen zu beschwichtigen? Helmut Schmidt will dem lärmenden Nachwuchs zunächst noch Brücken bauen. Zumindest stellt in diesem chaotischen Sommer 1967 kaum einer so deutlich wie er heraus, dass die Aufrührer «zum Teil von Verzweiflung über die Selbstzufriedenheit des deutschen Kleinbürgers» ergriffen seien, und fordert auf einer Funktionärskonferenz, wo er Übergriffe der Polizei in bester APO-Manier als «staatliche Ordnungsexzesse» brandmarkt, den Dialog. Genossen sollen sich in die Unis begeben und mit den Studenten reden. Und wie es vorher in den USA dem inzwischen ermordeten John F. Kennedy gelang, empfiehlt er, das Unbehagen an der Gesellschaft in ein Engagement «für ideelle Ziele umzuprägen».

Doch er unterschätzt die Hartnäckigkeit der aufgewühlten Revoluzzer, und schon bald erlahmt seine Geduld. Energisch widerspricht Schmidt nun, als sich die Außerparlamentarische Opposition immer unbedenklicher der Straße bemächtigt, dem Vorschlag einiger Parteifreunde, um des lieben Friedens willen die zu Beginn der sechziger Jahre beschlossene Unvereinbarkeit von SPD- und SDS-Mitgliedschaft aufzuheben: Wer etwa das Godesberger Programm als Kotau vor dem Klassenfeind verhöhne oder sich an einer neomarxistisch ausgerichteten «Neuen Linken» berausche, dürfe unmöglich den Sozialdemokraten angehören.

Was bewegt ihn dazu, innerhalb weniger Monate seine ursprünglich moderate Haltung aufzugeben und stattdessen als großer Ankläger aufzutreten? Ergrimmt hält er nun die von ihm zunächst nur als Sozialromantiker empfundenen Querköpfe für «potentiell diktaturverdächtig» – man müsse ihnen dringend Paroli bieten. Andernfalls, scheint er tatsächlich zu glauben, könne die Nation «zum Teufel» gehen.

Dass ihn die Krawalle, die nach der nordvietnamesischen Tet-Offensive im Januar 1968 weiter ausufern, in Alarmstimmung versetzen, muss man ihm wohl abnehmen. Die Gefahr, in «Weimarer Verhältnisse» zurückzufallen, ist für Schmidt bei aller Neigung zur kalkulierten Theatralik stets ein angstauslösendes Moment gewesen, und so reagiert er auch jetzt: Die Ausschreitungen anlässlich eines Parteitags der SPD, als Herbert Wehner und andere Prominente auf dem Weg zur Nürnberger Meistersingerhalle körperlich angegriffen werden, deprimieren ihn ebenso wie das Attentat auf den Studentenführer Rudi Dutschke, das über Ostern die Bundesrepublik erschüttert.

Aber die später sogenannten Achtundsechziger sind es ja nicht allein, die dem permanent unter Druck stehenden SPD-Chefparlamentarier den Job erschweren. Die Koalition hat darüber hinaus einen Problemstau zu bewältigen und für die Lösung der überfälligen wirtschafts- und sozialpolitischen Fragen eine Mehrheit zu organisieren, was von Schmidt beträchtliches Verhandlungsgeschick verlangt. Im ersten Jahr des schwarz-roten Bündnisses läuft die Konjunktur immerhin noch so schlecht, dass bereits die Verabschiedung des defizitären Bundeshaushalts und eine mittelfristige Finanzplanung (Kürzel «Mifrifi») die beiden Partner rasch an den Rand der Selbstverleugnung drängen.

Und auch als ab Herbst 1967 die insgesamt dann doch solide Regierungsarbeit den Westdeutschen einen ungeahnten Investitions- und Exportboom beschert, trägt in den Reihen der Sozialdemokraten deren Fraktionsvorsitzender die schwerste

Last. Er muss zugleich das Kabinett stützen und die von Wirtschaftsminister Karl Schiller erreichten Erfolge verkaufen, um andererseits besänftigend auf die Partei einzuwirken. Denn das Gros der Genossen hat den Pakt mit der Union noch nicht verkraftet, im Gegenteil.

Die nahezu täglich von inneren Zerreißproben heimgesuchte SPD fürchtet trotz der ökonomischen Stabilisierung um ihre Identität – ein Dilemma, das insbesondere bei der Landtagswahl, die im April 1968 in Baden-Württemberg stattfindet, offenkundig wird. Während die Christdemokraten in Stuttgart, wo seit Ende 1966 ebenfalls eine Große Koalition regiert, nur unmaßgeblich an Stimmen einbüßen, schrumpft der kleinere Partner von vormals über 37 auf indiskutable 29 Prozent. Kann es da verwundern, wenn dieses Desaster die Bonner Parteispitze in die Bredouille bringt? Herbert Wehners vermeintliches Meisterstück gilt danach wochenlang als grandioses Missverständnis, und Helmut Schmidt muss sich von empörten Anhängern vorwerfen lassen, in seiner Scharnierfunktion überfordert zu sein.

Den entsetzt noch mehr als die eigene Pleite der Durchmarsch der NDP, die in Stuttgart mit sensationellen 9,8 Prozent ins Parlament vordringt. Journalisten im In- und Ausland betrachten, was sich im bürgerlich stabilen Südwesten Deutschlands ereignet hat, im Hinblick auf die für 1969 anberaumte Bundestagswahl als Menetekel – und das nun aus Brandt, Wehner und Schmidt bestehende Dreigestirn der SPD rutscht in eine ernste Orientierungskrise.

Doch der Fraktionschef beugt sich nicht. Um die Sozialdemokraten vor einer drohenden «Selbstzerfleischung» zu bewahren, forciert er seinen Feldzug gegen Abweichler und Unterwanderer, die er für den Niedergang in erster Linie verantwortlich macht. Dem Raffinement rhetorisch versierter Jungakademiker, die massenhaft in die SPD-Ortsvereine strömen, um dort kaltschnäuzig angestammte Mehrheiten zu kippen, soll endlich ein Riegel vorgeschoben werden. Und kaum minder entschieden kämpft er gegen die widerborstige Nachwuchsorganisation, die Jusos. Deren «Doppelstrategie», die von vielen Seiten bedrängte Mutterpartei innerhalb und gleichzeitig außerhalb des Parlaments zu «antikapitalistischen Strukturreformen» zu nötigen, ist nach seiner Analyse der Kern des Übels.

Aus dem einstigen Modernisierer Helmut Schmidt scheint sich nun umso hartleibiger ein Protagonist der auf alte Werte und Traditionen erpichten bürgerlichen Mitte zu entwickeln. Er regt sich publikumswirksam darüber auf, es gebe in der Bundesrepublik zu viele Theologiewissenschaftler, Soziologen und Politologen, die in alles hineinredeten, wovon sie wenig verstünden, und legt sich wütend mit den geistigen Vätern der studentischen Bewegung, etwa Ernst Bloch und Theodor W. Adorno, an. Seine feste Überzeugung, ein zunehmender Meinungsterror auf dem linken Flügel der Gesellschaft werde letztlich den Rechtsradikalen zu weiterem Auftrieb verhelfen, lässt ihn nicht mehr ruhen.

Und auch auf einem anderen Terrain zeigt er im turbulenten Frühjahr 1968 Unbeugsamkeit. Zu den dringlichsten Zielen, die sich die Große Koalition gesetzt hat, zählt die Verabschiedung der Notstandsverfassung – für die SPD schon deshalb ein gewaltiger Kraftakt, weil sich die im DGB zusammengeschlossenen Gewerkschaften konsequent dagegen aussprechen. Doch Schmidt behauptet sich. Ausgerechnet im Mai, als die Deutschen noch unter dem Schock der österlichen Ereignisse stehen – und im nahen Paris Barrikaden brennen –, bindet sich der Staat an Normen, die ihre Kritiker an die Sünden von Weimar erinnern.

Das Gesetzeswerk, das die bis dahin gültigen alliierten Vorbehaltsrechte ablöst, regelt den «Ausnahmezustand», der bei der Bedrohung der freiheitlich-demokratischen Grundordnung des Bundes oder eines seiner Länder in Extremfällen den Einsatz sogar des Militärs erlaubt – eine hochsensible Entscheidung, die das Parlament nur mit Zweidrittelmehrheit treffen kann. Dass die Sozialdemokraten schließlich zustimmen, nachdem gewährleistet ist, dass die Legislative als letzte Kontrollinstanz die ausübende Gewalt korrigieren darf, ist vor allem das Verdienst ihres Fraktionschefs.

Für Helmut Schmidt gehört dieser Tag aber nicht allein des Ergebnisses wegen zu den denkwürdigsten in seinem Leben. Als besonderen Vertrauensbeweis empfindet er, dass die SPD-Abgeordneten in ihrer abschließenden Debatte eine ungewöhnliche Bitte an ihn herantragen: Neben der Begründung dafür, weshalb eine am Ende überwältigende Zahl der Genossen dem Gesetz ihren Segen gibt, soll er auch gleich das Minderheitsvotum erläutern.

Wohler als in jenem Augenblick hat er sich in seinem Amt, in dem er die «insgesamt glücklichste Zeit» seiner politischen Karriere verbringt, nie gefühlt. Doch die Genugtuung darüber schwindet bald. Ihn bedrückt, wie sehr mit dem wichtigsten Reformwerk des Bündnisses seine vorher engen Beziehungen zu Willy Brandt abgekühlt sind, und er beginnt den Freund in neuem Licht zu sehen. Während er selbst sich nicht zu schade gewesen sei, so Schmidt, den verunsicherten Parlamentariern die Unterstützung der brisanten Notstandsverordnung abzutrotzen, habe sich «der Große Vorsitzende feige geduckt und ist geschmeidig den Demonstranten entgegengekommen».

113

Unterschiedliche Auffassungen über die Frage, wie die Führungsgremien der SPD mit der Opposition in den eigenen Reihen umgehen sollen, gibt es zwischen den beiden zwar schon länger. Doch erst jetzt tritt offen zutage, wie schwer sich die konträren Konzepte vereinbaren lassen. Willy Brandt, der als jugendlicher Rebell selbst einmal für einige Zeit zu einem Linksableger der Sozialdemokraten, der «Sozialistischen Arbeiterpartei» (SAP), wechselte, um dann reumütig mit neuem Elan zurückzukehren, möchte aus dieser Erfahrung heraus alles vermeiden, was eine abermalige Spaltung begünstigen könnte – der weniger duldsame Helmut Schmidt will dagegen von Beginn an «klare Kante».

Was er sich unter einer Partei vorstellt, die «im Spannungsverhältnis zwischen Ideologie und Realität» agieren muss, hat er bereits im Juni 1965 als Innensenator in einer Rede über das «geistige Profil» der SPD an der Uni Hamburg vorgetragen, und diese Essentials gelten ihm seither als Wegweiser: Die Sozialdemokraten sind für ihn – darauf hätten schon die Väter des Godesberger «neuen Testaments» Wert gelegt – eine Gemeinschaft von Individuen, die «im Grunde immer revisionistisch», also «antiutopisch» handeln. Sie räumen ein, «dass die Geschichte ein dialektischer Prozess sein mag», aber entscheidend ist letztlich der Mensch.

Und die wichtigste Schlussfolgerung, die Schmidt daraus zieht, müssen die Linken als Kampfansage verstehen: Angesichts dieser «ständigen Notwendigkeit zur Anpassung der Programmatik an die sich ändernde Situation» findet sich nach seiner Analyse für einen Glauben an automatische oder gar mit wissenschaftlicher Exaktheit zu prognostizierende gesellschaftliche Abläufe «kein Platz mehr».

Den Vorsitzenden Willy Brandt scheinen solche Fragen weniger zu berühren. Dessen Hauptinteresse gilt dem Ausgleich mit dem Osten, und als eine Art Neben-Außenminister perso- nifiziert er immer stärker das friedliebende, um Entspannung bemühte Deutschland. Dass es ihm zu gelingen scheint, nach dem Mauerbau mit einem Passierschein-Abkommen und an- deren Schritten der Deeskalation Hoffnungszeichen für einen «Wandel durch Annäherung» zu setzen, wird von Schmidt aus- drücklich begrüßt – aber dem Hamburger Kollegen missfällt, wie sehr er dabei angeblich die Partei verschludern lässt.

Was die Arbeit Brandts an der SPD-Basis betrifft, erwartet der Fraktionschef deutlich mehr, als sich bei «linken Spinnern» lieb Kind zu machen und darüber hinaus die Zügel schleifen zu lassen. «Auch Demokratie braucht Führer», schleudert er zornig in die Debatte, und als der Gescholtene darauf mit der für ihn typischen Dickfälligkeit reagiert, fühlt er sich offenkun- dig selber im Wort.

Folglich übernimmt er im wilden Jahr 1968, als im westli- chen Teil des Landes besorgniserregende Zustände herrschen, den Part des sozialdemokratischen Ausputzers – eine sicher manchmal undankbare, aber in der Bevölkerung gewiss auch geschätzte Rolle, die effektvoll den Mainstream bedient. In ihr läuft er bisweilen zu großer Form auf. So steht Schmidt etwa beim Bundeskongress der Jungsozialisten, wie er danach nicht ohne Stolz vermerkt, «sechs Stunden lang im Feuer», um den «hysterischen Wohlstandssprösslingen» die Meinung zu geigen und sich am Ende mit einem eindrucksvollen Hechtsprung von der Bühne zu verabschieden. «Starkes Foto, sportlicher Abgang», kommentiert er sarkastisch das am folgenden Tag in den meisten Zeitungen veröffentlichte Bild.

Die weltanschaulich in ferne Sphären entrückten Youngs- ter sehen gerade in ihm einen unverbesserlich auf Autorität fixierten Repräsentanten der erstarrten Alt-BRD, und vieles deutet darauf hin, dass in diesem Sommer der SPD auch auf ihrer Führungsebene ein veritabler Krach ins Haus steht. Der um die Einheit der Sozialdemokratie fürchtende Willy Brandt, wissen Insider, will dem forschen Hanseaten mit einem Machtwort in die Parade fahren.

Aber dann überrollt ein anderes Ereignis die innerparteilichen Querelen: Am 21. August 1968 beenden Panzerverbände der Warschauer-Pakt-Staaten unter Führung der Sowjetunion den sogenannten Prager Frühling – für die außenpolitischen Experimente in der benachbarten Bundesrepublik und vor allem den kleineren Koalitionspartner ein schwerer Schlag. Nicht nur Moskau bezichtigt die SPD, mit ihren «sozialdemokratistischen Expansionsgelüsten» am Zerfall des Regimes in der CSSR beteiligt gewesen zu sein – auch Kanzler Kiesinger und Franz Josef Strauß nehmen das Drama zum Anlass, ihren Argwohn zu bekräftigen. Die Entspannungsbemühungen Brandts und Schmidts hält die Union schon seit längerem für illusionär.

Doch sosehr sie ansonsten zerstritten sind, so entschieden proben die nur für kurze Zeit leicht verunsicherten SPD-Granden auf diesem Feld den Schulterschluss. Für Schmidt hat auch nach der Prager Tragödie die Herstellung einer Balance aller Streitkräfte in Europa Vorrang, was einerseits die Fortdauer der Anwesenheit amerikanischer Truppen in der Bundesrepublik und andererseits einen streng kontrollierten Rüstungsabbau verlangt. Und so schreibt er in wenigen Wochen sein zweites Fachbuch – «Strategie des Gleichgewichts» –, dessen wiederum positive Resonanz ihn für einige Enttäuschungen auf innenpolitischem Gebiet entschädigt.

Zwar hat die Große Koalition in der kurzen Zeit ihres Bestehens für einen gewissen Modernisierungsschub gesorgt, aber ihr ist auch manches misslungen. Vorweg die von Helmut Schmidt ausdrücklich bejahte Einführung des Mehrheitswahlrechts wird nach einigen halbherzigen Versuchen in die nächste Legislaturperiode verschoben. Zumal nach den Ereignissen im Ostblock erschöpft sich der Vorrat an Gemeinsamkeiten im schwarz-roten Bündnis zusehends.

Und spätestens im März 1969 erhalten die Anhänger einer sozial-liberalen Kombination erheblichen Auftrieb. Mit Hilfe der FDP erobert die SPD zum ersten Mal in der Geschichte der Republik das Amt des Bundespräsidenten – für Brandt und Genossen Anlass genug, von den ursprünglichen Plänen Abschied zu nehmen, die unter Walter Scheel gewendeten Freien Demokraten aus dem Parlament zu bugsieren. Stattdessen verkündet das in die Villa Hammerschmidt einziehende neue und unkonventionelle Staatsoberhaupt Gustav Heinemann triumphierend bereits «ein Stück Machtwechsel».

Besser als in diesem Frühjahr sind die Chancen der Partei, in Bonn endlich den Kanzler zu stellen, nie gewesen. Und dennoch stehen die neben Brandt größten Schwergewichte, Wehner und Schmidt, für den Fall, dass es bei der Bundestagswahl im Herbst nur zu einer knappen Mehrheit mit der FDP käme, einer Fortsetzung des bisherigen Bündnisses näher. Vor allem auf sozialpolitischem Sektor gibt es gute Argumente dafür, die im Kern der Wirtschaft zugeneigte «Pendlerpartei» nicht ins Boot zu holen. Zum Beispiel ist offen, ob sich mit ihr die für die SPD wichtige innerbetriebliche Mitbestimmung vereinbaren lässt.

Keiner hat sich für den Gesetzentwurf, der das arg lädierte Verhältnis zu den Gewerkschaften verbessern soll, stärker ins

Zeug gelegt als Schmidt. Doch seine Reaktion auf die mögliche neue Verbindung bleibt wohl eher aus anderen Motiven verhalten.

Der nach zweieinhalb Jahren Stressjob ausgelaugte Fraktionschef wirkt in den letzten Monaten der alten Koalition seltsam unentschlossen. Er rackert wie eh und je und greift auch gegen den eigenwilligen Wirtschaftsminister Karl Schiller energisch in das langwierige Tauziehen um eine von den Westmächten verlangte Aufwertung der D-Mark ein. Aber in die übliche Lust zur flotten Selbstdarstellung mischen sich fast schon elegische Töne. Seit er im März 1968 auf dem Nürnberger Parteitag zum Stellvertreter Brandts aufgestiegen ist, gilt er sozusagen offiziell als «zweiter Mann» in der SPD, nur was nutzt ihm das? Die persönliche Zielperspektive scheint ihm trotzdem abhandengekommen zu sein.

Schmidt ist inzwischen fünfzig, und Kanzler will er ja angeblich nicht werden. Doch gelegentliche Bemerkungen darüber, dass der SPD-Vorsitzende mit seinem ersten Zugriffsrecht auf alle Ämter schließlich nur fünf Jahre älter sei als er, lassen den Druck und die Unzufriedenheit erkennen, die sich in ihm aufbauen. In der Rangfolge der Sozialdemokraten als Kronprinz zu versauern, steht für alle sichtbar seinem Charakter entgegen. Deshalb reizt es ihn wenig, in einer künftigen sozial-liberalen oder rot-schwarzen Regierung ein Ressort zu verwalten. Da will er schon lieber weiterhin in der Fraktion den Ton angeben.

Aber der Kollege Brandt hält ihn auf Distanz. Obgleich es Schmidt ist, der den immerhin bereits zweimal gescheiterten Kandidaten auf dem Godesberger Wahlparteitag im Namen des Vorstandes erneut zum Spitzenmann ausruft, hält der sich bedeckt. Herausgehoben wird aus seinem Team lediglich der Rivale Schiller, während der Chef der Parlamentarier wie schon vier Jahre zuvor als Verteidigungsminister ins Kabinett eintreten soll. Und befremdlicher noch: Im Falle einer Niederlage, vertraut der Parteivorsitzende befreundeten Journalisten an, wolle er sich selber um die Oppositionsführung bemühen.

Kann es da überraschen, wenn der vorgeblich zweite Mann dann und wann die Contenance verliert? Anlässlich einer im Mai in Dänemark stattfindenden Konferenz hochrangiger Vertreter von Politik und Wirtschaft, so berichtet nach den Wahlen der «Stern», sei der Fraktionsvorsitzende übel ausgerastet und habe seinen Parteichef als «Scheißdemokraten» verunglimpft, der stets erst andere fragen müsse, bevor er sich entscheide. Ein geharnischter Vorwurf, den Schmidt nur lauwarm beschwichtigt: Brandt, gibt er nach langem Hin und Her klein bei, sei von ihm höchstens als «Scheiß*kerl*» bezeichnet worden.

Jedenfalls sitzt bei ihm der Groll so tief, dass er wenige Wochen später in einem Brief an Herbert Wehner sein Herz ausschüttet und ihm seine «gelegentlichen Neigungen zum Umsteigen» beichtet. «Wenn Du tatsächlich im nächsten Jahr aus der Führungsspitze solltest ausscheiden wollen», schreibt er, werde für ihn «die Sache sehr schwierig …». Schon jetzt fingen «Pumpe und Kreislauf» an, sich gegen die Überbeanspruchung zu wehren – und dann beißt er sich abermals an «Willy» fest, der so offenkundig als Grund für seine schlechte Verfassung herhalten muss: Er räumt zwar ein, dass der Vorsitzende über große Fähigkeiten verfüge, die Partei aber eher repräsentieren statt vernünftigerweise das Heft in die Hand nehmen wolle.

Was bezweckt er damit? Fühlt Schmidt sich in einer Sackgasse, aus der er nur herausfindet, wenn er wehleidig mit seinem Abgang droht? Wie sich alsbald zeigen wird, denken weder er noch Herbert Wehner ernsthaft daran, sich aus dem großen Machtspiel auf dem «Tanker SPD» abzuseilen, sondern der Brief hat Methode.

Er spiegelt – wie in den folgenden Jahren viele andere – die schwer durchschaubaren Usancen eines in der deutschen Politik unvergleichlichen Beziehungsgeflechts. Das Verhältnis zwischen Schmidt und Brandt lässt sich ohne den Dritten im Bunde, Herbert Wehner, nur unzureichend beschreiben, und dasselbe gilt entsprechend auch für die beiden anderen Verbindungen. Die sogenannte Troika ist geprägt vom fortwährend wechselnden Zweierbündnis – eine prinzipiell austauschbare Konstellation, die aber gerade daraus auch ihre Festigkeit gewinnt.

Im Sommer 1969 funken Schmidt und Wehner nicht nur im Hinblick auf mögliche Regierungsmehrheiten auf derselben Wellenlänge. Sie scheinen sich auch in ihrem Urteil über die Schwächen Brandts einig zu sein. So sieht es zumindest der frustrierte Fraktionschef.

Fünftes Kapitel

«Preußisch-deutsche Pflichtarie»:
Minister im Kabinett Brandt

Einen Wahlabend wie diesen hat es in der deutschen Nachkriegsgeschichte noch nicht gegeben. Es ist der 28. September 1969, und von Bonn aus gehen Fernsehbilder um die Welt, die die Renaissance einer seit Jahren vertrauten politischen Ordnung zu belegen scheinen: Die Bundesrepublik ist wieder konservativ und der Spuk einer Verbindung von Schwarz und Rot beendet. Nach den ersten, zunächst stabilen Hochrechnungen feiern die Unionsparteien ihren vermeintlich sicheren Triumph mit einem Fackelzug, während US-Präsident Richard Nixon dem stolzgeschwellten Kanzler Kurt Georg Kiesinger bereits am Telefon gratuliert.

Dass er sich nicht nur im Amt bestätigt fühlen darf, sondern auch nahe an der Alleinherrschaft über alle Optionen verfügt, bezweifelt in seinen Reihen niemand – doch dann fährt dem gravitätisch im Blitzlichtgewitter der Fotografen posierenden Schwaben der Schreck in die Glieder. Im Laufe der folgenden Stunden kippt der Trend in Richtung Sozialdemokraten, und gegen Mitternacht erklärt sich der breit grinsende Herausforderer seinerseits zum Sieger.

«SPD und FDP», krächzt der Spitzenkandidat und bisherige Außenminister Willy Brandt in aufreizender Selbstgewissheit in die Mikrofone, «haben mehr als CDU und CSU» – und was das für ihn bedeutet, lässt er keinen Moment lang offen. Im dritten Anlauf und nach zwei Jahrzehnten ungebrochener christdemokratischer Dominanz genügen ihm zwölf Mandate Vorsprung, um mit Walter Scheels Liberalen, die gerade noch ins Parlament gerutscht sind, den ersehnten Regierungswechsel zu wagen.

Unter den im Hauptquartier, der «Baracke», versammelten Anhängern feiert ihn vor allem das Fußvolk der Partei. Dass der Vorsitzende, der bisher eher als Zauderer galt, ohne Bedenken einen äußerst knappen Vorsprung für ausreichend hält, um couragiert nach der Macht zu greifen, lässt die Basis jubeln. So liebt das Gros der Sozis ihren Genossen, der seiner Herkunft und Weltanschauung wegen vom politischen Gegner wie kaum ein Zweiter bekämpft worden ist und sich trotzdem durchgesetzt hat. Kein anderes Ereignis unterstreicht eindrucksvoller den Umbruch, der sich in der Republik vollzieht.

Aber es gibt auch Skeptiker. Zu ihnen gehört in dieser Nacht neben Herbert Wehner der Fraktionschef Helmut Schmidt, der seinen Sozialdemokraten bereits im Wahlkampf einzutrichtern versucht hat, eine Liaison mit der FDP lasse sich allenfalls bei einer Mandatsmehrheit von «25 übern Durst» verantworten. Der macht nun aus seinen Besorgnissen keinen Hehl: «Wenn du's willst, tu's doch», bedeutet er dem Kanzler in spe in einer Tonlage, die fast schon an Illoyalität grenzt.

Seine Angst davor, das ins Auge gefasste neue Bündnis müsse sich zwangsläufig auf sehr viel dünnerem Eis bewegen, als er es für geboten hält, begründet die schroffe Distanz nur zum Teil. Der Alleingang des Vorsitzenden, den Kommentatoren wie der Historiker Arnulf Baring später einen «innerparteilichen Staatsstreich» nennen, missfällt ihm auch deshalb, weil er seine persönlichen Spielräume weiter verengt. Er weiß, dass nicht nur das heimlich von ihm begehrte Außenamt naturgemäß an den Juniorpartner abgetreten wird. Zugleich drängt Scheel auch darauf, ihn, den ewigen Unruheherd, aus dem Fraktionszentrum zu entfernen. Eine Idee, die sich durchaus mit Brandts Intentionen deckt.

Also bleibt ihm tatsächlich nur das Verteidigungsministerium – ein «Gestellungsbefehl», wie er als Hauptmann der Reserve grantig anmerkt, dem er 1965 oder beim Eintritt in die Große Koalition gerne gefolgt wäre. Mittlerweile empfindet er ihn als Degradierung. So sträubt er sich dagegen nach Kräften, doch der SPD-Chef verfügt über die stärkeren Bataillone: Sehr zum Ärger Schmidts verbündet sich selbst der auf die veränderte Linie eingeschwenkte Genosse Wehner mit dem designierten Kanzler.

Die «Gesetze» der Troika funktionieren, und der neue Hausherr auf der Bonner Hardthöhe versucht sich damit zu trösten, ein eminent wichtiges Amt zu bekleiden. Das hatten die Sozialdemokraten zum letzten Mal in der Weimarer Republik inne. Und natürlich ist dazu keiner besser geeignet als er, dem auf den Gebieten der Militärtechnik wie der Sicherheitspolitik kaum jemand etwas vormachen kann. Als ehemaliger Hamburger Innensenator begünstigen ihn außerdem seine administrativen Erfahrungen. Schließlich muss er nun eine Behörde leiten, die für annähernd 650 000 Menschen Verantwortung trägt und über einen Jahresetat von gut 20 Milliarden Mark verfügt.

Wenn er schon bald über einen Problemberg «vom Ausmaß der Eiger-Nordwand» klagt, erscheint das trotzdem gerechtfertigt. Arbeit, die den Eindruck erweckt, als sei sie eigentlich nicht zu bewältigen, hat ihn zwar noch nie geschreckt – aber seine Bedenken, dass ihm die erstarkten SPD-Linken «mit Vergnügen Knüppel zwischen die Beine werfen» könnten, bestätigen sich. Mit der Rückendeckung Herbert Wehners, der nun statt seiner die Fraktion führt, will er sich dennoch treu bleiben. Bereits während der Debatte über die erste Regierungserklärung setzt sich der kampflustige Genosse Verteidigungsminister entschieden für die Beibehaltung nuklearer Trägerwaffen in der Bundesrepublik ein.

Dem gewandelten Zeitgeist mit seinen vielfach flotten Parolen entspricht das kaum, denn eigentlich geht es ja um den großen Aufbruch, den Willy Brandt mit dem Versprechen einläutet, «mehr Demokratie» wagen zu wollen. Nur was heißt das auf dem buchstäblich verminten militärtechnischen Terrain? Dass sich die seit Kriegsende in feste Blöcke zementierte Welt ebenfalls zu verändern beginnt und das neue Zauberwort Entspannungspolitik zugleich auch diffuse Ängste auslöst, lässt sich schwerlich leugnen.

Immerhin unterzeichnet die Koalition bereits im November 1969 den lange umstrittenen Atomwaffensperrvertrag, in dessen Gefolge Schmidt die Grundzüge einer für ihn unverzichtbaren Sicherheitsarchitektur skizziert – und genau genommen sind das fast ausnahmslos die bisher verfolgten. Wer Konflikte vermeiden will, lautet sein Credo, muss zuallererst auf die Wahrung des Gleichgewichts achten: Die Verminderung der Gefahr eines nuklearen Schlagabtausches erhöhe erheblich die Risiken konventioneller Kriege, was dann auch auf diesem Sektor eine glaubwürdige Abschreckung erfordere. Im Falle Westeuropas also das Verbleiben eines ausreichenden Kontingents von US-Truppen.

Seit die NATO die von ihm schon Anfang der sechziger Jahre ins Gespräch gebrachte «flexible response» zur Doktrin erhoben hat, steht er nun mehr denn je zwischen den Fronten: Der allgemeinen Reform-Euphorie begegnet Schmidt mit unverhohlenen Vorbehalten – wo es ihm nötig erscheint, greift er dann aber selber entschieden durch. In seiner knapp tausend Tage umfassenden Amtsperiode entlässt er gleich zu Beginn 21 Generäle und Admiräle, die sich im Ringen um eine «innere Führung» der Bundeswehr als notorische Bedenkenträger querlegen.

Er will die Truppe zum offenen Dialog und selbständigen Denken ermuntern und damit das Leitbild des deutschen Soldaten als «Staatsbürger in Uniform» festigen, und die Bilanz ist tatsächlich beachtlich. Durch die Verkürzung des Grundwehrdienstes von achtzehn auf fünfzehn Monate steigt die Zahl der Einberufungen – was für mehr Gerechtigkeit sorgt –, und vor allem gibt es nun verstärkt Angebote an Längerdienende, nebenher ihre Ausbildung in zivilen Berufen zu vervollständigen. Beide Gesetzesnovellen machen den «Bund» attraktiver; der Zustrom von Freiwilligen behebt den Mangel an Unteroffizieren.

Und zuweilen treiben seine Bemühungen um eine zeitgemäße Armee sogar skurrile Blüten: Weil es dem Herrn im «Pentabonn» zuallererst darum geht, was die ihm unterstellten Männer «*im* statt *auf* dem Kopf» haben, gewährt ihnen ein entsprechender Haar-Erlass die Möglichkeit, mit Bart und Mähne zum Dienst zu erscheinen. Da verwundert es kaum, dass selbst der einstige Intimfeind Horst Ehmke den unermüdlich auf die Entwicklung demokratischer Strukturen bedachten Minister noch heute preist: Einen besseren als ihn habe es in diesem Amt nie gegeben.

Andererseits aber auch keinen, der sich so an den Rand gedrängt fühlt, wie der damalige Chef im Kanzleramt hinzufügt. In späten Nachtstunden, erinnert sich Brandts Adlatus, sei Schmidt in seine berühmte «preußisch-deutsche Pflichtarie» verfallen und habe griesgrämig lamentiert, wie sehr man ihn missbrauche. Dass er sich weit unter Wert verkauft glaubt, weshalb er in Kabinettssitzungen in die Geschäfte anderer Minister eingreift, gehört in Bonn schon bald zu den journalistischen Topthemen. Als sein erstes Opfer gilt Alex Möller, der in der Koalition die Kasse verwaltet. Der wird insbesondere von der Hardthöhe mit horrenden Ausgabenwünschen gepeinigt und reicht im Mai 1971 entnervt seinen Rücktritt ein.

Hat der Verteidigungsminister den langjährigen Gefährten auch deshalb so getriezt, weil er ihn als Nachfolger zu beerben hofft? Einiges spricht dafür, doch der Kanzler und mit ihm der neue starke Mann der Parlamentarierriege lassen ihn ungerührt ins Leere laufen. Wie Wehner dem «Spiegel» verrät, verfertigen sich «in zwei parallel geschalteten Köpfen dieselben Gedanken», und die beiden Obergenossen tragen das verwaiste Finanzressort dem Wirtschaftsminister Karl Schiller an, der danach in Doppelfunktion auftrumpft. Wem die Entscheidung nicht passe, raunzt der zum Zuchtmeister aufgestiegene Fraktionschef, könne sich ja davonmachen.

Nach den Beobachtungen von Bonner Journalisten fühlt sich Schmidt in seinem Soldatenghetto wie ein «Gefangener», der sich öffentlich nur über sein Spezialgebiet verbreiten darf. Da er jedoch wie schon während der Großen Koalition den ganzen Horizont der Innen- und Außenpolitik abschreiten möchte, verdichtet sich diese ihm auferlegte Beschränkung zu einem Quell ständiger Unzufriedenheit. «Bei allem», bescheinigt ihm Arnulf Baring in seinem Buch über den Bonner Machtwechsel, habe er sich in der Ära Brandt zunehmend «in der Rolle eines verkannten Genies» empfunden.

Dem späteren Kanzler Schmidt leistet der Historiker dagegen Abbitte – und manche der ihm als Regierungschef zugeschriebenen positiveren Eigenschaften prägen gewiss auch schon den erfolgreichen Verteidigungsminister. Denn dass er am Kabinettstisch als raubauziger Rechthaber unablässig für Krach sorgt, ist für ihn so typisch, wie es seinem Wesen entspricht, in einer Führungsposition Großmut walten zu lassen. Auf der Hardthöhe loben seine Untergebenen den in nahezu allen Situationen souveränen Hausherrn, der anderen nie mehr zumutet, als er sich selber abverlangt, und darüber hinaus einen wohltuenden Teamgeist pflegt. Wer immer triftige Gründe vortragen kann, darf ihn korrigieren, und um die verstaubte Militärbürokratie durchzulüften, ermuntert er die Seinen ausdrücklich zu einer «leistungsfördernden Unbefangenheit».

Zu den ersten Projekten, die er in Auftrag gibt, zählt ein «Weißbuch 1970», das neben den Sicherheitsproblemen der Bundesrepublik auch die Lage der Streitkräfte analysiert. Mit der Federführung der Expertise, die von Fachleuten für ihre Gründlichkeit hoch gelobt wird, betraut er den Hamburger Journalisten Theo Sommer, nach seiner Rückkehr aus Bonn Chefredakteur der «Zeit» – ein für Helmut Schmidts Arbeitsweise bezeichnendes Engagement. Der Minister baut bei ihm wie bei anderen Berufungen im Wesentlichen auf Sachverstand von außen. Für die Kontrolle der schwer zu überwachenden Rüstungswirtschaft gewinnt er so den Thyssen-Manager Ernst Wolf Mommsen, den Kontakt zum Bundestag hält sein Intimus, der Parlamentarische Staatssekretär und spätere Wehrbeauftragte Willi Berkhan.

Dabei erregt vor allem die Nonchalance, in der er einen «Stahlbaron von der Ruhr» in seinen Braintrust holt, den Argwohn einiger Sozis, aber das rührt ihn nicht. Parteiliche Bindungen oder Fragen der Weltanschauung treten für den

Pragmatiker, wenn er nach tüchtigen Mitstreitern fahndet, in den Hintergrund. Und dass er in seiner Crew Qualität versammelt, erkennen nach anfänglichem Missvergnügen auch viele Beamte. Die hätten ihren Chef zunächst als «eine Art politischen Westernhelden» empfunden, der seine Direktiven kurzerhand «aus der Hüfte» schießt, schreibt der Biograph Jonathan Carr.

Zumindest hält die Mehrzahl der Deutschen Schmidts Thinktank, zu dem von Fall zu Fall der Generalinspekteur der Bundeswehr, Ulrich de Maizière, stößt, für vertrauenswürdig. Bei Umfragen im Herbst 1971 haben immerhin 67 Prozent von dem Minister eine «gute Meinung», und er darf sich rühmen, dass die in seinem Ressort entwickelten Konzepte von der Öffentlichkeit größtenteils als notwendige Ergänzung zur sozial-liberalen Entspannungspolitik akzeptiert werden. Zugleich gibt es immer wieder Rückschläge, die dem in eigener Sache empfindsamen Hanseaten erheblich zusetzen. Dann zeigt er sich derart gespreizt, dass sich sogar Richard Nixon über die Arroganz seines Gastes beklagt – oder ihn plagen Anwandlungen von Trübsal.

Dass Schmidt in einer reichlich mit Primadonnen bestückten Regierung Brandt/Scheel zu den auffälligsten Quälgeistern gehört, liegt allein schon an seiner Urteilskraft. Viele der von ihm vertretenen Vorstellungen lassen sich nur deshalb nicht realisieren, weil die auf seinem Gebiet komplizierte Wirklichkeit mit den Expertisen nicht Schritt zu halten vermag. So wirbt er seit Jahren parlamentarisch und publizistisch für den gleichgewichtigen Abbau der militärischen Kräfte in Europa, doch nun, da dieser Kurs in Bonn und anderen Zentren der westlichen Welt zur offiziellen Politik erhoben wird, geschieht zunächst nichts. Das Entsetzen über die gewaltsame Zerschlagung des Prager Reformkommunismus und die anhaltende Angst der Invasoren vor neuen schwer zu kontrollierenden Bewegungen ersticken alle Ansätze im Keim.

Verhandlungen, die eine beiderseitig ausgewogene Truppenreduzierung zum Ziel haben, beginnen deshalb unter dem Kürzel MBFR erst 1973, als der SPD-Wehrstratege schon gar nicht mehr im Amt ist – ein Fortschritt im Schneckentempo, der dem ins Gelingen verliebten Schmidt sichtlich auf die Nerven geht. Denn mit seiner Dynamik verknüpft sich stets auch eine gehörige Portion Ungeduld, die häufig nach einem Katalysator verlangt. Wiederholte Versuche Schillers, dem dickköpfigen Kollegen den Etat zusammenzustreichen, oder das Lamento der Linken, die der Regierung einen Rückzug aus der NATO empfehlen, führen da leicht zu Explosionen.

Noch schwerer wiegt am Ende nur seine Beharrlichkeit. Dass etwa die US-Administration, nachdem sie innen- wie außenpolitisch durch den verlorenen Vietnamkrieg beträchtlich unter Druck geraten ist, von einer mehrmals angedrohten verschlankten Militärpräsenz in Europa absieht, darf sich vor allem Schmidt als Verdienst anrechnen. Im Gegenzug mutet er den NATO-Ländern als Vorleistung eine Verstärkung ihrer eigenen Verteidigungsbeiträge zu und lässt die Bonner Koalition dabei den Löwenanteil übernehmen.

Insgesamt ist das ein kraftraubender, Körper und Geist gleichermaßen beanspruchender Einsatz, der ihn im Januar 1972 plötzlich aufs Krankenlager wirft. Ärzte der Bundeswehrklinik in Koblenz vermuten zunächst eine Virusinfektion; er fühlt sich schlapp – obschon er auch da noch anordnet, ihm einen Beistelltisch mit den obligaten Akten ans Bett zu rollen – und hat rapide an Gewicht verloren. Nach einer vorübergehenden Rückkehr auf die Hardthöhe erkennt man erst im April den eigentlichen Grund: Der hinfällig wirkende, chronisch gereizte Minister leidet an einer Überfunktion der Schilddrüse, die durchaus psychische Ursachen haben kann.

Anfang Juli 1972 wird der inzwischen wieder genesene Helmut Schmidt, der sich auf Dienstreise in der Türkei befindet, ans Telefon gerufen. Am Apparat ist der Kanzler, der ihn unverzüglich in Bonn zu sprechen wünscht. Nicht mal den Anlass mag er ihm nennen – «das sag ich dir, wenn du hier bist», raunt ein merklich beunruhigter Willy Brandt. Und die Nachricht, mit der er ihn gleich nach seiner Landung überfällt, hat es tatsächlich in sich.

Es geht um Karl Schiller, den Superminister für Wirtschaft und Finanzen, der aus einem wochenlangen Streit im Kabinett die Konsequenzen zu ziehen gedenkt und beleidigt seinen Amtsverzicht ankündigt. Überraschenderweise möchte der gerade in Personalfragen äußerst skrupulöse Regierungschef das Problem sofort bereinigen, weshalb er seinen Ressortleiter Verteidigung bedrängt, die Nachfolge anzutreten. Wie der Nothelfer sich noch Jahre später erinnert, wird ihm «nicht mehr als eine halbe Stunde» Bedenkzeit eingeräumt.

Die von Schiller forcierte Krise, ausgelöst durch die Frage, wie Bonn der andauernden Dollarflut auf dem deutschen Devisenmarkt Herr werden kann, markiert in diesem Sommer den vorläufigen Höhepunkt permanenter Malaisen. Dass der aufreizend selbstgefällige Professor vergebens dafür geworben hat, das Dilemma mit einer Aufwertung der D-Mark aus der Welt zu schaffen, und sich nun effektvoll davonmacht, trifft die Sozial-Liberalen schwer. Seit Abgeordnete von FDP und SPD vornehmlich als Reaktion auf die leidenschaftlich umkämpfte Ostpolitik zu den Konservativen übergelaufen sind, steht die Regierung ohnehin mit dem Rücken zur Wand. Zwar ist es ihr noch im Mai gelungen, ein konstruktives Misstrauensvotum der Opposition abzuwehren, aber über eine Mehrheit verfügt sie nicht mehr, weshalb im Herbst die Bürger entscheiden sollen.

Der Abgang des populären Superministers, der in Zeiten der Großen Koalition mit Franz Josef Strauß als «Plisch und Plum» eine geradezu einzigartige Symbiose bildete, scheint das Tandem Brandt / Scheel in eine fast schon hoffnungslose Lage zu manövrieren: Von Rachegelüsten getrieben, schickt sich Schiller sogar an, mit dem Unions-Altkanzler Erhard eine unappetitliche Kampagne zugunsten der angeblich unter die Räder geratenen Marktwirtschaft zu starten. Diesen Helden der neuen Mittelschicht soll nun das letztverbliebene SPD-Schwergewicht Schmidt entgegengestellt werden.

Und der versteht die für ihn günstige Situation zu nutzen. Als der Kanzler einen Ton anschlägt, der ihm unangemessen optimistisch erscheint («Dann machen *wir* beide die nächsten vier Jahre zusammen»), hält er ihn kaltblütig hin. Mehr als «die nächsten vier Monate», bis zum Tag der Wahl also, gesteht er ihm nicht zu und droht stattdessen sogar erneut, ganz aus der Politik auszusteigen: Er wolle keine Verantwortung dafür übernehmen, wenn der Vorsitzende es zulasse, dass die SPD am Ende zu einer Splitterpartei verkomme.

Natürlich ist das ein ungehöriges Verhalten, wie Brandt in seinen «Erinnerungen» aufgebracht notiert, aber damit hat es sich noch nicht: In die Enge getrieben, lässt sich der angeschlagene Regierungschef von seinem Mitstreiter weitere Bedingungen diktieren. Als folgenschwerste gilt die Vereinbarung, im Falle eines Wahlsieges den Reformmotor der Koalition, Horst Ehmke, aus dem Kanzleramt abzulösen. Mit einigem Recht sieht der zur Schlüsselfigur aufrückende Verteidigungsminister in dem analytisch brillanten Juraprofessor den großen Gegenspieler.

Zu den seltsamen Vorgängen in diesen Wochen gehört, dass Helmut Schmidt einerseits das Angebot annimmt und sich auch darüber hinaus – etwa als Vorsitzender einer neuen Langzeitkommission – immer stärker im Zentrum der Partei verankert, um sich andererseits fast schon konspirativ auf Nebengleisen zu bewegen. Im August empfängt der Superminister in seinem Feriendomizil am Brahmsee Genossen des Mitte-rechts-Flügels, die den später so genannten Seeheimer Kreis gründen – eine Art Gegengewicht zum linken «Frankfurter Kreis». Die Versammelten reden ausgiebig darüber, was aus einer Sozialdemokratie werden soll, die vom Wähler wieder in die Opposition verbannt worden ist.

Zwar will sich Schmidt nicht dem Vorwurf der Geheimbündelei aussetzen und unterrichtet den SPD-Chef anschließend über die Aktivitäten des Zirkels, aber der sieht darin zu Recht einen Akt mangelnder Loyalität: Man könne unmöglich stellvertretender Vorsitzender einer Partei sein, gibt er seinem Vize empört zu bedenken, und gleichzeitig eine Fraktion *innerhalb* dieser Organisation anführen. Brandt wird das Treffen in den folgenden Jahren, bekennt in einer Rückschau sogar der damals zum Sprecher der «Seeheimer» erkorene Hans-Jochen Vogel, «nicht selten mit Bitterkeit» erwähnen.

Doch das schert den Initiator nicht. Der zum «unangefochtenen Kronprinzen», so der «Spiegel», aufgebaute Schatzkanzler begründet seinen unfreundlichen Kurs mit den schwerlich zu kaschierenden innenpolitischen Schwächen Willy Brandts. Immerhin, entgegnet er rüde, habe der Kabinettsherr in den gerade mal knapp drei Jahren seiner Ägide bereits zwei Finanzminister «verbraucht»; beim dritten Versuch müsse deshalb ein Erfolg auch in seinem Interesse liegen. «Ich habe da schlichtweg die Schnauze voll gehabt», erklärt er noch als Elder Statesman.

Andererseits hindert ihn seine merkwürdig widersprüchliche Gefühlswelt nicht daran, einen fulminanten Wahlkampf hinzulegen. Allen Kontroversen mit Schiller zum Trotz – die die beiden Ökonomen manchmal so verbissen austrugen, dass der Kanzler entnervt den Saal verließ –, folgt der Schüler seinem Lehrherrn aus Hamburger Tagen in den meisten Sachfragen. Denn auch der Volkswirt Schmidt ist Keynesianer, für den es zur Marktwirtschaft keine Alternative gibt und dem allenfalls Beschäftigung und Wachstum noch wichtiger sind als die monetäre Stabilität.

Erfolgsfixiert rüstet sich die neue Wunderwaffe der SPD, deren scharfes Persönlichkeitsprofil das deutlich weicher gezeichnete Brandts ergänzt, zum großen Finale. Geschickter als der dahingegangene Doppelminister der Koalition greift er «sozialdemokratische» Themen auf, indem er sowohl für gerechtere Vermögensverteilung plädiert als auch scharf das Steuersystem geißelt, das vornehmlich die unteren Lohngruppen belastet. Die vom DGB geforderte paritätische Mitbestimmung erscheint ihm sogar als «unverzichtbare Voraussetzung für die Erhaltung und Entfaltung unserer demokratischen Grundordnung».

Schmidt sei für diese Aufgabe, erkennt selbst der später entschiedene Kritiker Erhard Eppler, «der beste Mann» – und obwohl es in erster Linie die berühmten «Willy-Wahlen» sind, die der SPD im November 1972 mit 45,8 Prozent den eindrucksvollsten Triumph ihrer Geschichte bescheren, darf auch er sich gratulieren. Zur perfekt inszenierten Volksabstimmung über die Ostpolitik der amtierenden Regierung gesellt sich gleichbedeutend die ökonomische Kompetenzvermutung, die sich mit dem Namen des Superministers verbindet. Dessen auf Nüchternheit setzendes Engagement wiegt kaum weniger schwer als die strahlende Aura Brandts.

Zu keiner Zeit jedenfalls leben die von Bürgerinitiativen aller Schattierungen hofierten Sozis so sehr in Übereinstimmung mit sich und den eigenen Zielen. Und dennoch verflüchtigt sich diese Euphorie schon bald. Verbittert registriert der Kanzler und SPD-Chef, dass die Partei nicht zuletzt unter seiner Führung zwar über vier Bundestagswahlen hinweg von 32 auf knapp 46 Prozent geklettert und die Zahl ihrer Mitglieder von 650 000 auf eine runde Million angewachsen ist, in jüngster Zeit jedoch Missgunst und Übellaunigkeit um sich greifen. Es sei der deutschen Sozialdemokratie «eine Tradition angeboren», schreibt er in seinen Memoiren, in der Erfolge, wie er sie habe verbuchen können, seltsamerweise einen «anrüchigen Beigeschmack» hätten.

Kaum verhüllt bezieht sich Willy Brandt bei seinen trüben Gedanken auf «ebenso fähige wie schwierige Kabinettsprimadonnen», deren Eigenwilligkeiten im Wahlkampf nur mühsam überspielt worden seien. Und obgleich er in diesem Zusammenhang auch auf die «linke Seite» abhebt, heißen die Hauptadressaten seiner elegischen Reflexionen Helmut Schmidt und Herbert Wehner.

Und sicher gibt es auch Gründe dazu: Er hatte die beiden, als er sich unmittelbar nach seinem Triumph am Kehlkopf operieren lassen musste, mit den Vorbereitungen zur Regierungsbildung beauftragt und fühlt sich im Nachhinein schlecht behandelt. So sei ein «längerer Vermerk an den Fraktionsvorsitzenden der SPD», klagt der damals im Krankenhaus liegende

Kanzler, in einer «dicken Aktentasche verschwunden» – ein offenkundig auf Wehner zielender Vorwurf der Treulosigkeit, den der ebenfalls in den Verdacht unkorrekten Verhaltens geratene Schmidt nicht kommentieren möchte. Er hält den Streit darüber im Übrigen für müßig: «Fakt war, dass Brandt wieder mal abtauchte und wir den Schlamassel zu beseitigen hatten.»

Der Minister und sein Regierungschef, der sich nach der Bestätigung seiner Ostpolitik durch den überwältigenden Wahlsieg eine längere Atempause gönnt, nehmen die Lage im Herbst 1972 unterschiedlich wahr. Während sie von Brandt insgesamt als positiv und nach der Erledigung der großen historischen Aufgabe weitgehend entkrampft eingeschätzt wird, beunruhigen den Skeptiker Schmidt die gerade mit dieser Selbstzufriedenheit einhergehenden Gefahren. Muss der Sieg über die Bürgerlichen, wie er zu fürchten beginnt, unter den reformtrunkenen Linken nicht zwangsläufig immer neue Begehrlichkeiten wecken? Und der Kanzler weigert sich zu führen!

Doch der Kronprinz bleibt. «Preußisches Pflichtgefühl» veranlasst ihn, den realitätsfernen Genossen auch künftig den Weg zu weisen, und er akzeptiert sogar einen Deal mit den erstarkten Liberalen, die das Wirtschaftsressort beanspruchen. Er selber beschränkt sich auf das Finanzministerium, dem allerdings erweiterte Zuständigkeiten eingeräumt werden. Wie man deutsche Interessen vertritt, führt der nun auch mit Währungsfragen betraute «Weltökonom» im Februar 1973 vor, als er den US-Präsidenten Richard Nixon erfolgreich zu einer Aufwertung des Dollars drängt.

Und je stärker in einem von monetären Turbulenzen gekennzeichneten Jahr der Bonner Kanzler an Strahlkraft verliert, desto selbstsicherer präsentiert sich der robuste Nebenkanzler.

Im Oktober bricht im Nahen Osten der Jom-Kippur-Krieg aus, in dem die gegen Israel aufbegehrenden arabischen Staaten wirkungsvoll eine neue Waffe erproben: Sie drosseln und verteuern ihre Erdölexporte und erreichen innerhalb weniger Wochen, dass vor allem die westlichen Industrieländer erheblich ins Straucheln geraten. In der Bundesrepublik, die bis dahin von stetigem Wachstum geträumt hat, löst der Energiepreis-Schock schmerzliche Sofortmaßnahmen aus.

Die Regierung ordnet zunächst vier autofreie Sonntage an, und die Bilder von den gähnend leeren Straßen – oder Schaufenstern, in denen Kaufhäuser ihren Kunden ankündigen, auf die weihnachtliche Festbeleuchtung verzichten zu wollen – bedeuten für Schmidt eine nachhaltige Zäsur. Bei der Entscheidung, den Deutschen ein Fahrverbot aufzuerlegen, geht es ihm weniger ums Benzinsparen als um einen psychologischen Effekt: «Wir mussten den Menschen bewusst machen, dass die Kacke am Dampfen war.»

Solche drastischen Ausdrücke liebt er – und im Rücklick auf die hektischen anderthalb Jahre nach dem Wahltriumph scheinen sie ihm auch vollauf gerechtfertigt. Schon vor der Nahostkrise leidet die sozial-liberale Koalition unter einer weltweiten Teuerungswelle, die der Schmidt'schen Stabilitätspolitik die letzten Spielräume nimmt. Erschwerend hinzu kommt, dass mit der erlahmenden Konjunktur die Arbeitslosigkeit deutlich ansteigt, was andererseits die Gewerkschaft ÖTV nicht daran hindert, auf erhebliche Lohnzuwächse im zweistelligen Prozentbereich zu pochen.

Dass ihr das mit der Drohung gegenüber dem schwankenden Kanzler gelingt, sie werde ihm notfalls «die Mülltonnen der Bundesrepublik» vor die Regierungszentrale karren, ist für Insider in der Retrospektive der Anfang vom Ende der Kanzlerschaft Brandts. Sie kostet ihn nicht nur den Rest an wirtschaftspolitischer Reputation, sondern entfernt ihn auch weiter von seinem Finanzminister. Dem verübelt er, den ursprünglich fest verabredeten Schulterschluss gegen überzogene Forderungen aufgegeben zu haben, um im entscheidenden Augenblick zu einer weniger wichtigen Konferenz nach Washington zu «entschwinden».

Die Wahrheit sieht wohl eher so aus, dass Schmidt, bevor er ins Flugzeug steigt, im Kabinett eine Tariferhöhung von 7,5 Prozent für ausreichend hält, seine Bedenken also beizeiten zu Protokoll gibt. Doch andererseits darf sich auch Brandt im Recht fühlen. Der von ihm zum «ersten Mann unter den SPD-Ministern» ernannte Kassenwart lässt nun immer seltener die sich bietenden Gelegenheiten aus, seinem Kanzler Wankelmut und Entscheidungsschwäche nachzusagen. Und der Generalangriff steht erst noch bevor: Als die Sozialdemokraten im März 1974 bei der Bürgerschaftswahl in Hamburg mehr als zehn Prozent der Stimmen einbüßen, kommt der Hanseat voll aus der Deckung.

Unverblümt gibt er da, wie er es süffisant vor dem Bonner Vorstand formuliert, «eine jahrelang gepflogene Zurückhaltung zu einer Reihe von Themen auf», die ihm von jeher besonders am Herzen liegen. Erregt nennt der Redner die nach dem Zustrom Hunderttausender neuer und kaum integrierter Mitglieder überfremdete SPD einen «verrotteten Sauhaufen», und wohin sein Auge blickt, sieht er einen von «halbfertigen Akademikern» gesteuerten «Zersetzungsprozess». Wer etwa den Austritt aus der NATO propagiere oder den Maklern Berufsverbot zu erteilen beabsichtige, echauffiert er sich, habe in einer um die wahlentscheidende Mitte der Gesellschaft kämpfenden Volkspartei nichts zu suchen.

Und schuld daran ist nach seiner Analyse der von falschem Verständnis geleitete Vorsitzende, hinter dem sich Rechte wie Linke gleichermaßen verschanzten. Der sei nun aufzufordern, solche Fehlentwicklungen unverzüglich zu stoppen und auch als Kanzler eine inhaltliche wie personelle Kursänderung einzuleiten. Eine bloße Regierungsumbildung, legt der Ankläger in einer Fernsehsendung nach, werde da freilich nicht reichen, der dringend benötigte Einschnitt müsse «schon ein bisschen tiefer gehen».

Sehr viel deutlicher kann man sich kaum äußern. Mit dieser öffentlich verbreiteten Philippika meldet er im Kabinett, wie es Horst Ehmke formuliert, «unverhohlen seinen Anspruch an, Nachfolger Brandts zu werden». Und dass sie gerade Zeugen eines «Putschversuchs» geworden sind, glauben auch andere Genossen. Der Coup, sich als Retter ins Palais Schaumburg rufen zu lassen, scheitert möglicherweise zunächst nur an Wehner. Der denkt in der Sache zwar ähnlich wie sein Hamburger Kollege, stärkt aber wenige Tage später auf einem Landesparteitag in Bremen demonstrativ dem Kanzler den Rücken: Es gäbe, mahnt der Fraktionschef, «keinen Ersatz für ihn».

Sieht er das wirklich so – oder ist dieses zur Schau gestellte Treuegelöbnis nur eine neuerliche Rochade auf dem Schachbrett der Troika? Dass sich «Onkel Herbert» im wolkenverhangenen sozialdemokratischen Frühling 1974 derart für «Willy» in die Bresche schlägt, den er doch seit langem selbst als permanent schwankende Gestalt im Visier hat, trägt zur Klärung wenig bei. Ein halbwegs plausibler oder gar kluger strategischer Ansatz scheint sich hinter diesem vorgeblichen Befriedungsversuch jedenfalls kaum zu verbergen. Er nützt weder dem Kabinettschef noch seinem hitzigen Herausforderer, sondern reichert die ohnehin schon beträchtliche Verwirrung in den Reihen der SPD um eine weitere Volte an.

Die Partei zeigt sich nun umso ratloser – aber andererseits hat sie ja ihre Erfahrungen mit den im Triumvirat seit eh und je üblichen Rankünen. Bereits das erste Gebilde dieser Art, zu dem damals neben Brandt und Wehner noch Fritz Erler zählt, erweist sich im Herbst 1965 als so kompliziert, dass eifrige Vorständler sogar anregen, für deren Arbeit eine eigene Geschäftsordnung zu entwerfen. Verhindert wird die Umsetzung dieser aparten Idee allein von dem seinerzeit einflussreichen Carlo Schmid. Eine spezielle Satzung, fürchtet der Grandseigneur der Sozialdemokraten, könne die Handlungsfähigkeit der führenden Männer in schier endlosen Interpretationsdebatten ersticken.

Stattdessen soll die «Kraft der Freundschaft» wirken – eine ebenso wirklichkeitsfremde Maxime, die sich infolge der fortschreitenden Krankheit Erlers kaum noch erproben lässt, aber auch vom nachrückenden Helmut Schmidt nicht erfüllt wird. Als jüngster Angehöriger des in gleicher Weise robusten wie sensiblen Dreigestirns sucht er zunächst die Nähe zum Vorsitzenden und schreibt ihm «auf die Gefahr pathetischer Pose» einen überaus einfühlsamen Brief, den der Adressat ziemlich kühl beantwortet. Seine «nahezu bedingungslose Bejahung» Willy Brandts schwächt sich deutlich ab, als er in ihm einen bindungsscheuen, immer wieder nach Ausflüchten suchenden Menschen zu erkennen glaubt.

Da ist Wehner nach seiner Wahrnehmung aus anderem Holz. Der deckelt ihn zwar, nachdem er parallel zu seinen Bonner Verpflichtungen in Hamburg Fuß zu fassen gedenkt, erscheint ihm aber zugleich als stets verlässlicher Partner. Vor allem im September 1969 geht die Übereinstimmung der beiden so weit, dass sie den Zugriff Brandts auf die Kanzlerschaft nur mit äußerstem Widerwillen akzeptieren – und das, obschon sie wissen, dass er damit seine letzte Chance nutzt. Der Fraktionsvorsitzende, der schon seiner Vergangenheit wegen ein schwieriger Freund ist, habe ihn «nie enttäuscht», sagt Helmut Schmidt noch Jahrzehnte später – wahrscheinlich ein frommer Selbstbetrug.

Denn natürlich lernt er rasch, dass die Troika ihren eigenen Gesetzen folgt. Auch Wehner, ein als Ex-Kommunist «Gebrannter», neigt zu großer Wendigkeit, wenn er das zu seinem oder dem Wohl der Sozialdemokratie für geboten hält. Nur mit seiner Hilfe gelingt es wiederum Brandt, den aus Angst vor den Linken lange widerspenstigen Wehrexperten ins Verteidigungsministerium zu bugsieren. Und bei aller Bewunderung für die enorme Leistungsfähigkeit Schmidts ist der zwölf Jahre ältere Partei-«Kärrner» stets darauf bedacht, dem zeitweiligen Ungestüm wie dem «Offiziersschneid» seines Kollegen nicht zu sehr nachzugeben.

Also ist in diesen letzten Monaten der Ära Brandt, in denen es um den einstmals gefeierten Kanzler und Friedensnobelpreisträger immer einsamer wird, im Prinzip vieles und jeweils das Gegenteil davon möglich. Wenn Wehner bereits im Herbst 1973 auf Dienstreise in Moskau unflätig über die angeblich «abgeschlaffte Nummer eins» herfällt («Der Herr badet gern lau»), hat das auch damit zu tun, dass ihm in der Person Helmut Schmidts eine Alternative zur Verfügung steht. Und der Finanzminister zeigt sich erkenntlich, indem er an den vor Journalisten ausgebreiteten Sottisen nur «formal» Anstoß nimmt. Als Partei und Fraktion darüber beraten, ob sie dem entfesselten Kritiker Reue und Mäßigung abverlangen sollen, legt er sich kurzerhand quer.

Nur der ebenso gefürchtete wie angehimmelte Zuchtmeister der Sozialdemokraten dankt es ihm nicht. Nach Schmidts Frontalangriff auf den Regierungschef wechselt er schon am folgenden Tag prompt die Seiten. Man sitzt in der Dienstvilla Brandts auf dem Bonner Venusberg, trinkt reichlich Rotwein und einigt sich auf einen Neuanfang, der zunächst einmal mit der harschen Verurteilung des dritten Mannes in der Troika beginnt. Namentlich Wehner reibt sich nun ausgiebig an dessen Rücksichtslosigkeit, die ihn angeblich tief verstört. Soll der Quengler bloß nicht glauben, lässt er anschließend durchsickern, ein politisches Großkaliber vom Zuschnitt des Kanzlers aus dem Amt jagen zu können.

Nach seiner Stellungnahme auf dem Bremer Landesparteitag ist der Kronprinz von der Kehrtwende jedenfalls so beeindruckt, dass er kleinlaut «Fehler» einräumt und per «Spiegel»-Interview seine Bereitschaft bekundet, an einer Verbesserung der sichtlich gestörten Kommunikation unter den Granden mitzuwirken. Als potentieller Königsmörder in Verdacht geraten zu sein, missfällt ihm schon deshalb, weil das im Hinblick auf eine andere denkbare personelle Veränderung in der Führungsspitze der SPD empfindlich seine Kreise stört: Für den Fall, dass Herbert Wehner seinen Platz räumt, will er ja zumindest wieder Fraktionschef werden.

Nein, «nicht im Traum habe ich an eine eigene Kanzlerschaft gedacht», versteift sich Schmidt in seinen in den neunziger Jahren unter dem Titel «Weggefährten» erschienenen Porträts wichtiger Zeitgenossen, und soweit er damit eine Einschätzung der schwierigen Vorbedingungen abgeben will, dieses Ziel dennoch zu erreichen, mag das auch stimmen. In den turbulenten Tagen des März 1974 hat es tatsächlich den Anschein, als verschöben sich die Gewichte im labilen Beziehungsgeflecht der «großen Drei» eher zu seinem Nachteil.

Andererseits bleibt die von Schmidt aufgeworfene Macht-frage damit lediglich in der Schwebe. Der Rebell hat sich weder durchgesetzt, noch schadet ihm die brutale Attacke. Dass er sich «nicht für ungeeignet» hält, dem ermüdeten Regenten das Geschäft aus der Hand zu winden, wissen die Parteifreunde seit Jahren, doch an seine nach dem Triumph vom Herbst 72 abgegebene Versicherung, niemand anderes als der Wahlsieger bestimme den Zeitpunkt eines unter Umständen notwendig werdenden Wechsels, scheint er sich nicht mehr gebunden zu fühlen. Treibt ihn nun also doch die Sorge um – wie es Willy Brandt in der Retrospektive vermutet –, «die Chance der Spit-zenverantwortung könne an ihm vorbeiziehen»?

Nachdem es Wehner in dieser Phase als sinnvoll erachtet, den Amtsinhaber zu stützen und seinem Herausforderer Diszi-plin zu empfehlen, bahnt sich für einige Tage sogar ein kleiner Neuanfang an. In einer Erklärung des Vorstandes «zur Lage der Partei» betont die SPD-Führung die «theoretische Fundie-rung» ihres Programms, um dann allerdings, ganz wie Helmut Schmidt es verlangt hat, eindringlich ihr Selbstverständnis als Interessenvertretung der Mitte zu beschwören. Die dürfe in ei-ner Demokratie nur preisgeben, wer die Regierungsfähigkeit zu opfern bereit sei. Darüber hinaus verspricht der Kanzler für den Fall der Wahl des bisherigen Außenministers Walter Scheel zum Bundespräsidenten ein umfassendes Revirement seines Kabinetts.

Doch dann zerschlägt der aufsehenerregende Fall des DDR-Spions Günter Guillaume alle gutgemeinten Vorsätze. Der Per-sönliche Referent Willy Brandts enttarnt sich als Offizier der Nationalen Volksarmee – ein Skandal sondergleichen, den der bei den meisten Deutschen immer noch hoch angesehene Sozialdemokrat politisch nicht überlebt, weil ihn weitere «Enthüllungen» belasten. Denn mit der Berichterstattung über die Spitzelaffäre öffnen sich auch sonst manche Schleusen. Sein Privatleben wird durchleuchtet, und Storys von ominösen «Damenbekanntschaften» machen die Runde. Das erneute, bis dahin schwerste Zerwürfnis zwischen dem gründlich desavouierten Regenten und Herbert Wehner ist danach nur noch eine Sache von Tagen.

Gnadenlos nutzt der puritanische Fraktionsvorsitzende eine am ersten Mai-Wochenende im rheinischen Bad Münstereifel anberaumte Klausurtagung der SPD, um dem vermeintlichen Frauenhelden die möglichen Konsequenzen der umlaufenden Gerüchte vor Augen zu führen: Die Drahtzieher der DDR könnten nach einem Austausch ihres «Kundschafters» das Wissen Guillaumes beliebig als Erpressungsmaterial missbrauchen, weshalb er sich die Frage beantworten müsse, ob er das tatsächlich «durchstehen» wolle. Viel Zeit bleibe ihm dazu nicht – im Kern ein Ultimatum.

Von den üblichen pathetischen Ergebenheitsadressen begleitet, drängt er den Kanzler damit objektiv zum Rücktritt, und der konsternierte Brandt folgt der Wehner'schen Suggestivkraft selbst dann noch, als ihm ausgerechnet sein potentieller Nachfolger vehement zum Gegenteil rät. «Wegen solcher Lappalien» die Segel zu streichen, brüllt ihn Helmut Schmidt vor Zeugen an, gehöre sich nicht. Der Gedanke, dass die Stasi einen Regierungschef der Bundesrepublik Deutschland zu stürzen imstande sei, ist ihm ebenso «instinktiv unerträglich» wie er die «kleinbürgerliche Moralität» verabscheut, die dem ganzen Coup zugrunde liegt.

Und es gibt noch ein drittes Motiv, das den empörten Finanzminister veranlasst, seinen Kabinettsherrn zur Standhaftigkeit zu bewegen: In einem Moment, in dem sich für Schmidt allen Beteuerungen zum Trotz ein Lebenstraum erfüllt, hat er «Schiss vor dem Amt».

Eine Farce ist der Wutanfall deshalb nicht, mit dem der designierte zweite sozialdemokratische Kanzler der Nachkriegszeit den ersten vergeblich zum Durchhalten drängt. Er weiß, dass der scheidende Vorgänger seit langem unter Parteifreunden verbreitet, der Rivale habe ihm die wichtigste politische Position im Lande und insbesondere den rauschenden Wahlsieg vom Herbst 1972 «nie gegönnt», und fürchtet nun Brandts Retourkutsche. Schließlich steht der zurückgetretene Regierungschef auf Betreiben Wehners weiterhin der SPD vor – eine Entscheidung, der Schmidt selber nachdrücklich mit dem Hinweis beigepflichtet hat, niemand anderes als er könne die gärende Basis besänftigen. Das für alle drei auch weiterhin zum Überleben notwendige Zweckbündnis wird sich folglich nicht auflösen, sondern lediglich in neues Stadium eintreten.

Für einen hoffnungsvollen Start sind das keine leichten Voraussetzungen. Wie wenig Brandt daran denkt, als Versager in die Geschichte eingehen zu wollen, teilt er dem «Finanzminister und Hamburger Abgeordneten» noch vor seinem offiziellen Rücktritt am 6. Mai mit: Er gibt ihm – so steht es danach in seinem Tagebuch zu lesen – unverhohlen drohend «den freundschaftlichen Rat», alle Tiraden zu unterlassen, die darauf hindeuten könnten, als habe der künftige Kabinettschef von ihm «einen Scheißladen» übernommen. Und Helmut Schmidt hält sich zunächst daran: Die Bundesrepublik Deutschland, erklärt er vor seiner Wahl in einer für ihn typischen Diktion dem Parteirat, sei im Kern «eine völlig gesunde Firma, eine der allergesündesten Unternehmungen, die an der Weltwirtschaft beteiligt sind».

Frühe Liebe, die ein Leben lang hält: Beim Kindergeburtstag 1929 sucht der zehnjährige «Schmiddel» (Zweiter von rechts) die Nähe der gleichaltrigen, damals noch sehr viel größeren Mitschülerin Hannelore «Loki») Glaser, in der Klasse «Schmeling» genannt.

Als Eltern und Erzieher noch der wilhelminischen Ära verbunden: Studienrat Gustav Schmidt und Ehefrau Ludovika mit dem erstgeborenen Sohn Helmut Heinrich Waldemar; vermutlich 1936.

Schon in frühen Jahren Kapitän, aber im Kreise seiner Mitschüler auch ein prima Kumpel:
Helmut Schmidt als Marine-Hitlerjunge auf der Außenalster in Hamburg an der Pinne;
Datum unbekannt.

Privates Glück in schweren Zeiten: Nach seiner Rückkehr von der Ostfront heiratet der Oberleutnant der Luftwaffe Helmut Schmidt am 28. Juni 1942 seine Jugendfreundin Hannelore Glaser. Sein Kommandeur verzichtet auf den Arier-Nachweis.

Ein stolzer Vater: Zu seinem 26. Geburtstag präsentiert sich Oberleutnant Helmut Schmidt mit seinem «Moritzelchen» genannten Sohn Helmut Walter, der nur sieben Monate alt wird.

Blitzkarriere eines ungewöhnlichen Volksvertreters: Schon im dritten Jahr seiner Zugehörigkeit zum Deutschen Bundestag posiert der Abgeordnete Helmut Schmidt im Sommer
1955 für ein Titelbild des Hamburger Nachrichtenmagazins «Der Spiegel».

Ruhender Pol im «gackernden Hühnerhaufen»: Während der Hamburger Flutkatastrophe im Februar 1962 reißt der Innensenator Helmut Schmidt die Macht an sich und unterrichtet auf einer Pressekonferenz die Journalisten.

«Ostpolitik» in den Parlamentsferien: Im Sommer 1966 nutzt der schon früh an Entspannung und Gleichgewicht interessierte SPD-Fraktionschef Helmut Schmidt seine freie Zeit, um als Privatmann mit Frau Loki und Tochter Susanne die Sowjetunion – hier den «Roten Platz» in Moskau – kennenzulernen.

Die Minute der Entscheidung: Nach sechsstündiger Sitzung besiegeln Willy Brandt, Helmut Schmidt und der künftige Kanzler Kurt Georg Kiesinger in der Nacht zum 30. November 1966 gegen 3.50 Uhr die erste Große Koalition der Bundesrepublik.

Helmut Schmidt mit Ehefrau Loki auf Sommerurlaub in ihrem Ferienhaus am schleswig-holsteinischen Brahmsee, 1972. Die norddeutschen Wurzeln zu pflegen ist beiden wichtiger, als in die große Welt zu ziehen.

Nachdem er sich lange dagegen gesträubt hat, übernimmt der Fraktionsvorsitzende Helmut Schmidt 1969 die Bonner Hardthöhe. Erstmals seit der Weimarer Republik stellen die Sozialdemokraten wieder den Verteidigungsminister.

In Wahrheit schätzt der Nachfolger neben der misslichen innerparteilichen vor allem die ökonomische Lage des Landes als dramatisch schlecht ein und wird sich in seiner Antrittsrede auch entsprechend äußern: Er sei in Bad Münstereifel auf «Willy» deshalb so sauer gewesen, verrät er später erstmals ungeschminkt dem britischen Journalisten Jonathan Carr, weil er in ihm den Verantwortlichen dafür gesehen habe: «Nach meiner Ansicht hatte er den Karren in den Dreck gefahren und überließ es jetzt anderen, ihn wieder herauszuholen.» Sein Vorgänger, ergänzt er nach dessen Tod ohne falsches Mitgefühl, sei «von niemandem gestürzt worden, sondern in erster Linie an sich selber gescheitert».

Und Schmidt darf sich nach dem Wechsel im Amt einmal mehr als Krisenmanager präsentieren. Noch ehe ihn die Abgeordneten der sozial-liberalen Koalition mit der nötigen Mehrheit ausgestattet haben, gilt er bereits als Mann für die Zeiten des Ausnahmezustandes, der sich wie einst bei der Flutkatastrophe anschickt, die politischen Stürme zu bannen. Als die höchste Verantwortung endlich auf ihn «zukommt», so wird ihm später der Parteienforscher Franz Walter attestieren, verfügt der 55-jährige politische Allrounder insgesamt über «mehr Qualifikationen als vor ihm jeder andere deutsche Kanzler»: Er hat als Senator eine Innenbehörde geleitet und als Fraktionsvorsitzender das parlamentarische Getriebe aus dem Effeff kennengelernt, um sich dann als Ressortchef für Verteidigung, Wirtschaft und Finanzen in praktisch alle entscheidenden Sachgebiete einzuarbeiten.

Was sagt es da schon, dass er «tief erschrocken» reagiert haben will, als ihm Willy Brandt mit dem denkbar schlichtesten Satz – «Der Helmut muss das machen» – das Zepter überreicht? Natürlich macht er's.

Sechstes Kapitel

«Helmut der Schmied»:
Kanzler (I)

Sein Einzug ins Palais Schaumburg am 16. Mai 1974 vollzieht sich fast schon handstreichartig. Der im Parlament mit 267 von 492 Stimmen gewählte fünfte Kanzler der Republik hat die Ernennungsurkunde noch nicht entgegengenommen, als er am Anfang sogar das Protokoll durcheinanderbringt. Soll der Bundespräsident mit dem kurzen Ritual warten – Helmut Schmidt rückt in einer ersten Amtshandlung zunächst einmal seiner Fraktion auf den Leib.

Es will den entgeisterten Abgeordneten «ein paar Wahrheiten» einbläuen. In einer wutschnaubenden Rede raunzt er die versammelten Volksvertreter an, sie drohten die «Tuchfühlung» zu den Menschen und das nötige «Augenmaß» zu verlieren: «Ihr müsst aufpassen, nicht zu Hochstaplern zu verkommen.»

Dass er dem Land nun als Regierungschef vorsteht, scheint ihn nicht einmal in der Stunde seines Triumphes so recht zu beglücken. Nach dem Abgang Brandts endlich ans Ziel gelangt zu sein, kann dem Profi Schmidt kaum den Blick dafür trüben, welche Belastung mit der Aufgabe verbunden ist. Er habe seit Jahren, streut er in raschen Interviews, die er befreundeten Journalisten aus dem Stegreif gewährt, «nahezu täglich sechzehn Stunden wie ein Stier gearbeitet», und der Stress werde noch zunehmen.

Aber das Bauchgrimmen vor der neuen Konstellation, in der er im sozialdemokratischen Dreiergespann als Zugpferd in die Mitte wechselt, verflüchtigt sich bald. Wie es ihm der Arzt vom Koblenzer Heereslazarett, der seine Schilddrüsenerkrankung überwacht, gleich prophezeit hat, knickt der Kanzler unter der größeren Last nicht ein, im Gegenteil. Statt sich wie vorher als ständiger Besserwisser mit den Unzulänglichkeiten anderer herumzuplagen, ist er jetzt ja selber der entscheidende Mann.

Natürlich will er führen, und was das nach seinen Maßstäben heißt, hat er schon frühzeitig mitgeteilt. «In einer auf Diskussion und Überzeugung angelegten Demokratie», so Schmidt in einem Essay über «Politik als Beruf», sei die Fähigkeit zur umfassenden Analyse – «militärisch gesprochen, zur Lagebeurteilung» – ebenso unabdingbar wie das sachkundige Aufzeigen geeigneter Alternativen. Und vor allem die Kraft «zum Entschluss».

Die ideale politische Leitfigur, die darüber hinaus eine Verwaltungserfahrung benötige, wie sie etwa der einstige Kölner Oberbürgermeister Konrad Adenauer besessen habe, nennt der Autor «Steuermann», bezeichnenderweise eine dem Nautischen entliehene Funktionsbeschreibung. Als solchen sieht er sich bereits, als er in der Großen Koalition immerhin einen Teil der Macht in Händen hält, und dieses Verständnis, eine Chefposition auszufüllen, beflügelt ihn umso stärker, seit er jetzt über die Richtlinienkompetenz verfügt.

Wohlmeinende Beobachter sorgen sich, dass Schmidt für seinen rigiden Anspruch, das Staatsschiff lenken zu wollen, einen beträchtlichen Preis zahlen könnte. Er sei zwar «gelassener geworden als früher, weniger unter dem Zwang zu demonstrieren», bestätigt ihm nach hundert Tagen Regentschaft die Journalistin Marion Gräfin Dönhoff, aber sie sorgt sich auch: Wer in die «einsamen Höhen der obersten Führung aufgestiegen ist, wo die Luft immer kälter wird und die Verantwortung immer schwerer wiegt», laufe Gefahr, in einer «Isolierstation» zu landen.

Doch das schreckt den Kanzler nicht. Selbst einen Brief seines Kombattanten und künftigen Justizministers Hans-Jochen Vogel, er möge bei der Skizzierung der großen Linien seiner Politik auf den Vorgänger Rücksicht nehmen («Er ist auch nur ein Mensch»), empfindet er als unerbetenen Ratschlag. Der von jeher zur Ungeduld neigende Klassenprimus will so schnell wie möglich Zeichen setzen.

Für die Bildung seiner Regierung benötigt er gerade mal drei Tage, eine in Anbetracht der gravierenden inhaltlichen und personellen Veränderungen rekordverdächtige Leistung. Erklärte Anhänger Willy Brandts wie Horst Ehmke oder Klaus von Dohnanyi müssen ihre Schreibtische räumen, und der an sich missliche Umstand, dass mit dem Wechsel von Walter Scheel in die Villa Hammerschmidt die sozial-liberale Koalition auch ihren zweiten Gründervater verliert, kommt ihm durchaus gelegen. Der nachrückende Hallenser Jurist Hans-Dietrich Genscher, der als Leiter des Innenressorts bei der Spionageaffäre Guillaume eine etwas zwielichtige Rolle gespielt hat, ist wie er ein Charakter, der auf Effizienz und Nüchternheit Wert legt.

Denn mit der an Kumpanei grenzenden Nähe wie den häufigen Gefühlsduseleien, die sich das angeblich «historische Bündnis» unter Brandt und dem lebenslustigen Rheinländer Scheel leistete, soll jetzt endgültig Schluss sein. Koalitionen sind nach Auffassung des Pragmatikers Schmidt und seines neuen Kompagnons Partnerschaften auf Zeit – eine Art Vernunftehe, die auf Treueschwüre verzichtet, um sich so gegen Enttäuschungen zu wappnen. Außer dieser Einsicht verbindet die beiden Protagonisten von SPD und FDP wenig. Aber die Liaison erweist sich als erfolgreich. Immerhin hält es das Duo volle acht Jahre miteinander aus.

Den Grundstein dafür legt der Kabinettschef selbst, indem er die neue Sachlichkeit gewissermaßen zur Staatsräson erhebt. Die Ägide des Vorgängers, die sich stets auch an Sinnstiftung orientierte, gehört der Vergangenheit an. Bereits zehn Tage nach der Abdankung des ersten verabschiedet der zweite SPD-Kanzler in seiner Regierungserklärung die kurze Saison der Reformer mit einem Elan, als sei sie ein einziges Missverständnis gewesen.

Dass er seine inmitten der Legislaturperiode vorgelegte «Zwischenbilanz» beschwichtigend unter das Motto «Kontinuität und Konzentration» stellt, kann den harten Schnitt nicht vertuschen. Was ihm überflüssig erscheint, lässt er tunlichst beiseite, um stattdessen den Blick auf das Nächstliegende und Liegengebliebene zu richten. Dazu gehören vor allem die Fragen von Sicherheit und Ordnung und die wirtschaftliche Misere. Illusionen sollen in einer Phase des schleichenden Niedergangs der «Besinnung auf das Mögliche» weichen – und selbst die von Schmidt befürworteten ostpolitischen Initiativen dürfen nicht mehr mit materiellen Anreizen erkauft werden.

Man habe versucht, in vier Jahren Koalition «das Jahrhundert in die Schranken (zu) fordern», lässt Schmidt die erstaunten Deutschen wissen, und weil er das korrigieren möchte, schafft sich der Kanzler ein «Kabinett in der Zucht des Herrn», wie «Die Zeit» kommentiert. Unter den Sozialdemokaten unterstützen insbesondere Hans Apel, Hans-Jochen Vogel und Egon Franke, der Boss der bodenständigen «Kanalarbeiter», aber auch die Gewerkschafter Georg Leber und Hans Matthöfer den Chef in seiner ideologiefreien Art des Denkens und Handelns.

Und der Regierungsstil ist den Zielen angepasst. Der aus Schmidts Sicht fruchtlose oder allenfalls mit verbalem Zierrat garnierte Leerlauf, den sich der Vorgänger gestattete, indem er vergeistigten Einflüsterern wie Klaus Harpprecht oder Günter Gaus übermäßige Freiräume gab, gilt nicht mehr viel. Der neue Kanzler versteht sich als «nüchterner Boss» einer weltumspannend agierenden Firma namens Deutschland, die auf solche Überflieger weitgehend verzichtet. Bei ihm wird «nach den Grundsätzen des modernen Managements» geführt.

In seinem Amt – «eine Art Generalsekretariat» – steht der pragmatische Sozi unter dem Ölporträt von Partei-Urvater August Bebel einem Machtapparat vor, für den in erster Linie Ergebnisse zählen. Nicht selten kündigt der Hausherr, wenn er am frühen Morgen von seinem Bungalow durch den Park ins Palais Schaumburg marschiert, den Arbeitsbeginn mit einer Trillerpfeife an. Selbst in den Mittagspausen kann es passieren, dass er seine Dosensuppe am Schreibtisch löffelt. So lassen sich beim Essen immer noch Akten studieren.

Anstelle des von Brandt bevorzugten «Küchenkabinetts» stützt sich der Nachfolger auf ein ihm treu ergebenes sogenanntes Kleeblatt. Neben den Staatssekretären Manfred Schüler, der das Kanzleramt leitet, und dem für die Presse zuständigen Klaus Bölling hält die von Schmidt geschätzte Marie Schlei die Verbindung zu den Parlamentariern – vorweg Herbert Wehner –, während Freund Willi Berkhan «das Persönliche» betreut. Dieser Viertaktmotor läuft, als er würde er täglich geschmiert, mit der vom Chef geforderten Lautlosigkeit.

Denn «Indiskretins», wie sie zu Zeiten des Vorgängers bei Hofe umhergingen, sind ihm von Herzen zuwider.

Und kaum minder geschäftsmäßig, wenngleich nicht immer ganz frei von Misstönen, geht es unter seiner Regie im Kabinett zu. Zur Kumpanei neigt er selbst in Stunden der guten Laune nicht, und das vertraute Genossen-Du rutscht ihm höchstens dann heraus, wenn er für Augenblicke seine Rolle vergessen zu haben scheint. Aber die sind selten. In aller Regel präsentiert sich den «Herren Kollegen» ein im Grundton zwar freundlich korrekter, aber ebenso häufig streng auf den Details bestehender Regent, der die Hausaufgaben seiner Ressortleiter einer unnachsichtigen Prüfung unterwirft.

Weil er die Bedeutung des Ökonomischen hervorheben und die Parlamentsspitzen stärker einbeziehen möchte, hat er seinem Team eine neue Sitzordnung beschert. Den Ministern für Wirtschaft und Finanzen – dem Freidemokraten Hans Friderichs und seinem Vertrauten Hans Apel – möchte er in die Augen schauen, und wann immer die Fraktionschefs der Koalitionsparteien dazustoßen, werden auch sie in der unmittelbaren Nähe des Kanzlers platziert.

Vor allem geht es ihm um politische Wirkungskraft und persönliches Stehvermögen – beides Eigenschaften, bei denen der Zeitfaktor eine wichtige Rolle spielt. Im Juli peitscht er an einem einzigen Nachmittag nicht nur den Haushaltsplan für das Jahr 1975 durchs Kabinett, er stellt der Presse auch gleich ein prominentes Opfer vor: Erhard Eppler, der Minister für Entwicklungshilfe, hat es gewagt, auf das Einfrieren seines Etats mit einer Rücktrittsdrohung zu reagieren, ein für Schmidt, als er selbst noch einem Ressort vorstand, durchaus geläufiges Druckmittel. Doch nun zieht der Affront die sofortige Trennung nach sich.

Der Kanzler lässt ihm keine Chance, seinen Protest noch einmal zu überdenken, und mit Eppler, der dem Parteifreund diese «menschliche Schweinerei» nie vergessen wird, verschwindet der letzte Vertreter einer «Gesinnungsliga» aus der Führungscrew, wie Schmidt zufrieden registriert. Dass er damit sein Image festigt, entschädigt ihn für den Verlust. Soll man ihn ruhig für «hart und entschlossen» halten: Solange kein ernsthafter Zweifel daran aufkommt, wie sehr es ihm bei seinen Entscheidungen um die Sache geht, hat er «nix dagegen».

Und diese Sache verlangt nach dem starken Mann. Mit Beginn seiner Regentschaft ist die Ölkrise vom Herbst 1973 so weit fortgeschritten, dass sich die Konsequenzen für das Wirtschaftsleben unmöglich beschönigen lassen. Nach dem Absacken der Binnenkonjunktur stagniert nun auch der Export, während sich die Zahl der Arbeitslosen bei explodierender Staatsverschuldung auf die erste Million zubewegt. Muss man ihn da nicht verstehen, wenn er seinen Kassenwart anweist, die Etatpläne der Ministerriege rigoros zusammenzustreichen?

Aber noch mehr als um «einige hundert Millionen Mark», die im Krach mit Eppler zur Diskussion stehen, sorgt sich der Pessimist Schmidt um die mentale Lage des Landes. Ihn bedrückt, dass sich das zwei Jahrzehnte andauernde «Goldene Zeitalter» der Nachkriegsdeutschen einstweilen erledigt haben könnte, und zu denken gibt ihm auch die unterschiedliche Reaktion darauf: Statt sich den neuen Verhältnissen anzupassen, flüchten nach seiner Beobachtung zu viele Bürger in die Extreme. Während die einen die Wiederkehr der Inflation von 1923 und das in den frühen Dreißigern herrschende Wirtschaftschaos fürchten, vertrauen die anderen dagegen blind auf ewige Prosperität.

Dieser Zustand kann ihm umso weniger gefallen, als sich mit

seinem Namen die Vorstellung von Erfolg verknüpft. Immerhin gilt er als der in Fragen der Ökonomie unschlagbare Kanzler, dem sogar die Opposition bestätigt, «handwerklich solide» zu arbeiten. Eine ganze Reihe von Forderungen, die die christlichen Parteien vergebens an die Regierung Brandt / Scheel richteten, decken sich durchaus mit seinen Plänen.

Zunehmend begleitet ihn eine Erwartung, die enormen Druck erzeugt. Und wahrscheinlich liegt es daran, dass er sich sowohl in der Innenpolitik als auch grenzüberschreitend spektakuläre Auftritte erlaubt. So lässt sich eine in Brüssel von den Franzosen betriebene und seinem FDP-Landwirtschaftsminister Josef Ertl bereits abgesegnete Erhöhung der Agrarpreise nicht aufrechterhalten, weil der Kraftprotz aus Bonn sie nachträglich boykottiert. Die in Paris veröffentlichten wütenden Kommentare scheren ihn ebenso wenig wie die Irritation seines gelackmeierten Koalitionspartners. «Helmut der Schmied» – eine Wortschöpfung Herbert Wehners – zeigt Europa, wo der Hammer hängt.

Binnen einer Woche schwingt er sich in der EG zum Chefkontrolleur auf – und daheim bei einem Landesparteitag der SPD als Mischung aus Scharfrichter und Seelenarzt, der in seiner Kritik an der eigenen Partei heftiger als je zuvor in Wallung gerät: Was sie glaubten, fragt er die Genossen verbiestert, von welchen Gedanken sich die Arbeiter «bei Edelstahlwerk Witten AG» oder «VW in Wolfsburg» leiten ließen? «Was denkt ihr denn, was die Angestellten der Hamburger Sparkasse oder der Iduna interessiert … oder die Leute auf Howaldt?»

Theoriedebatten, so der Redner nach einer Atempause, seien gewiss notwendig, und er bilde sich ein, in seinem Leben eine Menge dazu beigetragen zu haben – aber dann verliert er das Maß: Statt sich mit den Verwerfungen der Weltwirtschaft und den aktuellen ökonomischen Bedingungen zu befassen, poltert er los, beschäftigten sich diese Parteifreunde lieber «mit der Krise des eigenen Hirns».

Helmut Schmidt, schreibt danach der «Spiegel», agiere auf der politischen Bühne wie ein «Exorzist und Zampano». Der brauche anscheinend nur mit der Faust auf den Tisch zu schlagen, um mit Gestank «alle Teufel» ausfahren zu lassen – eine Radikalkur, die ihm die heftig umworbene Mitte offenbar honoriert: Im Laufe des Jahres 1974 klettert die Zahl der Menschen, die mit seiner Regentschaft einverstanden sind, von 50 auf stolze 67 Prozent.

Der nach Erhard und Kiesinger dritte Kanzler, der sein Amt inmitten einer Legislaturperiode angetreten hat, arbeitet andererseits auf eigene Rechnung. Die Hoffnungen der SPD, ein als hochkompetent gelobter Mann an der Spitze werde die in Scharen davongelaufenen Anhänger zurückholen, bleiben unerfüllt. Weder kann der neue Star den Negativtrend bei den Bürgerschaftswahlen in seiner Heimatstadt noch danach in Niedersachsen und Bayern oder in Hessen entscheidend bremsen. Die zwischen Verdrängung und Panik schwankenden Deutschen setzen überall verstärkt auf bürgerlich-konservative Konzepte.

In der derben Diktion ihres stellvertretenden Bundesvorsitzenden müssen die Sozis «wieder aus der Scheiße», doch das sagt sich so leicht. Dass Schmidt das Kompetenzgefälle zwischen sich und der SPD gerne thematisiert und der Partei empfiehlt, sein ungleich größeres Ansehen im Lande zu nutzen, statt mit Tiraden «die Kirche leer zu predigen», behebt das Dilemma nicht. Zum ersten Mal in der Geschichte der Republik schleicht sich der seltsame Eindruck ein, der amtierende Sozialdemokrat passe besser zur Opposition.

Dabei gibt sich die überwältigende Mehrheit der Genossen durchaus Mühe. Seit der vom Kanzler verordneten «Entromantisierung» der parteiamtlichen Programmatik ist sogar die am Machterhalt interessierte Kamarilla der «neuen Linken», etwa der Jusos um Heidemarie Wieczorek und Johano Strasser, zähneknirschend ruhiger geworden. Selbst ideologisch unverdächtige Blätter wie die «Stuttgarter Zeitung» registrieren eine Entwicklung, die schon bald nach dem Regierungswechsel einsetzt: Der «Reformnebel» habe sich weitgehend aufgelöst, die Theoretiker führten ihre Debatte «allenfalls noch im Hinterzimmer».

Zumindest wird auf Schmidt mehr Rücksicht genommen, als er es mit seiner öffentlichen Schelte suggeriert. Das gilt vor allem für die Troika. Während Herbert Wehner dem Regenten in der Fraktion den nötigen Spielraum verschafft, schlägt ihm Willy Brandt, obgleich der seine Wunden leckt, eine arbeitsteilige Doppelstrategie vor: Sein Nachfolger soll in Zukunft keinerlei Störmanöver zu befürchten haben, dem Parteichef im Gegenzug aber auch die Regie bei der Entwicklung der Langzeitperspektiven überlassen.

Sehr viel später wird Schmidt darüber klagen, dass es sein «größter Fehler» gewesen sei, auf den SPD-Vorsitz verzichtet zu haben, aber damals schreckt ihn die Personalunion eher. Unabhängig davon, ob ihm die nach dem Rücktritt Brandts aufgewühlten Sozialdemokraten den Zugriff überhaupt erlaubt hätten, verhält sich der Parteichef in der Frühphase seiner Kanzlerschaft betont loyal.

In Wahrheit hat der Kanzler zu dieser Zeit auch ganz andere Sorgen. Ausgerechnet auf den Feldern der Ökonomie kommt es zu Rückschlägen, die die Lichtgestalt erheblich verschatten. Eine noch von ihm als Finanzminister betriebene Steuerreform benachteiligt die unteren Lohngruppen und reißt so große Löcher in den ohnehin belasteten Bundesetat, dass es sogar Hans Apel den Atem verschlägt: «Ich glaub, mich tritt ein Pferd», ruft der Kassenverwalter bestürzt in die Fernsehkameras, als ihm die fiskalischen wie sozialen Folgen des groß angekündigten Projekts bewusst werden.

Man habe «das Maul zu voll genommen», räumt er heute kleinlaut ein, um dann wenig freundschaftlich über die in jener Phase aufgelegten Konjunkturprogramme herzuziehen: Außer die Haushaltsdefizite «in die Höhe zu jazzen», hätten sie wenig gebracht – das sei nur «Schiller-Schule und Machbarkeitswahn» gewesen, «der den Strukturwandel der Weltwirtschaft nicht berücksichtigte».

Ist das auch der Grund dafür, dass der Volkswirt Schmidt mit seinen Prognosen kaum noch zu Rande kommt? Im Februar 1975 halten ihm die Springer-Blätter vor, dass der mehrmals von ihm angekündigte ökonomische Durchbruch ausgeblieben sei, und setzen dann den bescheidenen Ist-Zustand dagegen: «Fünf Prozent Arbeitslose und kein Wachstum, und die Exportaufträge bröckeln …» Der wie «ein Sturmwind über die Blumenwiesen der Nachdenklichkeit» fegende Sozi, assistiert mit Häme die «Frankfurter Allgemeine», sei in Wahrheit ein Mann, der «auf der Stelle tritt».

Da macht es sich umso besser, dass die Medien im Ausland ein ganz anderes Urteil fällen. Für die ist der tüchtige Deutsche von Anfang an ein Held. Der Bonner Kanzler, melden die am Rhein versammelten internationalen Korrespondenten in ihre Heimatredaktionen, imponiere mit Zahlen, die im westlichen Europa ihresgleichen suchten. Während man dort allgemein eine galoppierende Inflation bis zu 20 Prozent zu bekämpfen habe, stiegen hierzulande die Preise lediglich um sieben, dafür aber auch die Exporte um üppige 17 Prozent. Keiner der Nachbarstaaten des Gemeinsamen Marktes, die zum Teil gefährlich nahe am Bankrott vorbeischrammten, könne sich in puncto Devisenreserven mit jenen 34,2 Milliarden Dollar messen, die die Bundesbank in ihren Tresoren verwahre.

In solchen Berichten erscheint die westdeutsche Republik beinahe wie eine Großmacht: Dank Schmidt und seiner Mischung von strengen Kreditbeschränkungen wie einschneidenden Kürzungen im Haushalt hätten die disziplinierten Bürger das geschaffen, was man durchaus als «zweites Wirtschaftswunder» bezeichnen dürfe, verkündet das US-Magazin «Newsweek». Und der britische «Daily Telegraph» hebt das daraus resultierende politische Selbstbewusstsein hervor: Unter dem umsichtigen Kanzler habe der Nachfolgestaat des «Dritten Reiches» seine «historischen Hemmungen» abgelegt, um nun zunehmend einen Einfluss auszuüben, der seiner ökonomischen Stärke entspreche.

Natürlich ist das deutlich übertrieben. Es erleichtert aber dem laut Horst Ehmke von «Schmidt Schnauze zu Schmidt Kosmos» aufgestiegenen Hanseaten das Leben. Nachdem er bereits seit Ende der Fünfziger als Experte für Verteidigung, Wirtschaft und Finanzen wirkt, legt er nun mit seinem fast akzentfreien Englisch in den Hauptstädten der Welt eine eindrucksvolle Performance hin. Sie berührt nicht nur Fragen der Ökonomie, sondern auch fast alle anderen Politikfelder. Mögen sich bisweilen Gesprächspartner in Washington oder London an seinem Drang zur Belehrung stoßen – der deutsche Sozi avanciert zum global anerkannten Staatsmann.

Dass er zu Beginn seiner Amtszeit die meisten positiven Schlagzeilen im Ausland produziert, liegt zugleich an einer häufig unterschätzten Qualität: Er kann mit seiner Art Freunde gewinnen, die ihrerseits über ein hinreichend starkes Ego verfügen und solche Kontakte pflegen. Im Westen werden auf diese Weise vor allem der französische Staatspräsident Valéry Giscard d'Estaing und der Chef des amerikanischen State Department, Henry Kissinger, derart von ihm umhegt, dass sich bald sogar der Außenminister Hans-Dietrich Genscher brüskiert fühlt.

Einen ähnlichen Eindruck macht der Kanzler offenbar auch auf den bärbeißigen Generalsekretär der KPdSU, Leonid Breschnew, nachdem er ihm im Oktober 1974 einen ersten Besuch abgestattet hat. Wegen des Streits um den Status West-Berlins bringt die Reise zwar kaum substantielle Ergebnisse, aber der Kremlherr entwickelt fortan eine Affinität zu dem kenntnisreichen roten Realo. Sie wird Jahre später sogar den Konflikt um die Nachrüstung überdauern.

«Helmut Schmidt – Superstar», feiert ihn der «Spiegel» zur Jahreswende und ergötzt sich an seiner «internationalen Hitparade», die der politische Globetrotter mit einer Galashow vor den Genossen der britischen Labour Party abschließt. Die wollen sich in ihrer Mehrheit wieder einmal von Europa lösen, weshalb der Gastdelegierte vorher gewarnt wurde: Bei unerbetenen Ratschlägen werde zumindest der harte Kern den Saal verlassen – aber dann dreht er mit Shakespeare-Zitaten und anderen rhetorischen Finessen das schwierige Auditorium kurzerhand um.

Er fühle sich, sagt er leicht grimassierend, «wie ein Mann vor den Damen und Herren der Heilsarmee, der versucht, sie von den Vorzügen des Alkohols zu überzeugen», und der Coup gelingt. Der Deutsche habe in London «einen aufsehenerregenden persönlichen Erfolg für sich verbuchen können, als er England in bewegenden Worten beschwor, im Gemeinsamen Markt zu bleiben», umjubelt ihn am nächsten Tag die «Sunday Times».

Doch die große Bewährungsprobe steht ihm erst noch bevor: Anfang August 1975 versammeln sich in Helsinki die Staatspräsidenten, Premierminister und Parteiführer aus 35 Ländern des Kontinents inklusive USA und Kanada, um in einer Mammutveranstaltung, wie es sie in dieser Form noch nie gegeben hat, die Schlussakte der Konferenz für Sicherheit und Zusammenarbeit in Europa (KSZE) zu unterzeichnen. Mit Schmidt und Erich Honecker treffen dabei erstmals die Chefrepräsentanten des geteilten Deutschland aufeinander.

Das ursprünglich vom Ostblock initiierte Spektakel verabschiedet am Ende eines zweijährigen Verhandlungsmarathons sogenannte Körbe, in denen zwar völkerrechtlich nicht bindende, aber feierlich bekräftigte Vereinbarungen über die Kooperation in Wirtschaft und Wissenschaft oder die Unverletzlichkeit bestehender Grenzen niederlegt werden. Die Sowjetunion und ihre Vasallenstaaten möchten damit vor allem garantiert wissen, dass der als Ergebnis des Zweiten Weltkrieges geschaffene territoriale Status quo erhalten bleibt – der Westen wiederum hofft auf eine unter der Überschrift «Menschenrechte und Grundfreiheiten» vereinbarte schrittweise Liberalisierung im Herrschaftsbereich Moskaus.

Für Schmidt ist der Aufmarsch in der prächtig geschmückten «Finlandia»-Halle, in der bislang so unversöhnliche Gegner wie Zyperns Erzbischof Makarios und der Türke Demirel in einem Raum sitzen – oder eben er und sein Pendant aus der DDR –, ein erhebender Moment. Das Treffen bestärkt ihn in seiner politischen Philosophie, die er seit langem vertritt: «Wir müssen zusammenhängen», zitiert er aufgekratzt Benjamin

Franklin, einen Gründervater der Vereinigten Staaten, «sonst werden wir einzeln hängen».

Schließlich hat die Bundesrepublik mit ihren Entspannungsbemühungen den Weg zur KSZE-Akte erst freigemacht, und in diesem Bewusstsein inszeniert sich der Kanzler nun auch. Als sei er die Schlüsselfigur der Konferenz, erscheint er publikumswirksam als Letzter, um sich vom Mittelgang aus leutselig auf die Großen der Welt hinzubewegen: Der Kremlherr Leonid Breschnew begrüßt ihn dabei ebenso demonstrativ selbstverständlich wie Amerikas neuer Präsident Gerald Ford, den er erst zwei Tage zuvor am Rhein empfangen hat. Nach einer anfänglich leichten Verlegenheit freut sich selbst Honecker, dass ihm Schmidt jovial auf die Schulter klopft.

Mit der Unterzeichnung der Dokumente, so mahnt der Bonner Regierungschef in einer sorgfältig vorbereiteten Rede, stehe die Glaubwürdigkeit eines jeden «auf dem Spiel», und er erntet dafür langanhaltenden Beifall. Aber noch wichtiger sind die bilateralen Gespräche, die er bis an den Rand der Erschöpfung führt: Neben dem Staatsratsvorsitzenden – den er gleich zweimal zu einem Smalltalk «ohne Girlanden» kontaktiert – sind es von Breschnew über Ceaușescu und Tito vor allem die Protagonisten der unterschiedlichen realsozialistischen Strömungen im Ostblock, die bei ihm um Termine nachsuchen. Mit dem Polen Edward Gierek besiegelt der bundesdeutsche Kanzler in einem zähen nächtlichen Poker den Freikauf von 125 000 Aussiedlern.

Seine Prüfung auf dem glatten Parkett jenseits des nicht mehr ganz so «Eisernen Vorhangs» hat Schmidt damit glänzend bestanden. Das nicht minder wichtige Debüt im exklusiven Zirkel der führenden Industrieländer des Westens folgt nur einige Monate darauf an einem Ort nahe Paris. In Schloss

Rambouillet, einem Sommersitz Valéry Giscard d'Estaings, berät er mit dem Hausherrn, US-Präsident Gerald Ford sowie den Regierungschefs aus England, Italien und Japan Fragen des globalen Handels und der Währungs- und Energiepolitik. Die «G6», der erste, inzwischen auf acht Vertreter ausgedehnte «Weltwirtschaftsgipfel», ist damit geboren – und der Anstoß dazu geht auf ihn zurück.

Überraschend kommt es da nicht, dass ihn die britische «Financial Times» 1975 zum «Mann des Jahres» kürt. Der Bonner Kanzler, würdigen die Juroren in einer ausführlichen Begründung, personifiziere das «von guten Absichten beseelte, logische, tüchtige und etwas schmissige Deutschland» und mehr: In der Bundesrepublik sei der Krisenmanager, dessen «wirtschaftliches Verständnis den überragenden internationalen Problemen der Stunde angepasst war», der «Hauptgrund, warum die gegenwärtige Koalition zwischen SPD und FDP an der Macht bleiben könnte».

Mit dieser Auszeichnung geht Helmut Schmidt ins Bundestagswahljahr – beste Voraussetzungen, gegen einen christdemokratischen Herausforderer namens Helmut Kohl zu bestehen. Der Spitzenmann der Union muss bei seiner Kandidatur gleich mit einem doppelten Handicap leben: Die im Süden des Landes auf den Bayern Franz Josef Strauß fixierten Christdemokraten haben ihn nur mit Vorbehalten auf den Schild gehoben. Und außerdem verfügt der vergleichsweise unerfahrene rheinland-pfälzische Ministerpräsident über keinen Partner.

Für den Amtsinhaber spricht auch, dass sich die SPD mit ihm zu arrangieren scheint. Wie schon lange nicht mehr, ist es ihr auf einem Konvent in Mannheim gelungen, nach dem konflikträchtigen Personalaustausch an der Regierungsspitze wenigstens in der Außenwirkung zu neuer Geschlossenheit zurückzufinden. Der wieder unangefochtene Parteichef Willy Brandt und sein Stellvertreter Helmut Schmidt erreichen bei den Wahlen zum Vorstand mit jeweils 407 Stimmen dasselbe eindrucksvolle Resultat.

Die Verabschiedung des jahrelang umstrittenen «Orientierungsrahmens '85», eine Fortschreibung des Godesberger Programms, deren erster Entwurf noch als zu wenig progressiv abgelehnt worden war, stärkt dem Kanzler ebenfalls den Rücken. Unter die Debatte über den Staat und die vom Stamokap-Flügel der Jusos verlangten Eingriffe in die Investitionsentscheidungen großer Konzerne wird klammheimlich ein Schlussstrich gezogen, und der Rest wirkt kaum noch erschreckend. Im Grunde überweist die SPD das meiste, was dem obersten Wahlkämpfer den Job verleiden könnte, in die Fachausschüsse, um es danach praktisch dem Vergessen anheimzugeben.

So kann Schmidt noch einiges von dem in Angriff nehmen, was bei ihm «auf der Speisekarte steht» – etwa das «Arbeitsprogramm der Regierung für die 2. Hälfte der 7. Legislaturperiode», das er dem Kabinett nach Amtsantritt verordnet hat. 251 «Vorhaben» werden strikt nach ihrer «Machbarkeit» sortiert. Er will zunächst, statt sich den Kopf über «sozialdemokratische Extras» zu zerbrechen, die «klassischen Staatsfunktionen» erfüllen, also das Verlangen nach wirtschaftlicher, sozialer und innerer Sicherheit bedienen.

Futuristische oder schwer finanzierbare Projekte wie die Vermögensbeteiligung fallen da kurzerhand unter den Tisch, und das von den Jungsozialisten scharf attackierte Bodenrecht anzutasten, ist dem «Kanzler der Mitte» ohnedies suspekt. Immerhin ringt er der FDP, die in ihren «Freiburger Thesen» von 1971 noch die «Reform des Kapitalismus» ins Auge gefasst hat, aber sich längst wieder als Gralshüter der Marktwirtschaft profiliert, ein Zugeständnis ab: Um die Gewerkschaften zu besänftigen, setzt er für Betriebe mit mehr als zweitausend Belegschaftsangehörigen eine fast paritätische Mitbestimmung durch.

Obschon sich seit der Jahreswende ein leichter Aufschwung abzeichnet und die Deutschen zu seiner Freude «in aller Welt beinahe als Musterknaben» gelten, sieht er sich dennoch längst nicht als Sieger. Schließlich ist nach den Niederlagen auf Länderebene ein von ihm beklagter «Antagonismus» in das Machtgefüge der Republik eingezogen: Der sozial-liberalen Mehrheit im Parlament steht im Bundesrat eine Majorität der Unionsparteien gegenüber, die nun zahllose der Zustimmungspflicht unterliegende Gesetze verändert und zum Teil boykottiert.

Zudem verschieben sich auch in der Koalition die Gewichte. Die spürbar selbstbewusster gewordene FDP hat sich bereits bei den Wahlen in Rheinland-Pfalz den Christdemokraten angeboten – eine Liaison, die Anfang 1975 nur deshalb nicht zustande kommt, weil es für Helmut Kohl im Alleingang reicht. Aber ein knappes Jahr darauf springt sie in Hannover: Dort verhindert der bisherige Oppositionsführer Ernst Albrecht die Inthronisierung eines neuen sozialdemokratischen Ministerpräsidenten, und die bis dahin mit der SPD regierenden Liberalen wechseln nach einem Tolerierungsmanöver erstmals wieder die Fronten.

Die Freien Demokraten wollen damit auch einer von den Konservativen gestreuten Parole begegnen, die FDP befände sich in ihrem Verhältnis zur SPD seit Jahr und Tag in einer «babylonischen Gefangenschaft». Für Schmidt ist das Grund genug, gleichsam vorsorglich seinem «Co-Piloten» Hans-Dietrich Genscher zu schmeicheln: Der schätze die «politische Vitalität» der amtierenden Regierung ebenso positiv ein wie er und sei überdies «ein Partner, bei dem man sich darauf verlassen kann, dass er sein Wort hält».

Erkennbar schwingt da bereits ein Unterton von Beschwörung mit: Die FDP hat sich zwar entschlossen, für den Fall einer im Parlament bestätigten Mehrheit an Bord zu bleiben, aber der schöne Honigmond, der seit dem Spätjahr 1969 das sozial-liberale Tête-à-tête überstrahlte, ist augenscheinlich verschwunden. In beiden Parteien häufen sich die Beschwerden darüber, der jeweils andere werde zu sehr nachgegeben – Indizien für eine zunehmende Unzufriedenheit, die den schleichenden Wandel im Bündnis belegen. Vor allem fehlt der Koalition das große, verbindende Thema.

Denn die in der Ära Brandt/Scheel begründete Entspannungspolitik eignet sich nicht mehr als Kitt. Was da noch zu erledigen ist – etwa im Februar 1976 die Schlussabstimmung zu den Vereinbarungen mit Polen –, zündet kaum noch. Außer einigen verkehrstechnischen Annäherungen und schleppenden Gesprächen über den Ausbau der Transitstrecken nach Berlin erbringt der zwischen Schmidt und Honecker in Helsinki geplante Gedankenaustausch zunächst nur wenig. Das sei schon deshalb ein mühsames Geschäft, bemängelt der Kanzler, weil es neben den objektiven Schwierigkeiten «immer wieder das Ressentiment der Kleinmütigen, Engstirnigen und Ängstlichen» herausfordere.

In erster Linie zielt er damit auf die Opposition, deren «vaterländische Phrasen» ihm, was insbesondere das Verhältnis zu Warschau angeht, die Zornesröte ins Gesicht treiben. Aber er belässt es dabei. Die Außen- und Friedenspolitik wird von Helmut Schmidt nur in halbwegs verträglichen Dosen in den Wahlkampf eingeführt. Er will verhindern, dass Fragen von nationalem Rang in die Mühlen wechselseitiger Polemik geraten – die Aura des Staatsmanns soll in der Auseinandersetzung um die Macht in Bonn möglichst unbeschädigt bleiben.

Bemerkenswerterweise mangelt es den Stichwortgebern in diesem Sommer und Frühherbst 1976, in dem die Bundesbürger nach der Vorstellung von CDU und CSU über «Freiheit oder Sozialismus» befinden, überhaupt an Munition. Der mit gewaltigem Aufwand angekündigte Slogan, der eine kommende Entscheidungsschlacht um das Schicksal der Republik suggeriert, spiegelt die komplizierte Wirklichkeit so wenig wider wie die Behauptung der SPD, es gehe letztlich um das «Modell Deutschland». Trotz der angeblichen, mit der weltweiten Wirtschaftskrise verknüpften Epochenwende sind sich die Parteien im Kern ähnlicher als je zuvor.

Weil er so spät wie möglich in die Niederungen der Politik hinabsteigen möchte, nutzt der Kanzler das erste Halbjahr verstärkt dazu, seine Überlegenheit im Ausland vorzuführen. Am Rande der zweiten Weltwirtschaftskonferenz, die im Juni in Puerto Rico stattfindet, setzt er Journalisten auf ein brandheißes Detail an, das über Wochen hinweg die Europäische Gemeinschaft aufregt: Sollten sich in Italien Kommunisten an der Regierung beteiligen, lässt Helmut Schmidt in ein Hintergrundgespräch einfließen, würden die «großen vier», also die USA, England, Frankreich und die Bundesrepublik, reagieren und Rom keine Kredite mehr gewähren.

Nicht nur die Betroffenen beben vor Zorn. Während in Italien gegen die «Einmischung in die inneren Angelegenheiten» eines souveränen Staates protestiert wird, gehen in Paris sogar mehrere tausend Menschen auf die Straße und tragen Plakate mit dem «hässlichen Deutschen» vor sich her. Selbst in den zuvor ihm gewogenen Medien erscheint er in Karikaturen als

Oberlehrer und «Le Feldwebel», der sich kaltschnäuzig zum Chefrepräsentanten einer neuen Hegemonialmacht ernennt. Allein US-Präsident Gerald Ford nimmt den Freund aus Bonn in Schutz.

Während überall über die Motive gerätselt wird, fühlt sich Schmidt sichtlich wohl. Auf dem Kontinent als jederzeit wachsamer Prellbock zu gelten, der sich energisch gegen eurokommunistische Umtriebe stemmt, kommt ihm in seiner Lage gelegen. Die an Rom gerichtete Drohung soll die Propaganda der Union unterlaufen und vor allem in den heimischen Wohnstuben Wirkung entfalten.

Zumindest schadet ihm die Attacke zu Hause nicht. Während die Sozialdemokraten kurz zuvor bei den Landtagswahlen in Baden-Württemberg gegen den Rechtsausleger und Strauß-Spezi Hans Filbinger eine erneute, empfindliche Niederlage eingesteckt haben, entfernt sich der «eiserne Kanzler» auf der Popularitätsskala immer weiter von den Seinen. Allerdings schießen zugleich die Werte der Opposition in die Höhe, eine Entwicklung, die die professionellen Beobachter irritiert: Wer steht da in welcher Formation gegen wen, und welches sind die inhaltlichen Alternativen? Inwieweit meint, wer für Helmut Schmidt votiert, überhaupt noch die SPD, und in welchem Umfang verkörpert er die Partei?

Mit seinem Namen Gefahren für die bürgerlichen Freiheiten zu verbinden, mutet so fast schon etwas absurd an, aber darum geht es im Ernst ja auch nicht. Natürlich ist der apokalyptische Unionsslogan eine rhetorische Floskel, die schon bald ins Leere läuft. Der eigentliche und in der hitzigen Kampagne zunehmend bedeutsame Gegensatz ergibt sich umso krasser aus den höchst unterschiedlichen persönlichen Profilen der beiden Spitzenkandidaten. Dem laut Helmut Kohl «großmäuligen» und vor «urbaner Arroganz» strotzenden, international anerkannten Staatsmann bietet laut Helmut Schmidt ein «selbsternannter Generalist» und «Vorsitzender der Mainzer Provinzregierung» Paroli – auf den ersten Blick eine scheinbar ungleiche Paarung.

Die Warnung der Union, der erwiesenermaßen unternehmerfreundliche Kanzler liefere das Land abenteuerlichen Experimenten aus, ist offensichtlich so unsinnig, dass sie den Amtsinhaber zu Nachlässigkeiten verleitet. Da er Wahlkämpfe ohnedies für «Quatsch» hält und den ungelenken Christdemokraten tatsächlich zunächst nicht ernst nimmt, demütigt er ihn. Was soll er sich, fragt er gequält, mit «diesem Biedermann» befassen? Seine eigentlichen Gegner, höhnt der Sozi, seien die «Brandstifter» vom Schlage etwa der Scharfmacher Alfred Dregger oder Karl Carstens. Und vor allem natürlich Franz Josef Strauß.

Doch damit unterschätzt er den emsigen Herausforderer, der unbeirrbar auf seine menschlichen Qualitäten baut. Helmut Kohl zieht mit seiner pathetischen Suada, «Werke des Friedens in das Buch der Geschichte schreiben zu wollen», in der Art eines sendungsbewussten Evangelisten über die Marktplätze und beflügelt dort eine Stimmung, die den unterkühlt intellektuellen Bundeskanzler zur Überheblichkeit reizt. «Kalendersprüche» nennt er abfällig solche mit Inbrunst vorgetragenen Allgemeinplätze – und verliert dabei peu à peu selbst an Format.

Am Ende bleibt der «Schwarze Riese», wie der Christdemokrat von einer ungläubig staunenden Journalistenschar getauft wird, zwar in Sachen Kompetenz immer noch deutlich hinter seinem Rivalen zurück. Doch er schlägt sich mit seiner Sympathiewerbung besser als erwartet. Was die Vertrauenswürdigkeit angeht, kann ihm der zusehends ruppiger auf die Gegner eindreschende Hanseat kaum noch das Wasser reichen. Insbesondere scheitert Schmidts Kalkül, den «immer so schön fürs Gemüt daherredenden» Pfälzer als unpolitisch bloßzustellen.

So wie er es vorher nicht vermocht hat, für seine «Gefühlssozialisten» Verständnis aufzubringen, fehlt ihm nun bei der Bewertung des sentimentalen Unionschristen das Gespür – aber er rackert. In Flugzeugen und Autos und in einem Sonderzug, dessen Salonwagen schon von Adolf Hitler benutzt wurde, legt der Bonner Regierungschef binnen weniger Wochen 26 000 Kilometer zurück, um von den knapp 42 Millionen wahlberechtigten Deutschen einer halben Million persönlich seine Aufwartung zu machen. Nach der Abschlusskundgebung am Vorabend des 3. Oktober in Berlin wirkt er so ausgelaugt, dass er die zunehmende Melancholie auch mit körperlicher Überanstrengung begründet. Seinen ursprünglich unter das Volk gestreuten Tipp, einen Koalitionsvorsprung von «20 bis 25 Mandaten» zu erringen, will er da nicht mehr wiederholen. Helmut Schmidt, das mit hinreichender Witterung ausgestattete *political animal*, beginnt zu ahnen, dass es knapp werden könnte.

Und es kommt ja auch so. Dem lange als Außenseiter gehandelten CDU-Matador fehlen mit 48,6 Prozent und dem nach 1957 besten Ergebnis für die Union nur einige hunderttausend Stimmen zur absoluten Mehrheit. Dass er seinen trotzig angemeldeten «moralischen Anspruch» auf den Wechsel nicht einlösen kann, liegt allein an der Standhaftigkeit der Liberalen. Die im Verhältnis zu 1972 leicht reduzierte FDP will wie bisher mit den Sozialdemokraten paktieren, die um satte 3,2 Prozentpunkte geschrumpft sind.

Erstmals seit 1953, jenem Jahr, in dem der Abgeordnete Helmut Schmidt seine politische Karriere startete, hat der Genosse

Trend der Partei den Rücken gekehrt. Und der extrem von Erfolgserlebnissen abhängige SPD-Star kaschiert den Einbruch nicht: Dem ansonsten stets auf Wirkung bedachten Selbstdarsteller verschlägt es am Wahlabend schlicht die Sprache. Minutenlang sitzt er nach einem fluchtartigen Abgang aus dem Kanzleramt wie versteinert in seinem Dienstwagen, während die Meute der Fotografen die Szene in Bildern einfängt. Auf dem unerbittlichsten hält er im grellen Scheinwerferlicht einen Pappteller mit einer zur Hälfte verzehrten Bockwurst im Schoß.

Wie danach Analysen der Meinungsforscher ergeben, erklärt sich das enttäuschende Abschneiden nicht nur aus einer Unterschätzung der Stärken Helmut Kohls. Geschadet hat der Regierungspartei auch, dass sich große Teile ihrer Basis für den Spitzenkandidaten nur in einer Art Dienst nach Vorschrift engagierten – ganz zu schweigen von der Abstinenz der zahllosen Intellektuellen und phantasiebegabten Bürgerinitiativen, die noch vier Jahre zuvor den gewaltigen «Willy Brandt»-Hype organisierten.

Andererseits haben es die Sozialdemokraten zweifellos ihrem eigenwilligen «Volkskanzler» zu verdanken, dass sie überhaupt noch am Ruder bleiben. Wie kein Zweiter in seinen Reihen verkörpert Helmut Schmidt eine Tendenzwende, die bereits in diesem Herbst 1976 zu beobachten ist und die letztlich für den überraschend knappen Wahlausgang gesorgt hat: Nach der fast ein Jahrzehnt lang dominierenden «kollektiven Erregung» im Land, analysiert in den darauffolgenden Tagen das «Institut für Demoskopie Allensbach», habe die erschöpften Bürger mehrheitlich ein gewisses Ruhebedürfnis befallen – die «Bereitschaft zu weiterer großer Veränderung, die Revolution ist vorbei».

Einige Stunden lang sieht es dann selbst am Morgen nach der Wahl noch so aus, als müsse der Amtsinhaber bangen: 214 SPD-Mandaten und 39 für die Freien Demokraten stehen 243 Unionsabgeordnete gegenüber, und Helmut Kohl lädt sich in seinem «Kampf um Deutschland» im Rekordtempo beim Bundespräsidenten ein. Als Repräsentant der immerhin deutlich stärksten Fraktion im Parlament möchte er die Chancen eines Auftrags zur Regierungsbildung erkunden. Wie man hört, scheint das Staatsoberhaupt Walter Scheel, der einstige FDP-Vorsitzende und immerhin maßgebliche Mitbegründer der ersten sozial-liberalen Koalition, einem Machtwechsel nicht abgeneigt zu sein.

Doch Genscher und Co. lassen sich nicht verunsichern, und der Kanzler, den nach eigenem Eingeständnis die «Kälte und Einsamkeit des Amtes gestreift hat», darf sich halbwegs getröstet in sein schleswig-holsteinisches Ferienhaus verdrücken. Es drängt ihn, Zwischenbilanz zu ziehen; er will am malerischen Brahmsee, der von Ortsansässigen mittlerweile «Lago di Sozi» getauft worden ist, seine Segeljolle pflegen und ein bisschen Abstand gewinnen.

Denn Phasen der Selbstvergewisserung sind ihm schon immer wichtig gewesen, und natürlich verlangt es die aktuelle Lage, dass er dabei die eigenen Fehler nicht ausblendet. Doch was soll er sich vorwerfen? Zu Beginn des Wahlkampfs hat er in einem langen, von dem parteinahen Journalisten Jürgen Kellermeier moderierten Gespräch mit Willy Brandt die wesentlichen Stichworte zu Protokoll gegeben, an denen sich seine Politik orientiert, und davon will er nicht abrücken. Vor allem an einer wirtschaftlichen Konsolidierung, die in Zeiten des Mangels auf das «konkret Machbare» zielt, führt für Schmidt kein Weg vorbei.

Und nicht minder entschieden hält er an seinen weltanschaulichen Prinzipien fest. In der Idylle des heimischen Hügellandes grübelt der Pragmatiker über die in Kreisen seiner Parteifreunde grassierende Gesinnungsethik – ihre Verteidigung schillernder Begriffe vom Sozialismus oder utopischer Reformen –, die er von jeher als sachfremd zurückweist. Um zu «sittlichen Zwecken» zu handeln, genügen dem erklärten Anhänger einer Verantwortungsethik die bereits vorhandenen Quellen gesellschaftlicher Moral: das Grundgesetz und das Godesberger Programm.

So kehrt er einigermaßen mit sich im Reinen nach Bonn zurück – und steht dort unvermittelt im Zentrum eines peinlichen Eklats. Bei den Beratungen über die Altersversorgung der Bundesbürger stellt sich heraus, dass der Kanzler das von ihm im Wahlkampf gegebene Versprechen, die Ruhestandsbezüge zum 1. Juli 1977 um rund zehn Prozent aufzustocken, kaum noch einlösen kann. Bei einem anhaltend schleppenden Konjunkturverlauf würde das ohnehin schon prekäre Defizit der staatlichen Rentenkasse innerhalb einer einzigen Legislaturperiode irrwitzige 84 Milliarden Mark betragen, ein praktisch indiskutables Projekt.

Nachdem der Sündenfall publik geworden ist, vollzieht sich in mehreren Akten ein Drama, dass die Schmidt'sche Reputation innerhalb weniger Tage fast zerstört. Sein erster Einfall, das erschreckende Minus durch eine Erhöhung der Versicherungsbeiträge wettzumachen, scheitert an der FDP, und bei dem Versuch, die Reform um ein halbes Jahr zu verschieben, bricht ein Sturm der Entrüstung los. Sogar der Koalition wohlgesonnene Publizisten wie der ehemalige Helfer auf der Hardthöhe und jetzige «Zeit»-Chefredakteur Theo Sommer nennen das Flickwerk «eines der ungeheuerlichsten

Beispiele für Regierungspfusch», die die Bundesrepublik je erlebt habe.

Da hilft es Schmidt wenig, dass der Irrtum auf einen mit der Expertise betrauten Beamten im Arbeitsministerium zurückzuführen ist. Der Kanzler, der in dieser Angelegenheit immerhin eigenhändig Berge von Akten wälzte und den Fehler übersah, gilt fortan als «Rentenbetrüger». Und schlimmer: Zumindest ebenso schwer wie der von den Christdemokraten erhobene Vorwurf, sich mit einem listig ausgelegten Köder den Wahlsieg erschlichen zu haben, trifft ihn die Kritik an seinem verunglückten Krisenmanagement. Als ihm dann auch noch die eigene Fraktion die Gefolgschaft versagt und ihn zwingt, die vorschnell hinausposaunte Anpassung in die Tat umzusetzen, möchte er «am liebsten sterben».

Doch am Ende siegt der Wille, das Fiasko durchzustehen. Für seinen Chef zieht der enge Gefährte und zuständige Minister Walter Arendt, auf dem sozialen Sektor eine Ikone der SPD, die Konsequenzen und tritt zurück, während sich der um seine Glaubwürdigkeit gebrachte Helmut Schmidt sichtlich geknickt zur Kanzlerwahl quält.

Gemessen an seiner Entschlossenheit, die er dreißig Monate vorher beim Abschied Brandts verkörperte, scheint das kaum noch derselbe Mann zu sein, der da am 15. Dezember 1976 den Bonner Plenarsaal betritt. Von dem immer wieder bestaunten elastischen Draufgänger keine Spur; er wirkt müde und seltsam abwesend. Mit nur einer Stimme über der erforderlichen absoluten Mehrheit – und damit so knapp wie nach der Gründung der Bundesrepublik der CDU-Patriarch Konrad Adenauer – wird er schließlich im Amt bestätigt.

Siebtes Kapitel

«Im antiken Sinne tragisch»:
Kanzler (II)

Dass er sich nun trotz allem Kanzler «aus eigenem Recht» nennen darf, tilgt die Schmach nicht, die ihn noch lange beschwert. Gänzlich unfehlbar zu sein, sagt Schmidt zwar in seiner Regierungserklärung am Tage nach der Wahl, könne allenfalls «ein totalitäres Regime» von sich behaupten, aber es rumort in ihm. Über den Irrtum eines Ministerialdirektors gestolpert zu sein, kommt für den düpierten «Weltökonomen» einer Demütigung gleich. Von deren Ausmaß erfährt die Öffentlichkeit erst, als ihm im Januar 1978 der Theodor-Heuss-Preis verliehen wird. Er habe zu keiner Zeit, räumt er da ein, «mehr gelitten» als in den Wochen des Rentendebakels.

Bei den Bundesbürgern wie nach seinem eigenen Empfinden ist der Sozialdemokrat, dem mindestens zwei Genossen in der Fraktion das Vertrauen entzogen, auf dem vorläufigen Tiefpunkt einer steilen Karriere angelangt. Doch das beeinträchtigt seinen politischen Kurs nicht. Die bisherige Koalitionslinie, die anfänglich überzogenen Erwartungen herunterzuschrauben, hält der Pragmatiker weiterhin für zwingend. Im Vergleich zu jener Bestandsaufnahme, die er zweieinhalb Jahre zuvor bei seinem Amtsantritt präsentiert hat, verkündet der Redner nun ernüchtert das Ende fast aller Reformen.

Denn «so, wie es war, wird es nie mehr werden», schiebt

Schmidt zum Jahreswechsel in einer Fernsehansprache nach und hebt damit nicht allein auf die globalen Verwerfungen ab. Auch im Bonner Bündnis, wo die wirtschafts- und sozialpolitischen Querelen längst die Alltagsarbeit dominieren, zeigen sich die ersten Risse. Die verstärkt auf Eigenverantwortung setzende FDP verdächtigt den Partner, zunehmend kollektivistischen Modellen anzuhängen – die frustrierten Sozialdemokraten wiederum beklagen den angeblich übermäßigen Einfluss der Liberalen.

Ein paar Wochen lang profitiert der um Ausgleich bemühte Regierungschef von einem anderen Kriegsschauplatz. Noch schlimmer als ihm ergeht es in dieser Zeit dem neuen Oppositionsführer Helmut Kohl, der sich seines revoltierenden Männerfreundes Franz Josef Strauß erwehren muss. Wohl hat sich der Bayer von seinem Versuch, mit dem «Kreuther Trennungsbeschluss» die Unionsfraktion zu sprengen, inzwischen wieder verabschiedet. Aber das begleitende Getöse hält die Deutschen so sehr in Spannung, dass darüber die Koalitionskonflikte wie Scharmützel erscheinen.

Doch dann bricht über das Kabinett Schmidt / Genscher ein wahres Gewitter an Problemen herein. Anfang 1977 betritt in den USA mit Jimmy Carter ein Präsident die politische Bühne, der dem Bonner Kanzler von Anfang an suspekt ist, während sich daheim alarmierende Schlagzeilen häufen: Der «Lauschangriff» des Verfassungsschutzes auf einen Atomphysiker namens Klaus Traube, der zu Unrecht terroristischer Kontakte verdächtigt wird, erregt die Republik ebenso wie die Ermordung des Karlsruher Generalbundesanwalts Siegfried Buback durch die RAF. An der Kernkraft-Front ufern die Demonstrationen der ökologisch-pazifistischen Bürgerbewegung zu schweren Krawallen aus – und die Freien Demokraten begin-

Die Chefs der dritten sozial-liberalen Koalition, Hans-Dietrich Genscher und Helmut Schmidt, während einer Kabinettssitzung 1978 auf dem Gipfel ihrer Eintracht. Später sieht der Kanzler seinen Stellvertreter und Außenminister oft «durch Tapetentüren» gehen.

Auf dem SPD-Parteitag in Mannheim 1975 präsentieren sich Helmut Schmidt, Willy Brandt und Herbert Wehner eisern im Schulterschluss. Doch in Wahrheit zieht die auf Machterhalt fixierte «Troika» nur noch selten an einem Strang.

Was ein «richtiger Hamburger Jung» werden will, brachte ihm schon der strenge Vater bei, hat sich stets in Härte und Selbstdisziplin zu üben: Helmut Schmidt im Sommer 1976 beim Segeln auf dem Brahmsee.

Im Bewusstsein, Schuld auf sich geladen zu haben: Kanzler Schmidt am 25. Oktober 1977 in Stuttgart beim Staatsakt für den von der RAF ermordeten Arbeitgeberpräsidenten Hanns Martin Schleyer zwischen dessen Sohn Hanns-Eberhard und Witwe Waltrude.

In der Kellerbar seines Eigenheims im Hamburger Stadtteil Langenhorn machen die Großen der Welt gerne Station: Im Juni 1978 bewirtet der deutsche Kanzler den französischen Staatspräsidenten Valéry Giscard d'Estaing.

Von den Briten geschätzt, aber auch mit Misstrauen verfolgt: «Weltökonom»
Helmut Schmidt im Mai 1979 während eines Besuchs in London mit Premierministerin
Margaret Thatcher.

Kanzler-Freuden im Sonderzug während des Bundestagswahlkampfs 1980: Nach einem
harten Tagesprogramm fordert der passionierte Schachspieler Helmut Schmidt noch
zu später Stunde ihn begleitende Journalisten zum Match heraus – und will unbedingt
gewinnen.

Kanzler und Kanzler-«Enkel»: Schon im Bundestagswahljahr 1980 lässt sich der ehemalige Juso-Chef und spätere Bonner Regent Gerhard Schröder gerne mit Helmut Schmidt ablichten. Als er selbst um das wichtigste Staatsamt kämpft, nennt er den Genossen aus Hamburg sein großes Vorbild.

Zum Freundeskreis Loki und Helmut Schmidts, die sich von jeher gerne mit Künstlern umgeben, gehört der weltberühmte Pianist und Dirigent Leonard Bernstein; hier am 15. Juni 1976 zur Teestunde beim Bundeskanzler.

Das Ende einer Ära und ein denkwürdiger Augenblick: Bei Schmidts Amtsübergabe im Kanzleramt applaudiert am 4. Oktober 1982 sogar der Nachfolger Helmut Kohl (3. v. l.) dem abgewählten Sozialdemokraten.

Elder Statesman Helmut Schmidt 1984 im Hamburger Privatarchiv: In die Akten aus den Jahrzehnten seiner politischen Tätigkeit, die in beweglichen Stellwänden lagern, blickt der arbeitswütige Publizist nun immer häufiger.

Ein Augenblick der Versöhnung: Als Ehrengast sagt der ehemalige Regierungschef Helmut Schmidt auf dem Hamburger Bundesparteitag der SPD im Oktober 2007 kein einziges Wort – aber er genießt die Ovationen.

nen wieder zu «pendeln». Sie binden sich nach Niedersachsen auch im Saarland an die Union.

Zugleich eskaliert in der SPD der Streit um Machbares und Wünschbares. Seit die Fraktion, wie der als innerparteilicher Oppositionsführer auftrumpfende Erhard Eppler etwas mokant anmerkt, in der Rentenmisere erfolgreich die «Lernfähigkeit» Schmidts erprobt hat, melden die Funktionäre aus den Provinzen erschrocken, dass dem Regenten zusehends die Autorität abhandenkomme. Statt Konzepte gegen die Arbeitslosigkeit zu entwickeln, attackieren sie ihn dann aber ebenfalls, habe er kaum noch mehr zu bieten, als sich stur an den Ausbau der Atomenergie zu klammern. In Bonn werde bereits «offen» über die Rückkehr des mittlerweile zum Chef der «Sozialistischen Internationale» gekürten Willy Brandt spekuliert, verrät sogar die Londoner «Times» ihren Lesern.

Ist es da nicht verständlich, wenn sich der knapp 59-jährige Kanzler in diesem Frühling 1977 mit dem Gedanken an einen Abgang trägt? So scharf er solche Gelüste damals als «Presse-Enten» dementiert, so bereitwillig bestätigt er sie im Nachhinein: Er habe tatsächlich ernsthaft erwogen, «den Krempel hinzuschmeißen».

Doch Helmut Schmidt bleibt Helmut Schmidt, und zu dessen Selbstbild gehört, dass er gerade in schwierigen Zeiten bei der Fahne bleibt. Im April 1977, als die seit Jahren im Untergrund herangewachsene «Rote-Armee-Fraktion» eine Serie von Mordanschlägen eröffnet, hat sich die latente Amtsmüdigkeit erledigt. Seinem Credo gemäß zählt zu den «klassischen Staatsfunktionen», die eine Regierung ausüben muss, vor allem die Gewährleistung der inneren Sicherheit, und da fühlt er sich in der Pflicht.

Denn die Deutschen sind, wie sich nun kaum noch beschwichtigen lässt, einem gründlichen Irrtum erlegen. Als Schmidt zum fünften Kanzler der Bundesrepublik gewählt wird, scheint die in terroristische Aktionen umgekippte Radikalisierung im Lande ihren Höhepunkt überschritten zu haben. Der harte Kern der RAF um die selbsternannten Befreiungskrieger Andreas Baader, Ulrike Meinhof und Gudrun Ensslin sitzt schon hinter Schloss und Riegel, aber die damit verbundenen Hoffnungen erfüllen sich nicht. Inzwischen ist eine «zweite Generation» angetreten, die im November 1974 zunächst in Berlin den Kammergerichtspräsidenten Günter von Drenkmann erschossen hat, um im darauffolgenden Februar ihren ersten ganz großen Coup zu starten.

Schockierende Bilder kommen damals via Fernsehen in die deutschen Wohnzimmer: Sie zeigen den von einer «Bewegung 2. Juni» verschleppten Berliner CDU-Landeschef Peter Lorenz, der als Faustpfand für die Entlassung eines halben Dutzends inhaftierter Kumpane präsentiert wird. Und das an Kaltschnäuzigkeit kaum zu überbietende Kalkül geht auf. Ein in Bonn einberufener Krisenstab lässt die Gefangenen in den Jemen ausfliegen.

Nach dem Versuch arabischer Desperados, die bereits im Oktober 1972 mit der Entführung einer Lufthansa-Maschine inhaftierte Teilnehmer des Münchener Olympia-Massakers freipressten, ist das für die Terroristen der zweite Triumph dieser Art. Der Rechtsstaat windet sich in Ohnmacht, während sich der Kanzler, der am Tag der Entscheidung fiebernd das Bett hüten muss, anschließend schwere Vorwürfe macht. Als er am folgenden Morgen «halbwegs klar im Kopf» ist, wird ihm schmerzlich bewusst, dass ihn die Scheu, einen politischen Gegner seinem Verderben auszuliefern, zu einer inakzeptablen Milde verleitet hat.

Eine Rolle spielt dabei auch jenes noch von Brandt und Scheel geschaffene Präjudiz – aber das soll ihm «nie wieder» passieren. Als acht Wochen darauf in Stockholm ein «Kommando Holger Meins» die deutsche Botschaft unter ihre Kontrolle bringt, bekräftigt er seinen Schwur. Nach dem Attentat, bei dem eine Bombenexplosion vier Menschen tötet, hinterlegt er im Kanzleramt eine mit Frau Loki abgesprochene schriftliche Verfügung: Für den Fall, dass einer von beiden gekidnappt werde, dürfe keinesfalls ausgetauscht werden.

Wie recht er mit seiner Befürchtung behält, dass gerade Verhandlungsbereitschaft die Gefahr einer Wiederholung enorm befördert, zeigt sich bald in immer kürzeren Abständen. In Wien nimmt ein deutsch-arabischer Stoßtrupp bei der dort tagenden OPEC-Konferenz siebzig Geiseln, und nachdem die in Stuttgart-Stammheim einsitzende Ulrike Meinhof im Mai 1976 Selbstmord verübt hat, häufen sich vor allem im Ausland die Anschläge auf Einrichtungen der Bundesrepublik. Ihren einstweiligen Gipfelpunkt erreicht der zunehmend international verflochtene Terror, als in Frankreich ein Flugzeug gekapert und ins ugandische Entebbe entführt wird. Fast überall gibt es Tote.

Auf die martialischen Tiraden der «Roten-Armee-Fraktion», sie befinde sich in einem Bürgerkrieg, reagiert der Kanzler, indem er die bisher geltenden Straftatbestände verschärfen und den Fahndungsapparat ausbauen lässt. Dass sich ab Frühjahr 1977 die Ereignisse überschlagen, kann er dennoch nicht verhindern. Die auf offener Straße als «Hinrichtung» inszenierte Erschießung des Generalbundesanwalts Siegfried Buback und zweier seiner Begleiter löst in der Öffentlichkeit Entsetzen aus, und als wenige Wochen später der Vorstandsvorsitzende der Dresdner Bank und Schmidt-Freund Jürgen Ponto von der

RAF umgebracht wird, nähert sich die Bundesrepublik einem Ausnahmezustand.

Aber die entfesselte Stadtguerilla mordet weiter. Anfang September überwältigt in Köln ein «Kommando Siegfried Hausner» den Präsidenten der Bundesvereinigung der Deutschen Arbeitgeberverbände, Hanns Martin Schleyer, um ihn danach in ein «Volksgefängnis» zu verfrachten, das wochenlang unentdeckt bleibt. Der Chauffeur des Industriemagnaten wie die drei zu seinem Schutz abgestellten Polizeibeamten sterben im Kugelhagel.

Als stehe das Land tatsächlich am Rand des Abgrunds, breitet sich in den mutmaßlichen Zentren des Terrors, besonders im Westen Berlins oder in Hamburg und Frankfurt, ein von Hysterie und Angst geprägtes Klima aus. Bei Straßenkontrollen mit vorgehaltenen Maschinenpistolen werden vermeintliche Verdachtspersonen häufig allein schon ihrer Physiognomie wegen eingehenden Verhören unterzogen, und die idyllische, in normalen Zeiten etwas schläfrige Bundeshauptstadt wandelt sich gar zur Festung. In Bonn, wo sowohl der Amtssitz Helmut Schmidts als auch die wichtigsten Ministerien mit Stacheldrahtrollen und Sandsäcken verbarrikadiert worden sind, fahren Schützenpanzer Patrouille, während berittene Doppelstreifen vom hohen Ross herunter misstrauisch jeden Passanten mustern.

Die gewählten Volksvertreter fühlen sich wie nie zuvor in der Geschichte der Republik bedroht, und diesem Empfinden entspringt ihre Abwehrbereitschaft. So entschieden vor allem der Hauptmann der Reserve und amtierende Regierungschef die in «öffentlichen Erklärungen» oder Kassibern aufschäumende Bürgerkriegssuada seiner Herausforderer als pseudorevolutionäres Geschwätz abtut, so sehr denkt er nun selber zunehmend in militärischen Kategorien. Die Terroristen sind für ihn «der Feind», und die «verdammte Pflicht und Schuldigkeit», den verstörten Deutschen einen regelrechten Staatsnotstand zu ersparen, bestimmt sein Handeln.

Folglich schießt ihm nach den Erinnerungen seines Sprechers Klaus Bölling die Dramatik des Geschehens «wie eine Droge ins Blut». Mit der gleichen Unbeirrbarkeit, in der er sich im Februar 1962 gegen die Sturmflut stemmte, dirigiert er in Bonn zwei Krisenstäbe – eine sich täglich versammelnde «Kleine Lage» und mehrmals wöchentlich den «Großen politischen Beraterkreis», der das Kabinett mit den Oppositionsspitzen und Experten der Sicherheitsbehörden vereint. In der überwiegenden Zahl sind das ebenfalls vormalige Offiziere, denen wie im Falle des Kanzlers noch ein an der Front erlerntes, typisch soldatisches Verhalten in den Knochen steckt.

Dass er als Antwort auf die gesellschaftspolitisch verbrämte Mordlust «bis an die Grenzen dessen zu gehen hat, was der Rechtsstaat erlaubt oder gebietet», steht für den Regierungschef außer Zweifel. Also ermuntert er seinen Kreis, selbst über «exotische Vorschläge» nachzugrübeln, und zuckt erst zurück, als sich der Hardliner Franz Josef Strauß mit einer letztlich indiskutablen Idee zu Wort meldet: Dessen Anregung, man könne ja von den einsitzenden Verbrechern der RAF «alle Stunde» eine Person liquidieren, erscheint ihm denn doch zu makaber.

Aber wie düster auch er die Lage einschätzt, ergibt sich aus inzwischen publizierten «Gesprächsprotokollen zur Auswärtigen Politik der Bundesrepublik Deutschland». Der Mitschnitt von Telefonaten, in denen der Kanzler etwa dem französischen Staatspräsidenten Valéry Giscard d'Estaing beichtet, die sich zusehends radikalisierende öffentliche Meinung in seinem Lande befände sich in einem «schrecklichen Zustand», belegt die Befürchtungen. Schmidt plagt augenscheinlich die Sorge, dass sich trotz aller Entschiedenheit ein strikt an der Verfassung orientiertes Krisenmanagement kaum beliebig lange durchhalten lässt.

Vor einer größeren Belastungsprobe als in diesem Frühherbst wird er in seiner insgesamt achteinhalbjährigen Amtsperiode nie mehr stehen. Mangels Alternativen scheint ihm nur die Wahl zu bleiben, entweder seine Selbstfesselung aufzugeben und die von den Entführern geforderten elf RAF-Mitglieder laufenzulassen – oder den wahrscheinlichen Tod Hanns Martin Schleyers zu riskieren. Dass seiner im Nachhinein gerühmten Generalstabsarbeit nur deshalb kein früher Erfolg beschieden ist, weil der nahe Köln eingesperrte Industrielle auch der Leidtragende einer hanebüchenen Fahndungspanne wird, kann er nicht ahnen.

Helmut Schmidt setzt zunächst einmal auf Zeit und bemüht sich im Übrigen, den darüber hinaus schwierigen Regierungsalltag zu meistern.

Sosehr nämlich mittlerweile der Terror die im Gefolge der Katastrophe eindrucksvoll harmonierende «All-Parteien-Koalition» gefangen nimmt, so wenig gilt das für alle anderen Felder der Politik. Als ihn die Hiobsbotschaft vom Attentat erreicht, reibt sich der Kanzler gerade an seinem Juniorpartner auf: Um das Wirtschaftswachstum und die Beschäftigung anzukurbeln, will er die mühsam im Zaum gehaltene Staatsverschuldung deutlich erhöhen – eine drastische Abkehr von der bisherigen Strategie, die in das ohnehin schon seit längerem gestörte Zusammenspiel der beiden Regierungsparteien neue Unruhe trägt.

Grundsätzlich scheint der Kurswechsel den Sozial-Liberalen unumgänglich. Ein bereits im März verabschiedetes, auf mehrere Jahre angelegtes «Programm für Zukunftsinvestitionen» von immerhin 16 Milliarden Mark hat die 1976 leicht aufflackernde Konjunktur nicht stimulieren können, und die Basisdaten verschlechtern sich wieder. Allem voran bei der Bekämpfung der Arbeitslosigkeit macht das ratlose Duo Schmidt / Genscher keinerlei Fortschritte.

Die Erfolgserlebnisse bleiben für den Kabinettschef auch auf anderen Gebieten aus. In der SPD tobt schon bald ein Streit über die Rolle des Staates, der sich nach Ansicht einer Jungsozialisten-Fraktion unter Führung ihres aufmüpfigen Vorsitzenden Klaus-Uwe Benneter dem Monopolkapitalismus als «Reparaturbetrieb» andient. Die mit großem Brimborium angezettelte akademisch-weltfremde Debatte bringt die Partei erneut in Misskredit. Zudem sieht sich das Bündnis nach der peinlichen Abhöraffäre um den Wissenschaftler Traube dem Verdacht ausgesetzt, es nähme den Rechtsstaat nicht mehr so ernst.

Bei den Gemeindewahlen in Hessen erobert die CDU jedenfalls mit einem Erdrutschsieg zahlreiche «rote Rathäuser», und der Kanzler fällt mal wieder aus der Rolle. Vor seinen Bonner Parlamentariern geißelt er die angeblich verbreitete «Sucht zum Flagellantismus», um den ewigen Kritikern dann unverhohlen mit Konsequenzen zu drohen: Wer glaube, die eigene Regierung anklagen zu müssen, weil ihm die ganze Richtung nicht passe, solle sich gefälligst «eine andere suchen» – doch das Machtwort verhallt. Zwar trennen sich die Soziademokraten von ihrem «Stamokap»-Exponenten Benneter, der an einer Zusammenarbeit mit den Kommunisten festhält, aber Helmut Schmidt steht bereits eine weitere, von ihm als existentiell empfundene Prüfung bevor.

Im Juni verabschiedet die Koalition ihre angekündigte, schwer umkämpfte Steuerreform und muss dabei bis zur letzten Sekunde bangen. Der zwischen SPD und FDP ausgehandelte Kompromiss, die Mehrwertsteuer um einen Punkt anzuheben, um gleichzeitig die Abgaben auf Vermögen zu senken, bringt die Linken auf die Barrikaden. Nach ihrem Urteil werden die Reichen dadurch nur reicher, und erst als Herbert Wehner eindringlich davor warnt, dem möglicherweise wechselwilligen Hans-Dietrich Genscher ein Alibi zum Ausstieg zu verschaffen, langt es zur hauchdünnen Mehrheit. Immerhin stimmen zwei Dissidenten auch nach dem von der «Troika» gemeinsam vollführten Kraftakt mit «Nein», drei enthalten sich.

Die SPD hat von da an mit der Gefahr zu leben, dass in ihren Reihen Abtrünnige jederzeit die Reißleine ziehen können, und die Sitten verwildern. Bei einem von allen Parteien zur Abwehr des Terrorismus initiierten Kontaktsperregesetz legen sich nicht nur gleich sechzehn sozialdemokratische Parlamentarier quer, sondern auch fünf Abgeordnete der FDP. Selbst der in Turbulenzen aufreizend gelassene Willy Brandt spricht besorgt von einem Erosionsprozess der Koalition.

Nur zum kleinen Teil werden dabei noch die alten Schlachten geschlagen. Der Richtungsstreit, den die Genossen nun immer ungezügelter führen, bezieht seine Vehemenz aus der von Helmut Schmidt verfochtenen Wachstums- und Umweltpolitik, allem voran der Nutzung der Kernenergie. Nach Großdemonstrationen in Whyl und Brokdorf steht das Land vor einem fundamentalen Wandel, den in der SPD als prominentester der Vorsitzende der Grundwerte-Kommission, Jochen Steffen aus Schleswig-Holstein, verkörpert: Insbesondere der Kanzler ist für ihn ein verbiesterter Technokrat und Etatist, der die Zeichen der Zeit nicht erkennt.

Erzürnt gibt der «rote Jochen» das Amt auf, aber der ihm nachfolgende einstige Entwicklungshilfe-Minister Erhard Eppler macht seinem ehemaligen Dienstherrn das Regieren genauso schwer. Als Kristallisationsfigur der neuen ökosozialen Bewegung wächst der analytisch begabte Querdenker aus Baden-Württemberg – ein Mann, der, wie Schmidt sauer vermerkt, «niemals Wahlen gewonnen hat» – zum eigentlichen Antipoden heran. Zusammen mit Brandt sieht er im Frühjahr 1977 erstmals die Gefahr einer Spaltung der SPD und der «Ausdifferenzierung grüner Strukturen», die sich alsbald zu einer Partei formieren könnten.

Der Bundeskanzler zieht dagegen verbissen über «die Umweltidioten» her. Tiefgreifende gesellschaftliche, also vornehmlich von der Basis organisierte Umbrüche zu antizipieren, ist er zwar durchaus in der Lage – aber er denkt nicht daran, ihnen den Weg zu ebnen. Und außerdem steht er schon genug unter Druck. Seit dem Rentenkrach ist sein Ruf als Experte für harte Zahlen lädiert. Darüber hinaus erlegt ihm das Gebot, die ins Schwanken geratene FDP bei der Stange zu halten, umso eindringlicher den Nachweis von Führungskraft auf.

Den von seiner Regierung kategorisch ausgeschlossenen generellen Verzicht auf die Kernenergie in Frage stellen zu lassen, erscheint ihm daher gänzlich undenkbar. Und weil er mit dieser Frage sein politisches Überleben verbunden hat, muss es zwangsläufig zu einem Showdown kommen – doch noch immer geht es vor allen Dingen um Schleyer.

Selbst eine strenge Nachrichtensperre hat es nicht verhindern können, dass der gekidnappte Wirtschaftsführer gewissermaßen in einen öffentlichen Dialog mit dem Kanzler tritt. Auf

Videokassetten und in Briefen, die zum Teil ihren Weg in die «Bild»-Zeitung finden, legt er sein Schicksal zwar in die Hände des Krisenstabs, macht aber aus seiner Erwartung keinen Hehl, dass man mit den Entführern endlich konstruktiv verhandelt. Er sei «nicht bereit, lautlos aus diesem Leben abzutreten», heißt es vorwurfsvoll in seinen Botschaften, und die verzweifelte Klage, zum Opfer taktischer Finessen – einer «Menschenquälerei» ohne Sinn – zu werden, sorgt im Volk für einen Stimmungsumschwung.

Nach den schon seit Wochen vergeblichen Versuchen, den Tätern auf die Spur zu kommen und sie dabei so lange wie möglich hinzuhalten, wächst erkennbar das kollektive Mitleid – für Helmut Schmidt eine zusätzliche schwere Belastung. Vom ersten Augenblick an weiß er, dass ihm aus dem Dilemma, vor den Erpressern entweder zu kapitulieren oder den Tod eines Unschuldigen zu besiegeln, nur ein wahres Wunder zu helfen vermag. Einem Austausch, offenbart er dennoch seinen Beratern, würde er nicht einmal im Falle der eigenen Tochter zustimmen.

Und er steht zu dieser Verantwortung. Obschon ihn sein Staatssekretär Manfred Schüler zur Zurückhaltung drängt, nimmt der Kanzler in einer parteiübergreifenden Notgemeinschaft ohne Ausflüchte die Rolle dessen an, der sich am Ende das letzte Wort abverlangt. Er möchte beweisen, «dass ein demokratischer Staat kein Scheißstaat ist, der sich alles gefallen lassen muss».

Aber zunächst einmal erscheint die Lage tatsächlich aussichtslos. Am Morgen des 13. Oktober kapern arabische Hijacker den mit 91 Menschen besetzten Lufthansa-Jet «Landshut» und zwingen Schmidt damit eine noch deutlich verschärfte Alternative auf. Er hat nun wirklich nur noch den Spielraum, die inhaftierten RAF-Größen um Andreas Baader auszuliefern oder tatenlos der Sprengung der inzwischen im afrikanischen Mogadischu gelandeten Maschine zuzusehen. Der Kanzler entscheidet sich, wie er es später nennen wird, «in einer Verbindung höchster Geduld mit höchster Konzentration» für einen dritten Weg: Er schickt den Entführern eine Elite-Einheit des Bundesgrenzschutzes – die zur Terrorbekämpfung eigens gebildete GSG 9 – hinterher und lässt das Flugzeug fast ohne Blutvergießen stürmen.

Schleyer wird im Gegenzug erschossen – für Helmut Schmidt eine traumatische Erfahrung. Der Mann mit der Aura des Machers stößt in der Nacht seines großen Triumphs, dem schon kurz danach der Tiefpunkt folgt, nicht nur an die Grenzen der von ihm verkörperten Staatsmacht; er leidet auch darunter, dass er sich unvermeidlich «in Schuld verstricken musste» und dabei doch seine Pflicht zu erfüllen gehabt hat. «Weiß der Kuckuck», versucht er sich noch Jahre danach zu rechtfertigen, «was andernfalls aus Deutschland geworden wäre.»

Das nur sieben Minuten dauernde Kommando-Unternehmen unter dem Codewort «Magic Fire» geht als eines der wenigen legendären Ereignisse in die Annalen der Nachkriegsrepublik ein, und der Kanzler avanciert zum «Helden von Mogadischu». Als «die Arbeit erledigt» ist, wie ihm sein Mann vor Ort, der Staatsminister im Kanzleramt, Hans-Jürgen Wischnewski, soldatisch zackig am Telefon meldet, schämt sich der Chef seiner Tränen nicht.

Mehr denn je identifiziert sich die Mehrheit der Menschen daraufhin mit einem Staat, der ihnen überzeugend bewiesen hat, dass er sich auch in schwierigster Lage durchsetzen kann, ohne dabei einschneidend die Bürgerrechte zu verletzen. Natürlich ist das Opfer Schleyers eine ebenso schmerzliche Hypothek wie das nahezu parallel zur Flugzeugbefreiung ablaufende Drama im Hochsicherheitstrakt von Stammheim, wo sich der harte Kern der «Roten-Armee-Fraktion» mit vorher eingeschmuggelten Pistolen selber richtet. Aber der Stolz überwiegt. Und die tiefe Genugtuung darüber, die bis dahin schwerste Krise des Landes abgewendet zu haben, trägt in keiner Phase chauvinistische Züge.

Helmut Schmidt, der in den entferntesten Winkeln der Welt gefeierte «tüchtige Deutsche», der im entscheidenden Augenblick bereits einen an den Bundespräsidenten gerichteten Rücktrittsbrief in der Jackentasche trägt, gewinnt danach auch moralisch erheblich an Statur. Wer wisse, räumt er in einer eindrucksvollen Regierungserklärung ein, dass er «trotz allen Bemühens mit Versäumnis und Schuld belastet» sei, werde von sich «nicht sagen wollen, er habe alles getan und alles sei richtig gewesen». Doch im Bewusstsein dieser prinzipiellen Unzulänglichkeit will er sich weiterhin seiner Verantwortung stellen und erbittet dazu, indem er am Ende demutsvoll vom Manuskript abweicht, den Beistand des Himmels.

Seine Landsleute honorieren ihm den Einsatz. Nach Mogadischu und dem, wie er selber sagt, «im antiken Sinne tragischen», aber letztlich glücklich verlaufenen «Deutschen Herbst» ist Schmidt nun so populär, wie es vorher in ihren besten Jahren nur die Regenten Konrad Adenauer und Willy Brandt gewesen sind. Innerhalb weniger Tage erreichen ihn allein aus der Bundesrepublik mehr als siebentausend Dankesbriefe. Seine Führungskraft wird sogar mit jener des ersten «Eisernen Kanzlers», Fürst von Bismarck, verglichen.

Und er nutzt die Gunst der Stunde. Gerade mal zwei Wochen nach der spektakulären Rettung der Geiseln bestimmt der Bonner Star schon wieder die Schlagzeilen der Weltpresse.

In einer Rede im Londoner «International Institute for Strategic Studies», die später als wegweisend bezeichnet werden wird, setzt er sich mit einer brisanten Entwicklung auseinander: Ihn treibt die Sorge um, dass die Supermächte bei den seit Jahren andauernden Bemühungen um eine Reduzierung ihrer nuklearen Waffenpotentiale die auf Europa gerichteten sowjetischen Mittelstreckenraketen vom Typ SS-20 aus dem Blick verlieren könnten – deshalb verlangt er deren Einbeziehung in die laufenden Verhandlungen.

Dass sich der Westen notfalls auch die Option einer Nachbesserung ihrer militärisch prekären Lage offenhalten müsse, sagt er da zwar noch nicht, aber man versteht ihn so. In den USA löst der Alleingang großes Befremden aus, weil sich Jimmy Carter bereits zum Bau einer Neutronenbombe entschlossen hat. Und im Umfeld des Kanzlers tun sich abermals tiefe Gräben auf: Willy Brandt etwa befürchtet, die Beseitigung des beklagten Ungleichgewichts werde letztlich wieder nur zur Aufrüstung führen – eine Kontroverse, die von da an den Keim des endgültigen Zerwürfnisses zwischen den beiden SPD-Größen in sich trägt.

Doch in diesem Spätjahr 1977 ist Helmut Schmidt so stark, dass selbst die Linken den Streit nicht forcieren. Um dem vom Volk fast schon verehrten Regierungschef den nötigen Handlungsspielraum zu geben, nehmen sich seine Gegner auf einem Parteitag in Hamburg zurück. Und auch er, der häufig schwer zu ertragende Imperator, schlägt dort selten erlebte versöhnliche Töne an: Er sei «als Sozialdemokrat» zum Kanzler gewählt worden, er wisse, dass man sich auch auf seine Solidarität verlassen müsse. «Und das könnt ihr», fügt er leise hinzu. Genossenschaft beginne im Übrigen immer «mit der Entdeckung des anderen».

So scheint er nun endlich in seinem «Verein», wie er ihn manchmal nennt, angekommen zu sein. «Mitten in der SPD» stehend, entwickelt der Hausherr in seiner Heimatstadt ein bis dahin kaum denkbares Feingefühl, mit dem er bei den Rechten sogar für seinen Intimfeind Erhard Eppler um Verständnis wirbt und am Ende selbst in der leidigen Kernkraftfrage Kompromissbereitschaft zeigt. Lediglich für den Fall, dass sich die Energielücke nicht anders schließen lässt, soll der Bau weiterer Atommeiler statthaft sein, die Nutzung der Kohle aber Vorrang haben.

In einer Berg-und-Tal-Fahrt ohnegleichen hat es die Kämpfernatur Schmidt binnen einiger Monate geschafft, an den unterschiedlichsten Fronten seine Qualitäten zu beweisen – eine erstaunliche Erfolgsstory, die ihn auch persönlich prägt. Er ist deutlich entspannter geworden und bezieht sich jetzt öfter auf eines seiner wenigen Vorbilder, den römischen «Philosophen-Kaiser» Mark Aurel, dem er seiner «Pflichtauffassung und Gelassenheit» wegen von Kindesbeinen an nacheifert. Da er vorgeführt hat, was er kann, will er sich nun keinesfalls als großer Sieger herauszuputzen.

Er tut auch gut daran. Denn der in Mogadischu empfindlich getroffene Terrorismus lebt danach in den «Revolutionären Zellen», die die linke Protestszene radikalisieren, ebenso weiter, wie zu Anfang der achtziger Jahre die RAF wieder erstarkt. Und der in Hamburg geschlossene Burgfrieden mit der SPD erweist sich gleichfalls als brüchig. Vor allem aber beginnen sich in der Bundesrepublik soziale Bewegungen zu sammeln, die sich der Umwelt und neuen Lebensformen zuwenden. Aus den in zahllosen Splittergruppen frei vagabundierenden sogenannten Ökopaxen werden sich im Januar 1980 die «Grünen» formieren.

Aber noch dreht sich fast alles um Schmidt. Seit den dramatischen Wochen, die der «Deutsche Herbst» ihm bereitet hat, steht der Bundeskanzler im Zenit seiner Karriere. Weder schaden ihm mit dem Abgang Georg Lebers und Werner Maihofers die Rücktritte zweier in Affären verstrickter Minister, noch kratzt das zusehends aufmüpfige Parlament an seinem Superstar-Image. Bei der Verabschiedung des wichtigen Anti-Terror-Gesetzes schrumpft die ihn stützende Mehrheit allerdings auf eine einzige Stimme.

Welch ein Unterschied zu den Monaten tiefster Bedrückung, als ihn geharnischte Vorwürfe deprimierten, sich einen Wahltriumph erschlichen zu haben. Im auslaufenden 1977 und von da ab etwa zwei Jahre lang findet der Bonner Regierungschef zu seiner alten Power zurück. In einer umfassenden, ohne lästige Nebengeräusche vollzogenen Kabinettsumbildung wird im Februar 1978 der Genosse Apel auf die Hardthöhe beordert, während Hans Matthöfer das Finanzministerium übernimmt. Und auch die restlichen in die Führungsmannschaft aufrückenden sozialdemokratischen Kabinettskollegen sind erklärte «Schmidtianer».

Insbesondere aber hilft dem Krisenmanager, dass sich mit Ausnahme der anhaltenden Arbeitslosigkeit die entscheidenden Rahmendaten wieder verbessern. Die von einem Steuerentlastungsprogramm beflügelte Konjunktur festigt seinen jenseits der Grenzen ohnehin schon stabilen Ruf, er könne am erfolgreichsten der Stagnation entgegenwirken, die die meisten westlichen Industrieländer plagt. So steigt er im Juli beim vierten Weltwirtschaftsgipfel, den er mit eindrucksvollem Gepränge in Bonn ausrichten lässt, zu einem in Fragen der Ökonomie globalen Vorreiter auf.

Bereitwilliger als in diesem hochprofessionell inszenierten

«Kanzler-Sommer», wie sogar die «Frankfurter Allgemeine» staunend registriert, scharen sich die internationalen Topstars danach nie mehr um ihn. Die Schmidt-Festspiele beginnen im Mai mit einem Besuch des sowjetischen Staats- und Parteichefs Leonid Breschnew, dem die englische Königin und gleich mehrfach der französische Freund und engste Partner beim Projekt eines europäischen Währungssystems, Valéry Giscard d'Estaing, folgen. Und sie erreichen ihren Höhepunkt Mitte Juli, als der amerikanische Präsident Jimmy Carter am Rhein seine Aufwartung macht. Dazwischen präzisiert der gefragte Deutsche auf einer Sondersitzung der Vereinten Nationen in New York seine Vorstellungen von einer grundlegenden Abrüstung.

Helmut Schmidt in allen Gassen. Keiner sorgt souveräner dafür, dass die unter seiner Leitung stehende Konferenz zu konkreteren Absprachen kommt als alle bisherigen Treffen. Er verspricht, mit rund 13 Milliarden Mark das Wachstum zu stimulieren, wenn die USA ihrerseits die teuren Ölimporte herunterfahren und Japan dem Protektionismus den Kampf ansagt, und die Partner geloben Vollzug. Der Regierungschef des lange «verschämten Riesen» Deutschland, umschmeichelt ihn das «Wall Street Journal» in einem Essay, hat sich in der westlichen Staatengemeinschaft einen der Spitzenplätze erobert.

Die Gewissheit, mit dem außergewöhnlich breiten Spektrum an Kenntnissen selbst den Großen der Welt zu gefallen, trägt ersichtlich zu seiner Entspannung bei. Von den manchmal ungehobelten Manieren, die den politischen Klassenprimus öfter in Misskredit gebracht haben, findet sich in diesen Wochen jedenfalls keine Spur. Stattdessen zollt ihm sogar der US-Präsident Respekt: Dass der Kanzler immer den Einfluss seiner Führungskraft verniedliche, flötet er dem Gastgeber artig ins Ohr, schätze er an ihm «ganz besonders».

Natürlich ist das auch eine dem Schmidt'schen Höhenflug geschuldete Floskel. In Wahrheit kann der auf internationalem Parkett eher amateurhaft agierende Gutmensch Jimmy Carter mit dem Hamburger Profi ebenso wenig anfangen wie jener mit ihm – aber dem weltweit gepflegten Image des Deutschen gilt es Rechnung zu tragen. Schließlich liegen ihm von Japan («ein Meister der Ökonomie») über die USA («Er hat die Dynamik Napoleons») bis hin zu Frankreich, das ihn bereitwillig als «unser aller Vertreter» akzeptiert, die maßgeblichen Industrieländer zu Füßen.

Alle hätten ein neues Schmidt-Bild, notiert das Magazin «Der Spiegel» im August 1978 und bemüht sich tastend, den eindrucksvollen Wandel zu deuten, den er wirksam zur Schau zu stellen versteht: «Ist es die Abgeklärtheit nach vier glimpflich überstandenen Jahren im Palais Schaumburg, die den zweiten SPD-Kanzler der westdeutschen Republik so gelassen macht?», forscht das Blatt ungewohnt sensibel und ergeht sich dann affirmativ in weiteren rhetorischen Fragen: «Ist es das Gefühl, das Mindestsoll für die Geschichtsbücher geleistet zu haben, ähnlich wie Willy Brandt nach Abschluss der Ostverträge? Oder hat er letztlich nur ein Meisterstück von Taktik und Selbstdisziplin vollbracht?» Jedenfalls genießt er seinen Ruhm. Vorbei scheinen die betrüblichen Zeiten, in denen sich der Kriegsteilnehmer und verspätete Einsteiger in das sogenannte normale Leben um seine Chancen betrogen sah. Seit er derart umgarnt wird, hat sich die ehedem zwischen Anspruch und Wirklichkeit klaffende Lücke endlich geschlossen – eine, wie der Kanzler in nachdenklichen Momenten anerkennt, glückliche Fügung, die ihn mit Dankbarkeit erfüllt.

Es gebe da einen «Prozess der Läuterung», gesteht er am Vorabend seines 60. Geburtstages und erfreut sich an einer Grußadresse, die ihm eine publizistische Weggefährtin zukommen lässt. «Es ist schade», schreibt darin die Journalistin Marion Gräfin Dönhoff, «dass alle Menschen älter werden – aber bei manchen lohnt es sich.»

Mit welcher Selbstverständlichkeit das Trumpf-Ass aus Bonn inzwischen zum innersten Führungszirkel der westlichen Welt zählt, zeigt sich dann vor allem bei einer Konferenz, die ihn im Januar 1979 zum gleichberechtigten Partner der «großen drei» befördert. Auf der Karibikinsel Guadeloupe entwickelt Schmidt mit den Staats- und Regierungschefs der USA, Großbritanniens und Frankreichs, Jimmy Carter, James Callaghan und Valéry Giscard d'Estaing, die Grundzüge eines Rüstungskontrollprogramms, das sich in den folgenden Monaten als «Nato-Doppelbeschluss» zum gewichtigsten aller Vertragswerke in seiner Ära ausweiten wird.

Der Kontrakt, der die Sowjetunion zwingen soll, in Verhandlungen über die Wiederherstellung eines in Europa verlorengegangenen atomaren Gleichgewichts der Kräfte einzuwilligen, fußt in erster Linie auf den wachsenden Besorgnissen der deutschen Regierung. Seit seiner Rede in London hat der Bundeskanzler immer wieder gemahnt, dass die bereits längere Zeit laufenden «Salt II»-Gespräche zwar die sogenannten *strategischen*, also unmittelbar aufeinander bezogenen Nuklearpotentiale der beiden Großmächte neutralisieren könnten, die auf dem Kontinent vorherrschenden nuklear*taktischen* und konventionellen Disparitäten darüber aber umso verhängnisvoller in Erscheinung träten.

Helmut Schmidts zunehmende Zweifel an der Entschlossenheit der Vereinigten Staaten, etwa Angriffe auf seine Heimatstadt mit einem atomaren Vergeltungsschlag zu beantworten – der dann unweigerlich auch amerikanische Metropolen in Gefahr brächte –, kommen nicht von ungefähr. Eine seit Oktober 1973 unter dem Rubrum «MBFR» in Wien anberaumte Dauerkonferenz, die «die gegenseitige Verminderung von Streitkräften und Rüstungen» sicherstellen soll, ist schon dadurch praktisch ad absurdum geführt worden, dass der Kreml unentwegt neue, mit nuklearen Dreifachsprengköpfen bestückte Mittelstreckenraketen vom Typ SS-20 auf westeuropäische Ziele richtet. Aber die seltsam träge US-Administration scheint das kaum zu interessieren.

Natürlich kennt der regierende Bonner Wehrexperte von Anfang an das Dilemma, einerseits dem moralischen und politischen Anspruch auf Begrenzung der menschheitsgefährdenden Arsenale zu genügen und andererseits die Abschreckung zur Verhinderung eines Krieges voll aufrechterhalten zu müssen. Das verlangt nach seiner Logik, notfalls zunächst an der Rüstungsschraube zu drehen, um erst dann – auf dem Fundament der «Ausgewogenheit aller Komponenten» – das «Gewaltverzichtsprinzip auch im militärischen Kräfteverhältnis sichtbar zu machen».

Weil er glaubt, dass sich der Westen damit eine bessere Verhandlungsposition gegenüber Moskau erarbeiten kann, hat er zu Beginn des Jahres 1978 sogar die vom US-Präsidenten angekündigte Entwicklung einer «Neutronenbombe» unterstützt – eine Innovation, die weltweit helle Empörung hervorruft. Nicht nur der SPD-Bundesgeschäftsführer Egon Bahr nennt die Gefechtsfeldwaffe, die alles Leben zerstört, aber Materialschäden in Grenzen hält, ein «Symbol der Perversion des Denkens». Jimmy Carter selber verschiebt den Plan, als ihm

Helmut Schmidt den Blankoscheck für eine Stationierung auf deutschem Boden verweigert.

Die Beziehungen zwischen den politischen Führern der beiden wichtigsten NATO-Staaten sind von da ab irreparabel beschädigt, doch ihre gemeinsame Interessenlage setzt sie angesichts der fortschreitenden sowjetischen Aktionen unter Handlungsdruck. Auf Guadeloupe vereinbaren die westlichen Siegermächte deshalb unter Einschluss der Bundesrepublik, das in Europa herrschende atomare Gefälle durch den Bau und eine räumlich sinnvoll erscheinende Verteilung moderner Pershing-II-Raketen und Marschflugkörper einzuebnen. Der Beschluss soll nur dann nicht realisiert werden, wenn mit dem Warschauer Pakt eine Einigung über die Reduktion seiner Potentiale erzielt werden kann.

Dass er nun in militärstrategischen Fragen zu den Stichwortgebern der internationalen Staatengemeinschaft gehört, schmeichelt dem Kanzler, doch er sorgt sich auch. Sosehr er darauf drängt, das bestehende Ungleichgewicht zu beheben, will er die deutsche Entspannungspolitik nicht gefährden, also jeden Alleingang vermeiden. Wenn denn tatsächlich stationiert werden müsse, verlangt er unmissverständlich, sei das nur im Zusammenwirken mit anderen NATO-Ländern denkbar. Auf keinen Fall aber dürfe die im Zentrum einer möglichen Auseinandersetzung liegende Bundesrepublik in eine «singuläre Lage» geraten.

So sitzt er schon bald zwischen allen Stühlen. Seine Bündnispartner argwöhnen, dass ausgerechnet der hartnäckigste Befürworter des Beschlusses von Guadeloupe eine befremdliche Rücksichtnahme auf die Empfindlichkeiten Moskaus offenbare, während sich daheim gleich mehrere Fronten herausbilden. An der einen stehen die alarmierten Sozialdemo-

kraten, die in ihrer Mehrheit im Grunde allein den «Verhandlungsteil» der Abmachung für akzeptabel halten. An einer
zweiten allen voran der bayerische Ministerpräsident Franz Josef Strauß, der das Junktim Schmidts verächtlich als «Schleier-
tanz» attackiert. Darüber hinaus macht die Öko- und Friedensbewegung mobil.

Doch der Kanzler ist davon überzeugt, dass nur eine Mixtur
aus Nachrüstungsoption und Gesprächsangebot die Sowjetunion zu Zugeständnissen veranlassen werde. Obschon ihm
die starken Männer im Kreml mehrfach die kalte Schulter
zeigen, setzen die Außen- und Verteidigungsminister der vierzehn NATO-Mitgliedstaaten Ende des Jahres einen Beschluss
um, der letztlich auf seine Initiative zurückgeht: Der Nordatlantikpakt verständigt sich darauf, das Defizit bei den eurostrategischen Atomwaffen bis 1983 durch neue Raketen auszu-
gleichen; der Schlüssel zu einer anderen, womöglich gar einer
«Null-Lösung» liegt von nun an in Moskau.

Im politischen Leben Helmut Schmidts ist das trotz Mogadischu fraglos die folgenschwerste Entscheidung, die ihm knapp
drei Jahre danach das Amt kosten wird. Die vom Kanzler bereits in London eingeräumte «scheinbare Absurdität», wonach
die Gefahren des Wettrüstens und die Möglichkeiten seiner Begrenzung «näher als je zuvor» beieinanderlägen, bereitet ihm
von vornherein enorme Probleme. So entschlossen der Koalitionspartner diese vermeintlich widersinnige sicherheitspolitische Konzeption mitträgt, so sehr lässt ihn seine eigene Partei
schließlich im Stich.

Und das umso lieber, als sich zwischen der SPD und ihrem
Regierungschef noch im Dezember des für Schmidt glorreich
verlaufenen Jahres 1978 wieder ein zweiter tiefer Graben auf-
tut. Die OPEC schockiert die westlichen Industrieländer mit

einer abermaligen drastischen Ölpreiserhöhung, die die Kosten binnen weniger Monate in mehreren Schritten auf 32 Dollar pro Barrel treibt. Gemessen etwa an der Amtszeit Kurt Georg Kiesingers ist das eine Steigerung von annähernd 2000 Prozent und für den sozialdemokratischen Kanzler Grund genug, wieder den Ausbau der Atomkraft zu forcieren.

So gelingt es ihm zunächst einmal, die Fortentwicklung des Plutonium erzeugenden «Schnellen Brüters» von Kalkar durchzupauken, während der Bundestag mit einer im März 1979 eingesetzten Enquetekommission zur künftigen Kernenergiepolitik auf der Stelle tritt. Stattdessen erhalten die gegen die Staatsmacht anrennenden Bürgerinitiativen beachtlichen Zulauf. Nach einem schweren Störfall im Atommeiler Three Mile Island nahe der amerikanischen Stadt Harrisburg bringt eine Bekanntgabe der hannöverschen Landesregierung die Öffentlichkeit auf die Barrikaden: Sie will in den Salzstöcken von Gorleben eine nukleare Wiederaufbereitungsanlage errichten, doch die Massendemonstrationen treiben den niedersächsischen Ministerpräsidenten Ernst Albrecht derart in die Enge, dass er entnervt die Konsequenzen zieht.

Das von Bonn aus mit beträchtlichen Hoffnungen gesteuerte integrierte Entsorgungskonzept hat sich damit erledigt, und auch das zweite bedeutende Thema dieser Monate, Helmut Schmidts gewagte militärstrategische Option, erleidet im Juni einen herben Rückschlag. In Wien unterzeichnen Carter und Breschnew endlich ihren «Salt II»-Vertrag – über das Guadeloupe-Projekt dagegen verlieren die Chefs der beiden Supermächte zum Entsetzen des Bundeskanzlers, der ja in erster Linie einen Dialog über das Ungleichgewicht atomarer und konventioneller Kapazitäten in Europa erzwingen möchte, kein einziges Wort.

Hat ihn der US-Präsident wie bei der Neutronenwaffe – für die er im Parlament nur deshalb um Zustimmung warb, weil er mit ihr ein weiteres Druckmittel in die Hand bekommen wollte – kaltschnäuzig ins Leere laufen lassen? Konsterniert muss er nach dem aufschlussreichen Schweigen in Wien zur Kenntnis nehmen, dass sich sein Einfluss auf die Großen der Welt letztlich in Grenzen hält.

Schmidts Groll über den «unzuverlässigen Erdnussfarmer aus Georgia», wie er ihn in einem Wutanfall tituliert, wurzelt auch deshalb so tief, weil ihm dessen Sprunghaftigkeit zusätzlich den Job erschwert. Zur neu aufflammenden Wirtschaftskrise und zu den eskalierenden Kontroversen um die Kernkraft gesellt sich so die anscheinend ins Aussichtslose driftende Verteidigungspolitik, die ihn seinen Sozialdemokraten immer stärker entfremdet.

Doch die Genossen, die sich nach ihrer früheren Rolle als Anwälte des Friedens und der Entspannung zurücksehnen, trauen sich noch nicht. Auf einem turbulenten Bundeskonvent im Dezember in Berlin zeigt sich der kämpfende Regierungschef einmal mehr von seiner besten Seite. Mit Leitanträgen des Vorstandes, die sowohl die Schmidt'sche Balance of Power als auch die von ihm vertretene Nutzung der Kernenergie stützen, ringt er der innerparteilichen Opposition die erforderlichen Mehrheiten ab. Allerdings lässt der wieder deutlich Regie führende Willy Brandt kaum noch verbrämt seine Skepsis durchblicken.

So hat der Kanzler nun wenigstens das Mandat, seinen Außenminister Hans-Dietrich Genscher einige Tage danach auf einer NATO-Tagung mit der Verabschiedung des Doppelbeschlusses zu betrauen – aber die Chancen einer baldigen Umsetzung im Sinne der von ihm favorisierten Verhandlungsofferte verschlechtern sich dramatisch. Düsterer Jahresausklang 1979: Schon zwei Wochen später fällt die Sowjetunion in Afghanistan ein.

Die Dekade der Achtziger beginnt in der Bonner Republik mit einem Ereignis, das die parlamentarische Mehrheitsbildung im Laufe der Zeit nachhaltiger beeinflusst als alle vorausgegangenen Zäsuren: In Karlsruhe vereinigen sich Bürgerinitiativen und ökologisch-pazifistische Zirkel zur Bundespartei «Die Grünen» und ziehen bereits im Frühling in Baden-Württemberg in den Landtag ein. Die Protestszene – so chaotisch der Transformationsprozess zunächst einmal abläuft – verfügt von da an nicht nur über ein Auffangbecken. Sie trifft auch nahezu alles, wovon sich die sozialdemokratische Führung in ihren bündnisstrategischen Überlegungen hat leiten lassen, empfindlich an der Wurzel.

Ohne Schmidt und seinen rigiden zivilen wie militärtechnischen Atomkurs hätte dazu wohl kaum die Kraft gereicht. «Wir sind ja praktisch die Kinder seiner Politik», wird ihm einige Jahrzehnte danach einer der Initiatoren, Daniel Cohn-Bendit, ins Gesicht sagen. Aber der bei diesem Thema abweisende Altkanzler reagiert darauf ebenso wenig, wie der damalige Regierungschef die neue Lage nur mit Spott zur Kenntnis nimmt. Schon in ihrer Geburtsstunde tut er die lästige Konkurrenz lapidar als «Modeerscheinung» ab, die ihm höchstens in ihrer «Eindimensionalität» schädlich erscheint.

Bedenkt man die Folgen, die sich aus der Gründung ergeben, ist das eine mehr als erstaunliche Analyse. Sieht der Stratege Schmidt nicht, dass eine strikte Zurückweisung der neuen Partei auf Dauer die Machtperspektive der SPD untergraben müsste – oder will er es nicht sehen? Vieles spricht dafür, dass er sich einfach nicht vorstellen kann, eine grüne und die von ihm selbst verfolgte Programmatik könnten je miteinander vereinbar sein. Zumindest fehlt es Helmut Schmidt, der in den bisherigen Bonner Koalitionen stets ein verlässlicher Partner gewesen ist, an der nötigen Bereitschaft.

Sollen die Ökopaxe ihren schillernden Weltverbesserungsträumen nachjagen: Der regierende Sozialdemokrat glaubt sich vor bedeutsamere Herausforderungen gestellt. Im Herbst stehen Bundestagswahlen an, und mit Franz Josef Strauß bewirbt sich ein Gegenkandidat um das wichtigste Amt im Lande, der ihm erkennbar Respekt einflößt. Im Vergleich zu der nach seinem Urteil eigentlichen Alternative, die sich den Bürgern bietet – und die er als brandgefährlich zu enttarnen hofft –, sind ihm die vermeintlichen Quertreiber ziemlich schnuppe.

Darüber hinaus hat der Kanzler der schon damals vom Sog der Globalisierung erfassten Deutschen andere Sorgen, als sich mit ungezogenen Blumenkindern herumzuschlagen. Nach dem Einmarsch sowjetischer Truppen in Afghanistan wandelt sich der Friedensfreund Carter im Verhältnis zu Moskau abrupt zum Falken und erklärt das Jahrzehnt der Entspannung für praktisch beendet. Das vom amerikanischen Senat unverzüglich stornierte «Salt II»-Abkommen, aber auch filigrane strategische Kunststücke wie der NATO-Doppelbeschluss scheinen auf der Prioritätenskala des aufgebrachten US-Präsidenten nur noch von untergeordneter Bedeutung zu sein.

Für Schmidt und seine «Gesamtphilosophie», sich einerseits «verteidigungsfähig zu halten», andererseits aber die Absicht zur Kooperation mit den Russen nicht aufzugeben, brechen harte Zeiten an. Im März wirft ihm der Herr im Weißen Haus, der ebenfalls Wahlen zu bestehen hat, in Washington sogar mangelnde Unterstützung vor: Die Bundesrepublik habe sich weder auf den Boykott der im Sommer in Moskau stattfindenden Olympischen Spiele festgelegt, noch scheine sie bereit, den von ihm, Carter, verkündeten Handelsbeschränkungen zuzustimmen. Nur mit Mühe gelingt es dem Besucher, sich weitgehender Verpflichtungen zu entziehen und die Pläne zur Rüstungskontrolle aufrechtzuerhalten.

Der große Zusammenstoß mit dem launischen Führer der westlichen Welt lässt dann trotzdem nicht lange auf sich warten. Als der US-Präsident verbreitet, der Partner in Bonn beginne den Doppelbeschluss selber mit neuen Betrachtungen zu verwässern, kommt es am Vorabend des fünften internationalen Wirtschaftsgipfels in Venedig zum Eklat. Er sei es gewohnt, seine Gedanken in Worte zu fassen, «ohne vorher jemand anderen zu fragen», beharrt der Kanzler und verbittet es sich, an seiner Zuverlässigkeit zu zweifeln. Er werde bei seinen bevorstehenden Gesprächen im Kreml von den getroffenen Vereinbarungen keinen Deut abgehen.

Immerhin sucht das Kabinett Schmidt/Genscher dem höchsten politischen Repräsentanten Amerikas insofern zu gefallen, als nun auch die westdeutschen Athleten Olympia entsagen müssen – ein Kotau vor Carter, der die Reise nach Moskau erst ermöglicht –, doch die sowjetischen Gastgeber zeigen Verständnis. Am Ende darf der Kanzler sogar mit einem ermutigenden Resultat nach Hause fahren: Zwar versteifen sich Breschnew und seine Generäle darauf, dass zwischen den Militärblöcken bereits ein «ungefähres Gleichgewicht» bestehe, sperren sich bei den eurostrategischen Nuklearwaffen aber nicht mehr gegen «Vorverhandlungen».

Und Schmidt tritt sichtlich zufrieden seinen Sommerurlaub am Brahmsee an. Dank seiner und der Bemühungen seines

Vertrauten Giscard, so erklärt er da mit dem üblichen Selbstbewusstsein, habe sich die im Frühjahr herrschende «explosive Sprachlosigkeit» in den internationalen Beziehungen aufgelöst, eine allem voran dem eigenen Land dienliche Entwicklung. In den letzten Tagen des August soll ein lange geplanter Besuch in der DDR stattfinden, der ohne die in Moskau erzielte Übereinkunft sicher nicht denkbar sein würde.

Doch der Bundeskanzler unterschätzt die Komplexität der Lage. Noch während er in seinem «lütt Hus» Statistiken über europäische Agrarsubventionen studiert oder im Übrigen einem «ganz unglaublichen Schlafbedürfnis» nachgibt, braut sich im benachbarten Polen ein neues, das fragile Ost-West-Gefüge letztlich schwer erschütterndes Ereignis zusammen. Auf der Danziger Leninwerft streiken Schiffbauer gegen die Heraufsetzung der Fleischpreise, ein im kommunistischen Herrschaftsbereich kaum für möglich gehaltener Akt des Widerstands. Er greift in wenigen Tagen auf die gesamte Küste über und führt zur Gründung der freien und selbstverwalteten Gewerkschaft «Solidarność». Helmut Schmidt hält es daher für ratsam, sein Treffen mit Erich Honecker abermals zu verschieben.

Stattdessen konzentriert er sich nun ganz auf das zentrale innenpolitische Schlachtfeld, seinen Wahlkampf gegen Franz Josef Strauß. Das von den Medien zum «Duell» hochgejubelte Kräftemessen soll nach dem Willen des konservativen Matadors endlich eine Art Grundsatzentscheidung darüber herbeiführen, welchen Kurs die Bundesrepublik künftig einzuschlagen gedenkt. Es wird dann aber lange weit unterhalb solcher Erwartungen bleiben. Der in seinen Fähigkeiten wohl ebenbürtige, andererseits vergleichsweise unbesonnen emotionale Bayer kann dem aufreizend kühlen Hanseaten nie den Rang ablaufen. Schon die Ankündigung seiner Kandidatur beschert der SPD bei den nachfolgenden Landtagswahlen ungeahnte Erfolgserlebnisse.

Dass Schmidt den Rivalen, der in einem nervenaufreibenden unionsinternen Ringen die Konkurrenten Albrecht und Kohl weggebissen hat, respektlos als «Wunschgegner» bezeichnet, ist Teil einer vor allem mit psychischen Tricks geführten Kampagne. Aus Gründen der «politischen Hygiene», tönt der Kanzler, setze er sich lieber mit einem Mann auseinander, der «bei den Schwarzen ja ohnehin das Sagen» habe, und scheut sich nicht einmal, dessen «ungeheure Begabung» zu loben. Strauß' Fachwissen wie seiner Intelligenz stehe allerdings ein eklatanter Mangel an Selbstkontrolle und deshalb eine große Unberechenbarkeit im Wege.

Im Kern prallen da zwei in ihrem Temperament krass unterschiedliche, aber auch – wie das Magazin «Stern» es formuliert – «austauschbare Identitäten» aufeinander. Beide tragen als ehemalige Kriegsoffiziere lebenslange Prägungen mit sich, haben in der jungen Republik auf ähnliche Weise Demokratie «gelernt» und ihren rasanten Aufstieg gemanagt, um sich dann robust gegenüber weniger tüchtigen Wettbewerbern auf ihre einzigartige Kompetenz zu berufen. Fast schon kameradschaftlich wird man sich später wechselseitig mal als «alter Gauner», mal als «alter Lump» begrüßen und die vermeintlich tiefverwurzelte Feindschaft mit einem verräterisch auffälligen Augenzwinkern relativieren.

Kanzler kann natürlich nur einer sein, weshalb der mental offenkundig überlegene Helmut Schmidt keine Gelegenheit auslässt, den Herausforderer in seiner «Gefährlichkeit» an den Pranger zu stellen. Der sei wahrscheinlich «friedenswillig», aber leider nicht «friedensfähig», lautet die ständig wiederholte Parole, mit der er sich bei der Mehrheit der Bundesbürger Gehör verschafft. So fällt der Versuch der SPD, gegen den affektgeladenen und im Übrigen von Affären gebeutelten bayerischen Ministerpräsidenten ein regelrechtes Plebiszit zu organisieren, auf fruchtbaren Boden. Fast wie zu Zeiten Willy Brandts gründen sich in der Bundesrepublik massenhaft Aktionsbündnisse, die den ungeliebten Kandidaten auf Schritt und Tritt verfolgen und ihn nicht selten systematisch verteufeln.

Und der christsoziale Aspirant reagiert, wie von seinen Gegnern erhofft. Je näher der Wahltag heranrückt, umso nachdrücklicher entspricht er seinem Klischee, im Ernstfall Mitte und Maß zu verlieren. Während der Amtsinhaber meistens den abgeklärten Staatsmann gibt, werden Veranstaltungen mit dem Rivalen zu Hexenkesseln, die an Weimarer und schlimmere Verhältnisse erinnern. Mit jeder Entgleisung seines bis zur Weißglut gereizten Antipoden, der den Sozialdemokraten als «moskauhörig» oder «reif für die Nervenheilanstalt» denunziert, wächst beim Wahlvolk der ohnehin schon gewaltige Sympathievorsprung Schmidts.

Zu guter Letzt trennen sich zwei Akteure, die in ihren jeweiligen Lagern die Kraftzentren deutscher Politik verkörpern, mit dem erwarteten Resultat: Für Strauß, der ohne Bündnispartner antreten muss, bedeuten die auf die Union entfallenden 44,5 Prozent der Stimmen das Ende aller Träume. Gemessen an Helmut Kohls Kandidatur ist das immerhin ein Minus von 4,1 Prozentpunkten, und dass die Konservativen im Parlament stärkste Fraktion bleiben, kann der alte und neue Regierungschef, dessen Partei gegenüber 1976 nur unwesentlich zulegt, leicht verschmerzen.

Alle Wahlanalysen ergeben, dass sich Helmut Schmidt aus

mehreren Gründen zu Recht als Sieger empfinden darf: Nicht die SPD hat den gefürchteten Rechtsausleger aus München auf Abstand gehalten, sondern ein höchst stabiler Kanzlerbonus. Der kommt vor allem den Liberalen zugute und marginalisiert noch einmal die Grünen.

Achtes Kapitel

«Damit stehe ich und falle auch damit»:
Kanzler (III)

Auf den ersten Blick sieht es am Abend des 5. Oktober 1980 so aus, als habe der Kanzler weit mehr als nur ein Etappenziel erreicht. Die Regierung verfügt nun über einen Vorsprung von 45 Mandaten – ein «in Zeiten der Grippe», wie Schmidt scherzend anmerkt, besonders wertvolles Plus. Und selbst der Umstand, dass die von 7,9 auf 10,6 Prozent der Stimmen angewachsenen Liberalen den Löwenanteil zu dieser neuen Stabilität beitragen, passt ihm durchaus ins Kalkül. Die Stärke des Partners könnte der ungebärdigen Opposition in den eigenen Reihen zu denken geben und der Kabinettsdisziplin dienen. Schließlich hat die FDP mit seinem Konterfei geworben.

Kommentatoren aus allen Lagern prophezeien ihm eine längere Phase der persönlichen und politischen Erholung, und bei einer Amerika-Reise, die er wenige Wochen nach seinem Triumph über Franz Josef Strauß antritt, scheint sich diese Einschätzung zu bestätigen. In Washington empfängt ihn der inzwischen ins Weiße Haus eingezogene Ronald Reagan zu ersten Gesprächen über Rüstungskontrolle und Wirtschaftsfragen, die dem Gast zu Hoffnung Anlass geben. Kumpelhaft würdigt der unkonventionell auftretende Hausherr den Sozialdemokraten aus Bonn als großen Staatsmann, während der Kanzler zum republikanischen Hardliner offenbar einen weit besseren Draht findet als noch zu dessen Vorgänger Jimmy Carter.

Andererseits kündigen sich die bald unter dem Begriff «Reaganomics» eingeleiteten Umbrüche an. Der populistische US-Präsident will trotz zunehmender Haushaltsdefizite mit einer Kombination aus Inflationsbekämpfung und schrittweiser Absenkung der Steuern die gebeutelte Konjunktur ankurbeln – für Helmut Schmidt ein gefährlicher Weg. Er fürchtet, dass die vermehrten Staatsschulden zu einer erheblichen Anhebung der Zinsen und somit einem bedrohlich starken Dollar führen werden, der die Rezession in Europa verschärft.

Auf dem Rückflug fließen diese Gedanken in die Vorbereitung seiner Regierungserklärung ein, in der er einen Monat nach seiner Wahl eine staubtrockene Beurteilung der Lage vorträgt. Von der Notwendigkeit, die Verteidigungsausgaben zu erhöhen, bis zum Zwang, die Ölimporte drastisch zu reduzieren, listet der Redner alle aktuellen Übel der Welt auf – und seine demonstrativ zur Schau gestellte Unlust, den Krisenkatalog zumindest mit ermutigenden Zukunftsentwürfen aufzulockern, lässt die Kritiker in seiner Fraktion ratlos zurück. Zu keiner Zeit, beschwert sich etwa der selbst zum Pessimismus neigende Erhard Eppler, hätten Bonner Kanzler zu Beginn einer Legislaturperiode eine ähnliche «Atmosphäre geistiger Öde» verbreitet.

Aber Schmidt glaubt nicht anders zu können, als den überraschten Deutschen die Wirklichkeit vor Augen zu führen. Nachdem der Wahlkampf mit seinen verheißungsvollen Floskeln vorbei ist, öffnet sich für ihn wieder der Blick auf die wahren Verhältnisse, und die sind ernüchternd. Die abermals explodierenden Ölpreise haben die Weltkonjunktur so stark getroffen, dass auch die Bundesrepublik in schwere Stürme gerät: Ansteigende Zinsen und der besorgniserregende Schwund der D-Mark bescheren der Regierung ein Leistungsbilanzdefizit, das massenhaft zu Konkursen führt und die Arbeitslosigkeit in neue Rekordhöhen treibt.

Dass der Kanzler gerade auf seinem Spezialgebiet, der Ökonomie, ins Gerede kommt, verwundert die Experten nicht. Binnen dreier Jahre, so rechnet ihm der Sachverständigenrat vor, sind die Ausgaben des Staates um fast ein Drittel gewachsen, eine Folge der wirtschaftspolitischen Kehrtwende vom Herbst 1977, als die sozial-liberale Koalition kräftig am Geldhahn drehte. Was danach einen deutlichen Aufschwung bewirkte, wird dem seinerzeit allseits gerühmten Volkswirt nun als Sünde wider den Geist soliden Finanzgebarens angekreidet.

Wohin er im Laufe des Jahres 1981 sieht, bedrücken ihn Bilder des zivilen Ungehorsams im Land. Im Januar marschieren in Schleswig-Holstein annähernd 80 000 Gegner der Kernkraft auf, die den in Brokdorf geplanten Bau eines Atommeilers verhindern wollen und mit bürgerkriegsähnlichen Ausschreitungen wochenlang die öffentliche Debatte bestimmen. Mehr als 300 000 Menschen versammeln sich im Oktober im Bonner Hofgarten, um gegen die drohende Nachrüstung zu protestieren, und noch einmal 70 000 vom Deutschen Gewerkschaftsbund mobilisierte Arbeiter gehen einen Monat später gegen die neue Sparpolitik und «soziale Demontage» in Baden-Württemberg auf die Straße.

Der «Volkskanzler», dem zusehends weite Teile des Volkes davonlaufen, verliert auch auf internationalem Terrain an Gewicht. Im Mai muss der französische Staatspräsident Valéry Giscard d'Estaing seine Macht an den Sozialisten François Mitterrand abtreten, womit für Helmut Schmidt vor allem ein in seinen währungspolitischen Ambitionen kaum zu ersetzender Stützpfeiler wegbricht. Dessen vergleichsweise verschwenderisch regierender Nachfolger liegt ihm zunächst ebenso wenig wie die seit 1979 in Großbritannien herrschende europafeindliche «Eiserne Lady» Margaret Thatcher.

Und im heimischen Bonn gehen ebenfalls wichtige Gefolgsleute von Bord. Sein ehedem engster Zirkel, das reibungslos miteinander harmonierende «Kleeblatt» Hans-Jürgen Wischnewski, Manfred Schüler und Klaus Bölling, hat sich in andere Ämter verabschiedet – und der Kanzler leidet. Seit längerem plagen ihn unerklärliche Schwindel- und Ohnmachtsanfälle, die mitunter sogar Gedächtnisstörungen hervorrufen. Seine Beschwerden klingen erst ab, als ihm Ärzte einen Herzschrittmacher implantieren.

Liegt es auch an dieser Krankheit, dass er sich manchmal in eine Art Bunkermentalität zu flüchten scheint? Nicht nur irritierte Parteifreunde werfen ihm vor, er, der Inhaber der Richtlinienkompetenz, erschöpfe sich fast ausnahmslos in einem auf das Ökonomische und Militärstrategische fixierten Krisenmanagement, statt in Zeiten des Wandels über Grundwerte und Sinnfragen nachzudenken. Linksintellektuelle wie der Dichter Günter Grass oder Konservativ-Liberale, etwa der Schmidt durchaus gewogene spätere Bundespräsident Richard von Weizsäcker, vermissen beim sozialdemokratischen «Macher» die seit langem überfällige «geistige Führung».

Doch den Kanzler nimmt schon das nervenaufreibende Tagesgeschäft gefangen. Bereits mit Beginn der 9. Legislaturperiode wird ihm bewusst, dass seine Annahme, nach dem Sprung über die Hürde Strauß ein weitgehend freies Feld vor sich zu haben, auf falschen Prämissen beruht. Der Sieg vermag die eigentlichen Probleme nur kurzfristig zu überlagern. Wenngleich es ihm vorerst gelungen ist, den parlamentarischen

Zweig der Friedens- und Ökologiebewegung auf mickrige anderthalb Prozent der Wählerstimmen zu reduzieren, entsteht mit den Grünen ein neuer Unsicherheitsfaktor, und im sozialliberalen Bündnis verschiebt sich das Kräfteverhältnis deutlich zu seinen Ungunsten.

Von Anerkennung dafür, dass die Freien Demokraten ihren Erfolg vor allem dem Bekenntnis zu Helmut Schmidt verdanken, jedenfalls keine Spur. Natürlich erklärt sich der Partner gerne bereit, im Einklang mit den linientreuen Genossen die SPD-Linke in Schach zu halten, er pocht aber auch zugleich darauf, seine beachtlichen Gewinne in größere Eigenständigkeit umzusetzen.

Schon in den ungewöhnlich zähen Koalitionsgesprächen drängen die blau-gelben Wortführer im ökonomischen und sozialen Bereich auf einschneidende Veränderungen, die den Kabinettsherrn sofort in die Zwickmühle bringen. Dass dem marktradikalen Wirtschaftsminister Otto Graf Lambsdorff der ganze Kurs prinzipiell gegen den Strich geht, stört ihn dabei weniger als die plötzliche Rigidität von Hans-Dietrich Genscher. Hat er den nicht immer ausgesprochen fair behandelt? Und nun beginnt der gewiefte Taktiker bei den Beratungen über den Haushalt 1982 schweres Geschütz aufzufahren: Das Land stehe an einem «Scheideweg», tönt der ansonsten eher verhalten argumentierende Parteivorsitzende in einem Brief an seine Abgeordneten und nimmt zum ersten Mal das Reizwort «Wende» in den Mund.

Bei Helmut Schmidt schleicht sich während des Ringens um einen Sparetat der Verdacht ein, dass sich die Liberalen mit Absprunggedanken tragen. Schließlich treffen die von der FDP geforderten harschen Eingriffe in Leistungsgesetze, etwa eine Begrenzung der Lohnfortzahlung im Krankheitsfall oder die Kürzung des Arbeitslosengeldes, vor allem die sozialdemokratische Klientel. Außerdem sind dem Kanzler die intensiven Kontakte Genschers zum Duzfreund Kohl, der das Intermezzo seines Rivalen Strauß einfach locker ausgesessen hat und in Bonn unangefochten in die Rolle des Oppositionschefs hineinwächst, nicht lange verborgen geblieben.

Aber noch setzt er auf Befriedung, indem er einige der von seinen Partnern verlangten Einschränkungen vorsichtig «wegverhandelt» und damit bei der SPD auf Widerstand stößt. Nicht allein die «Staatsinterventionisten» in seiner Partei, auch die Gewerkschaften halten die Instrumente der Marktwirtschaft angesichts der grassierenden Beschäftigungsmisere für weitgehend verbraucht. Der typische Machtmensch Helmut Schmidt sorge sich dagegen immer nur um seine Koalitionsfähigkeit.

So wirkt der Kanzler mal wieder als Egozentriker, der stur seine eigenen Ziele verfolgt. Tatsächlich mündet zumindest seine Weigerung, die unabweisbaren Veränderungen im Parteiensystem zur Kenntnis zu nehmen, spätestens nach den Wahlen zum Berliner Abgeordnetenhaus in eine strategische Sackgasse. Der im Januar 1981 als Regierender Bürgermeister an die Spree gewechselte Justizminister Hans-Jochen Vogel verliert dort im Mai bereits wieder sein Amt, weil 90000 ursprünglich der SPD nahestehende Grüne und Pazifisten zu einer «Alternativen Liste» wechseln. Da die Mehrheiten für die Wiederauflage einer Verbindung von SPD und FDP nicht ausreichen, fällt die geteilte Hauptstadt an den Unionskandidaten Richard von Weizsäcker.

Und Helmut Schmidt steht nun doppelt unter Rechtfertigungsdruck. Zum Zerbröckeln der von ihm verbissen verteidigten alten und – wie es aussieht – überkommenen Bündnisstrukturen gesellt sich verstärkt ein inhaltliches Dilemma. Immerhin sind es mit dem Widerstand gegen militärische Aufrüstung und die Nutzung der Atomkraft gerade seine Kernthemen, die den gesellschaftlichen Aufbruch in den neuen Milieus befördern und die Sozialdemokratie in eine Identitätskrise stürzen. Alarmiert stellt der beständig an Einfluss gewinnende linke Flügel unter der Wortführerschaft Erhard Epplers neben dem Krach um Wirtschafts-, Technologie- und friedenspolitische Konzepte gleich den ganzen Kurs in Frage: Quo vadis, SPD?

Begreiflich ist es da schon, dass der knapp zweieinhalb Jahre vorher zum Helden dekorierte Kanzler «die Schnauze» mal wieder «gestrichen voll» hat. Er droht für den Fall, dass ihm die Partei beim NATO-Beschluss die Solidarität aufkündigen sollte («... damit stehe ich und falle auch damit») seinen Rücktritt an und kann die Reihen gerade noch einmal schließen. In einer letzten großen Gemeinschaftsleistung, zu der sich beispielgebend die Troika aufrafft, unterstützen Brandt und mehr noch Wehner die Essentials seines Regierungsprogramms.

Doch die Wirkung verflüchtigt sich. Die Mahnung des schon ziemlich kranken Fraktionschefs, eine SPD, die leichtfertig ihre Macht aufs Spiel setze, werde unweigerlich für die folgenden fünfzehn Jahre in der Opposition verschwinden, schreckt das Gros der Genossen weit weniger als von ihm erhofft. Der ohnedies erlahmenden Suggestivkraft «Onkel Herberts» steht die nagende Erkenntnis entgegen, dass auch er offenbar keine Antwort auf die entscheidende Frage parat hat: Mit wem sollen sich die Sozialdemokraten verbünden, wenn der Kanzler ausschließlich die sogenannten etablierten politischen Kräfte als Partner akzeptiert?

Ist ihr Interesse daran, die Republik nicht schon bald wieder den Konservativen zu überlassen, bis dahin das einzige stabile Bindeglied innerhalb der Führungscrew geblieben, vertiefen sich nun die Risse. Mit dem zunehmenden Schweigen Wehners, der im Sommer 1981 seinen 75. Geburtstag feiert, reduziert sich die SPD-Spitze praktisch auf die Leitfiguren Brandt und Schmidt. Und die Anzeichen dafür, dass die beiden kaum noch zu vereinbarende Vorstellungen über die Zukunft der ältesten deutschen Partei haben, häufen sich. Öffentlichen Beteuerungen zum Trotz, die er typischerweise meistens etwas wolkig unter das Volk streut, möchte der Vorsitzende die Koalition nicht um jeden Preis erhalten. Wichtiger, als dem Kanzler bei seiner Suche nach heiklen Kompromissen mit den Liberalen behilflich zu sein, ist für ihn die Integration der Öko- und Friedensbewegung. Ersatzweise sollen die «neuen Schichten» als künftige Mehrheitsbeschaffer dienen.

Willy Brandt und Helmut Schmidt leben sich aber auch in der wichtigsten aller Sachfragen auseinander. Obschon er dem verteidigungspolitischen Konzept nach außen hin die Stange hält, lässt der Parteichef, sooft er über die geplante Raketenrüstung spricht, seinen Zweifeln freien Lauf. SS-20 oder Pershing II sind für ihn das gleiche unerträgliche «Teufelszeug» – und alle, die dagegen aufbegehren, keinesfalls seine Gegner. Als der Kanzler ihn etwa im Hinblick auf die Bonner Großdemonstration darum bittet, dem Präsidiumsmitglied Eppler eine aktive Teilnahme zu untersagen, lässt er ihn kurzerhand abblitzen. Das von Schmidt eindringlich vorgetragene Argument, ein Genosse, der dem engsten Führungszirkel angehöre, könne unmöglich gegen die eigene Regierung antreten, fruchtet bei ihm nicht.

Von da an läuft zwischen den beiden ranghöchsten Repräsentanten der SPD nur noch wenig, und die Spekulationen darüber, ob und wie lange der Kanzler sein Amt weiterhin auszuüben bereit sei, finden ständig neue Nahrung. An jenem Wochenende im Oktober, an dem die Rüstungsgegner die Bundeshauptstadt belagern, fällt er in Hamburg mal wieder in Ohnmacht und wird mit einem Hubschrauber ins Militärkrankenhaus nach Koblenz geflogen. Die Ärzte diagnostizieren dort eine sogenannte Asystolie, eine lebensgefährliche Störung im Reizleitungssystem seines Herzmuskels, die sie in höchster Eile mit einem Schrittmacher beheben. Sein Schicksal hängt nun von der Verlässlichkeit einer ihm in die Brust eingepflanzten batteriebetriebenen Minimaschine ab.

Kein Wunder, dass die politischen Auguren in Bonn umso ungenierter über einen Nachfolgekandidaten diskutieren. Doch der kranke Mann denkt nicht an Demission. Einmal mehr folgt er einem schon öfter vorgeführten Verhaltensmuster: Es ist der Ernst einer Lage, der den Grad seiner Entschlossenheit bestimmt. Und so kehrt er schon wenige Tage später an seinen Schreibtisch zurück. Neben dem wachsenden Konflikt an der Friedensfront und fortdauernden Querelen um den Sparhaushalt 1982, in die nun verstärkt der DGB eingreift, wartet dabei auf den Regierungschef eine weitere Malaise: Eine seit Sommer rumorende Parteispenden-Affäre, in deren Zentrum der Minister Otto Graf Lambsdorff steht, hat sich mittlerweile zum handfesten Skandal ausgeweitet.

Ermutigende Signale erreichen den Rekonvaleszenten in dieser herbstlichen Tristesse nur selten. Ende November besucht der gesundheitlich ebenfalls schwer angeschlagene Leonid Breschnew die Bundesrepublik, aber der Versuch des eifrig bemühten Gastgebers, im Raketenstreit zwischen den beiden Supermächten wenigstens einige Fortschritte zu erzielen, erbringt nicht viel. Weil die Hardliner in Washington und Moskau auf ihren Maximalforderungen beharren, verlaufen die unmittelbar darauf in Genf anberaumten Verhandlungen über die Reduktion der auf Westeuropa gerichteten sowjetischen Nuklearwaffen rasch im Sande.

Immerhin, die Emissäre der Militärblöcke reden wieder miteinander. Begünstigt von einem leichten Tauwetter in den internationalen Beziehungen, kann Helmut Schmidt endlich seine zweimal verschobene Reise in die DDR wagen – beim vertrackten deutsch-deutschen Verhältnis immer noch ein schwieriges Projekt.

Da die Entspannungspolitik seit langem außer einigen Rahmenvereinbarungen über den Ausbau der Verkehrswege stagniert, besteht die Gefahr, dass sich der Staatsbesuch in inhaltsleeren Ritualen erschöpft – und so kommt es dann auch: In der Nachrüstungsfrage prangert der SED-Generalsekretär Erich Honecker seinen Gast als «Verfechter des amerikanischen Kurses» an, und der sichtlich gereizte Westdeutsche kritisiert im Gegenzug die von Ost-Berlin einseitig beschlossene Erhöhung der Mindestumtauschsätze bei DDR-Besuchen: Er fühle sich «getäuscht», blafft er wenig diplomatisch zurück.

Aus dem Blickwinkel des Kanzlers entlarvt sich das Regime des knochentrockenen Einheitssozialisten in seiner ganzen Kälte und Unnahbarkeit. Die beiden Herren haben einander nicht nur in konkreten Sachfragen kaum etwas mitzuteilen – am frühen Morgen des dritten Tages erwägt die Bonner Reisegruppe sogar kurzfristig den Abbruch ihrer Mission. In der Nacht ist im krisengeschüttelten Polen, wo die Gewerkschaft Solidarność das herrschende System immer stärker verunsichert, das Kriegsrecht verhängt worden, und Helmut Schmidt hält es für ziemlich wahrscheinlich, dass dem meistens wohlinformierten Staatsratsvorsitzenden der Termin vorher bekannt war.

Hat ihn der Gesprächspartner also in eine Falle gelockt? Nach hektischen Beratungen scheut er den Eklat und erleidet, was er im Nachhinein als den Tiefpunkt seiner politischen Bemühungen um einen Ausgleich mit dem ersten Mann der DDR empfindet. Seinen Wunsch, im mecklenburgischen Güstrow das Museum des von ihm geschätzten Bildhauers und Dichters Ernst Barlach besuchen zu dürfen, erfüllt der misstrauische Gastgeber auf seine Weise: Als die Delegationen dort eintreffen, gleicht die Kreisstadt einem Heerlager. Bewaffnete Polizei und Sicherheitskräfte riegeln hermetisch die Straßen ab, während eilends herbeigekarrte SED-Claqueure das in seinen Häusern eingepferchte «Volk» ersetzen. Am Abend eines traurigen Tages lässt sich der konsternierte Kanzler dann auch noch bei der Abfahrt seines Zuges nach Hamburg von dem gönnerhaft grinsenden Erich Honecker einen Hustenbonbon durch das Abteilfenster schieben.

Die Szene erweckt den Anschein, als sei dem im siebenten Jahr amtierenden Helmut Schmidt das Gespür für die Symbolkraft von Bildern abhandengekommen – ein insgesamt deprimierender deutsch-deutscher Gipfel.

Zumindest wird ihm seine Bereitschaft, trotz der neuen Eiszeit die Contenance zu bewahren, von der Presse daheim als peinlicher Kotau vor den Staaten des Warschauer Pakts ausgelegt, aber der Bonner Regierungschef bleibt bei seiner Linie. Hartnäckige Bemühungen des US-Präsidenten Ronald Reagan, ihn nach der Ausrufung des Kriegsrechts in Warschau für Sanktionen gegen die Sowjetunion und Polen zu gewinnen, lehnt er ebenso entschieden ab und nimmt dafür in Kauf, dass er nun erstmals sogar bei den amerikanischen Medien in Misskredit gerät: Schmidt, schäumt das einflussreiche «Wall Street Journal», das ihn in früheren Zeiten mit heroisierenden Beiträgen umschmeichelt hat, verkörpere «eine demoralisierte politische Führung, in deren Zukunftsvision sich Westdeutschland als finnlandisierter Industrievasall eines totalitären Imperiums» darstelle.

Frei von Risiko ist die Haltung der Bonner Koalition tatsächlich nicht. Der Kanzler muss fürchten, dass Reagan aus dem Verhandlungsteil des NATO-Doppelbeschlusses aussteigen und sich im Lichte der aktuellen Ereignisse umso eher der Notwendigkeit einer Nachrüstung verpflichtet fühlen könnte. Für den Deutschen, der bei seiner Partei im Wort steht, wäre das praktisch das Ende seines militärstrategischen Konzepts, aber er setzt sich durch. Sosehr sie zunächst darauf drängen, den Ostblock zumindest mit der Eröffnung eines Handelskrieges zu bestrafen, geben die USA schließlich klein bei.

Stattdessen türmen sich zum Jahreswechsel die Schwierigkeiten im sozial-liberalen Bündnis. Nachdem die Zahl der Arbeitslosen weiter gestiegen ist, versteifen sich die SPD und die Gewerkschaften auf ein Beschäftigungsprogramm, das der Regierungschef mit einer Ergänzungsabgabe für Besserverdienende zu finanzieren gedenkt. Doch die FDP hält dagegen: Sie will lieber die Mehrwertsteuer erhöhen und zugleich der notleidenden Wirtschaft eine Investitionszulage bescheren. Helmut Schmidt bleibt nichts anderes übrig, als in eine «Gemeinschaftsinitiative» einzuwilligen, die er an spätere Lohn- und Einkommensteuersenkungen koppelt – und im Übrigen mit einem dramatischen Coup verbindet.

Um der nötigen «Klarheit» willen stellt er am 5. Februar 1982 die Vertrauensfrage, und ersichtlich bezieht sich der Kraftakt auf mehr, als allein einen Kompromiss zu unterfüttern, den die Koalition ja bereits verabschiedet hat: Gerade mal vierzehn Monate nach seiner Wahl möchte der Kanzler die Liberalen und vor allem seine eigene Fraktion mit der schärfsten parlamentarischen Waffe in die Disziplin nehmen, die ihm nach der Verfassung zu Gebote steht. Das geheimniskrämerisch vorbereitete und von Erfolg gekrönte Treuegelöbnis ist in Wahrheit ein Zeichen der Schwäche.

Doch wenigstens in der SPD scheint der demonstrative, in den 33 Jahren der Bundesrepublik so noch nie erprobte Parforceritt den gewünschten Eindruck zu hinterlassen. Auf einem mit bangen Erwartungen einhergehenden Parteitag in München bekräftigen die Delegierten zwar ihr Verlangen nach ökonomischen Initiativen, die stärker sozialdemokratischer Programmatik entsprechen, stellen das Bündnis aber generell nicht in Frage. Der regierende Genosse soll handlungsfähig bleiben. Deshalb wird auch die eigentliche Entscheidungsschlacht – die immer noch ausstehende Grundsatzdebatte und Abstimmung über die Stationierung der nuklearen Mittelstreckenraketen – auf den Herbst 1983 verschoben.

Nach diesem Konvent sieht es kurzfristig so aus, als sei ein Neuanfang möglich. Die Koalition nicht nur inhaltlich, sondern auch personell aufzufrischen, hat sich der Kanzler bisher gescheut, aber nun kommt ihm seine Familienministerin Antje Huber entgegen. Weil sie gekränkt ihr Amt aufgibt, zwingt sie Helmut Schmidt zu einem bereits vor längerer Zeit angekündigten Kabinettsrevirement, bei dem als wichtigste Personalie der zunehmend kränkelnde Hans Matthöfer das kraftraubende Finanzressort an den bisherigen Kanzleramtschef Manfred Lahnstein abtritt.

Zum erhofften großen Wurf gestaltet sich die Umgruppierung des sozialdemokratischen Teils der Regierungsmannschaft allerdings nicht. Versuche des Kanzlers, ausgewiesene Kämpfernaturen wie Horst Ehmke ins Boot zurückzuholen, scheitern, und die von ihm tastend in Erwägung gezogene Möglichkeit, den altersmürben Fraktionsvorsitzenden Herbert Wehner durch den Spezi Hans Apel zu ersetzen, wird vom «Onkel» geflissentlich überhört. Zu seiner Erleichterung lassen sich dagegen die schmerzlich vermissten einstigen Mitglieder des «Kleeblatts», Klaus Bölling und Hans-Jürgen Wischnewski, erneut in die Pflicht nehmen.

Der Chef der ächzenden Koalition fröne seinem «Hang zur Nostalgie», kommentieren nicht nur die konservativen Medien und mokieren sich ungeniert über das «letzte Aufgebot» Schmidts. Mit einem Befreiungsschlag hat das zaghafte Stühlerücken selbst nach dem Urteil sozial-liberal gesonnener Journalisten kaum etwas gemein – eher schon drängt sich ihnen der Eindruck auf, dass der Kabinettsherr in erster Linie eine bedingungslose Loyalität belohnt.

Die hat er bei dem wachsenden Frust im Bündnis auch bitter nötig. So gelingt es den Regierungsparteien zwar, im Mai endlich das mit unangemessen hohem Aufwand durch das Parlament gepeitschte Beschäftigungsförderungsgesetz unter Dach und Fach zu bringen, aber um welchen Preis! Der unionsdominierte Bundesrat und danach der Vermittlungsausschuss modeln das Programm in eine nahezu lückenlos der Wirtschaft dienliche Vorlage um: Mit Ausnahme der versprochenen Investitionsspritze bleibt da nicht mehr viel.

Und die Spielräume der Koalition verengen sich immer weiter. Bei der Landtagswahl in Niedersachsen baut die CDU ihr Sensationsergebnis von 1978 zur absoluten Mehrheit aus, und dann kommt der schwarze Sonntag in Hamburg, der das Schicksal des Kanzlers praktisch besiegelt. Mit der von 51,5 auf 42,7 Prozent abstürzenden SPD und den 7,7 Prozent, die eine «Grün-Alternative Liste» auf sich vereinigt – während die Freien Demokraten den Sprung in die Bürgerschaft verpassen –, votieren die Hansestädter im Juni 1982 für eine Konstellation, die ihrem berühmtesten Mitbewohner als Alptraum erscheinen muss.

Natürlich ist er Profi genug, um sich ausmalen zu können, wie sehr dies sowohl Willy Brandt als auch seinem Kombattanten Hans-Dietrich Genscher zu denken gibt. Und verhält sich der eine nicht ebenso konsequent wie der andere, wenn sie darüber grübeln, dass sich mit der sozial-liberalen Liaison kaum noch stabile Regierungen bilden lassen? Die SPD, schwant ihm, wird sich auf lange Sicht tatsächlich nach einer neuen Verbindung umsehen müssen, und für die FDP gilt das Gleiche: Schon einige Tage später beschließt der Vorstand der hessischen Landespartei, bei den Wahlen im Herbst dem stramm rechtsgewirkten Alfred Dregger den Pakt anzubieten. Offiziell heißt die absurd klingende Begründung, nur so könne der mutmaßlich künftige Ministerpräsident im Bundesrat an die Kette gelegt werden – der Koalitionswechsel in Wiesbaden stärke also das Bündnis in Bonn.

Dass so ausgerechnet die Hamburger ihren «Helmut» in eine im Grunde ausweglose Situation manövrieren, beschleunigt wie kaum ein anderes Ereignis den Autoritätsverfall Schmidts. Selbst ein Besuch Ronald Reagans, der in Bonn etwas theatralisch seinen «Stolz auf die deutsche Demokratie» bekundet und den Gastgeber einer Tagung des Nordatlantikrats mit ein paar Lichtblicken an der Abrüstungsfront zu erfreuen sucht, ändert daran nur wenig.

Auf internationalem Parkett macht der Kanzler immer noch eine gute Figur, doch seitdem daheim das Fundament seiner

Regentschaft schwankt, wirken seine Auftritte seltsam deplatziert. Nur einmal rafft sich die Koalition noch zu einer Kraftanstrengung auf: Ende Juni trotzt der Kabinettschef seiner Fraktion die Zustimmung zu «Eckwerten» ab, die die Basis für den Haushalt 1983 bilden und in ihrer Ausgaben-Philosophie weitgehend den Wünschen der Liberalen folgen. Der Bruch kann so einstweilen vermieden werden, stattdessen steht Schmidt nun von anderer Seite unter erheblichem Druck: Seine bislang verlässlichsten Bundesgenossen, die Gewerkschaften, empfinden die mit dem Kompromiss verknüpften sozialen Einschnitte als skandalös; ihre Drohung, der um sich greifenden «Unsozialpolitik» notfalls mit großen Streiks entgegenzutreten, macht ihm spürbar zu schaffen.

Aber der Kanzler kämpft. Vor dem kleinen Kreis von Freunden, auf den er sich in diesem Sommer noch stützen darf, erinnert er nun öfter an den Abgang des letzten sozialdemokratischen Regierungschefs in der Weimarer Zeit, Hermann Müller, der 1930 nach einem Zwist um die Arbeitslosenversicherung die Koalition platzen ließ. Dass auch er als ein «Fahnenflüchtiger» in die Geschichte der Bundesrepublik eingehen könnte, widerstrebt seinem Naturell – nur der ehedem hohe Respekt, den er sich mit solchem Durchstehvermögen über die Jahre hinweg erworben hat, schwindet. Gnadenlos zählt der neben Eppler schärfste innerparteiliche Kritiker Oskar Lafontaine das von Schmidt immer wieder beschworene Pflichtgefühl zu den klassischen «Sekundärtugenden» eines Menschen. Mit solchen Eigenschaften könne man getrost «auch ein KZ betreiben», höhnt der spätere Spitzenkandidat und Vorsitzende der SPD. Für den amtierenden Genossen ist das ein untrügliches Zeichen, wie sehr seine Macht zerrinnt.

Zugleich fühlt er sich aufgerufen, die ihm übertragene Arbeit zu erledigen, und in der Rangfolge des ihm wirklich Wichtigen sind es vor allem die Fragen der Sicherheit, aus denen er seine Widerstandskraft bezieht. Weil er als Erfinder des NATO-Doppelbeschlusses der Welt nicht als «Kalter Krieger» im Gedächtnis bleiben möchte, warnt er in einer stark beachteten Rede in Houston / Texas die Vereinigten Staaten eindringlich vor einer Konfrontationspolitik gegenüber der Sowjetunion. Die verlorengegangene Balance of Power zurückzugewinnen, erscheint ihm fast schon als Überlebensprogramm.

Hat er Angst davor, diese zäh verteidigte Strategie könne nach seinem vorzeitigen Abtritt in sich zusammenfallen? Will er vor allem deshalb das Feld nicht räumen? Unmittelbar nach dem Amerika-Besuch lädt Schmidt den Koalitionspartner zu einem Privatissimum in sein Hamburger Reihenhaus ein, in dem er Genscher über die USA-Reise und einen Gedankenaustausch mit dem neuen Außenminister George Shultz unterrichtet. Die Herren scheinen sich nicht nur in ihrer Beurteilung der Reagan-Administration einig zu sein, sie versichern einander auch, beim bevorstehenden Landtagswahlkampf in Hessen das Bonner Bündnis schonen zu wollen.

Nur das heikelste aller Themen bleibt unberührt. Seine wahren Absichten erläutert der FDP-Chef schon zu dieser Zeit lieber dem Oppositionsführer Helmut Kohl und ergeht sich stattdessen in einem zweiten Brief an alle Mandats- und Funktionsträger seiner Partei in sibyllinischen Lageanalysen: Als er in einem Rundfunkinterview listig andeutet, dass sich die «in einer Demokratie» gestellten öffentlichen Aufgaben «ihre eigenen Mehrheiten suchen», fällt es dem Kanzler wie Schuppen von den Augen. Zerknirscht greift er zum Füllhalter und erinnert Genscher in einem auf den 25. August datierten Brief an die wenige Wochen zuvor vereinbarte beiderseitige Verpflichtung. Er gibt darin seiner Erwartung Ausdruck, «dass Sie mich ansprechen würden, falls Sie inzwischen anders darüber denken …».

Dass Genscher mit seinen kaum verklausulierten Botschaften bereits den Weg zur Wende beschritten hat, ist ihm natürlich bewusst, aber er will noch nicht aufgeben. Augenblicke der Klarheit darüber werden von Phasen innerer Schwankung abgelöst, in denen ihn der Kompagnon wiederum bestärkt. Er regt ein erneutes Gespräch an, zu dem die Koalitionsspitzen gleichsam als Sekundanten auf Seiten der FDP den Wirtschaftsminister Otto Graf Lambsdorff und als Assistenten Schmidts den Staatssekretär Hans-Jürgen Wischnewski beordern – ein, wie der Kanzler danach seinem Pressesprecher Klaus Bölling mitteilt, «inkonklusives» Treffen. Aus dem nach seiner Schilderung einschläfernd schwammigen Palaver irgendwelche brauchbaren Schlussfolgerungen für das Schicksal des Bündnisses zu ziehen, erscheint ihm kaum möglich.

Wie soll er zum Beispiel mit dem Verhalten des Kollegen Lambsdorff umgehen? Der hat kleinlaut den Vorwurf seines Kabinettschefs geschluckt, er attackiere fortdauernd die ökonomischen Konzepte der Regierung, ohne je einen konkreten eigenen Ideenkatalog entwickelt zu haben – und schlägt am Morgen danach zurück: Was die Menschen von einem Wechsel seiner Partei in eine andere Verbindung hielten, verrät der marktradikale Wirtschaftsminister der «Bild»-Zeitung im Tonfall der puren Selbstverständlichkeit, entscheide demnächst «der hessische Wähler».

Lässt sich der Bruch einer politischen Ehe, die dreizehn Jahre lang mancherlei Krisen überdauert hat, kaltschnäuziger ankündigen? Immerhin enthüllt das Interview die Behauptung der FDP, mit einer Machtteilhabe in Wiesbaden die Bonner Koalition aus der Schusslinie nehmen zu wollen, als reinen Bauerntrick. Erregt spricht der Kanzler von einer «Unverschämtheit sondergleichen» und versucht sich an seinem Ressortleiter zu rächen. Er fordert ihn ultimativ auf, wirtschaftspolitische Alternativen zum Kurs der Regierung zu Papier zu bringen – aber was soll das noch?

Die Liberalen haben sich innerlich abgeseilt, und andererseits ist die von Schmidt zur Schau gestellte Fassungslosigkeit auch ein bisschen überzogen. Denn wie sehr es Genscher und Co. zum Frontenwechsel drängt, hat die SPD bereits am Vorabend der «Bild»-Enthüllung selbst analysiert. In getrennten Beratungen unterstellen da das Parteipräsidium und die vom Kanzler in seinen Bungalow eingeladene sozialdemokratische Ministerriege das unmittelbar bevorstehende Ende der Koalition. Im Kern geht es nun nur noch darum, dieses Ereignis nicht stumm zu erleiden, sondern maßgeblich seinen Ablauf zu bestimmen. Also muss der Schurke im Stück dingfest gemacht werden – und für den düpierten Regierungschef ist das in erster Linie der Vorsitzende der FDP.

Wie häufig in undurchsichtigen Gemengelagen läuft der versierte Krisenmanager in den folgenden Wochen zur Hochform auf. Dass ein Teil der Genossen zur Zerrüttung des Bündnisses kaum weniger beigetragen hat als die nach vielen Jahren sogar von Herbert Wehner wieder gallig attackierte «sogenannte Freie Demokratische Partei», spielt im Drehbuch Helmut Schmidts eine untergeordnete Rolle. Solange die geringste Chance besteht, sich selber noch an der Macht zu halten, will er sie zu nutzen versuchen, zugleich aber auch seinen auf Selbstachtung erpichten Sozialdemokraten und vorweg den Gewerkschaften den Rücken stärken.

Als Reflex auf die FDP, die sich ihrerseits offenkundig einen zunehmend hilflos erscheinenden Kanzler wünscht, um damit die Wende zu legitimieren, gestattet sich Schmidt in diesem turbulenten September 1982 einen konsensbildenden Schwenk ins vornehmlich linke Spektrum. Plötzlich versteht er die Zweifel an der Fähigkeit von Politikern, «aus dem Teufelskreis der Vor- und Nachrüstung auszubrechen», und plädiert um der sozialen Gerechtigkeit willen für eine Ergänzungsabgabe, die er noch kurz davor für konjunkturschädlich hielt.

Flucht nach vorn heißt die Devise. Im Parlament erweitert er seinen «Bericht zur Lage der Nation» um sorgsam ziselierte «Bemerkungen» zum Zustand der Koalition und enttarnt die Umtriebe seines Partners: «Der Bundeskanzler weiß, dass man reisende Leute nicht aufhalten soll.» Wenn die FDP denn zum Sprung entschlossen sei, möge der Oppositionsführer das konstruktive Misstrauensvotum wagen. Aus freien Stücken werfe er, Schmidt, jedenfalls nicht das Handtuch.

Und obschon ihn Genscher weiter hinhält, indem er nun die Beschlüsse über den Haushalt 1983 zur entscheidenden «Bewährungsprobe» erhebt, verschärft der Kanzler seinen Konfrontationskurs. Grimmig setzt er Lambsdorff, der tatsächlich ein von Schmidts Intentionen gar nicht so weit entferntes «Konzept für eine Politik zur Überwindung der Wachstumsschwäche und Bekämpfung der Arbeitslosigkeit» präsentiert, eine letzte Frist: Während er selber von einem «Scheidungspapier» spricht, soll der Graf binnen 48 Stunden bestätigen, dass er mit seiner Expertise nicht das Bündnis in Frage stellt.

In Wirklichkeit werden da nur noch die nächsten Schachzüge vorbereitet. Die Liberalen, die verstärkt unter dem Druck ihres linken Flügels stehen, wollen das Votum in Hessen abwarten; Helmut Schmidt dagegen hat sich bereits zu Neuwahlen durchgerungen. Die werde ein künftiger Kanzler Kohl, so kalkuliert er, der politischen Hygiene wegen den besorgten Bundesbürgern kaum verweigern können – und damit denkt er wie sein alter Rivale Franz Josef Strauß, der insoweit dieselben Ziele verfolgt: Die ihm hinreichend verhasste «dritte Kraft» soll sich endlich aus dem Parlament verabschieden.

Unter den Sozial-Liberalen jedenfalls läuft nach dreizehn Jahren Gemeinsamkeit nichts mehr. Eine nach vorgezogenen Wahlen von der CDU/CSU möglicherweise mit absoluter Mehrheit dominierte Republik schreckt den noch amtierenden roten Regenten weniger, als sich dauerhaft von der FDP vorführen zu lassen, und so kommt es zum Bruch. Praktisch zeitgleich kündigen am 17. September der Kanzler und die vier in seinem Kabinett sitzenden freidemokratischen Minister die Koalition auf – doch die Hoffnung Schmidts, nach dem Muster von 1972, als der Unionskandidat Rainer Barzel seinen Vorgänger Willy Brandt zu kippen versuchte, das Volk schon kurzfristig wieder an die Urnen zu rufen, zerschlägt sich. Kohl und Genscher beharren darauf, zunächst eine neue Regierung aus den vorhandenen Kräften zu bilden.

Aber noch glimmt ja ein letzter Hoffnungsfunke. Nicht nur Blitzumfragen von Meinungsforschern bestätigen den in der Bevölkerung weitverbreiteten Eindruck, dass Helmut Schmidt einem «Verrat» zum Opfer zu fallen droht. Am Abend des 26. September bescheren die Wähler in Hessen ihrem «Bundeskanzler auf konstruktiven Abruf», wie er sich sarkastisch selber nennt, ein ungeahntes Erfolgserlebnis: Die bis in den Spätsommer hinein hoffnungslos abgeschlagene SPD vermasselt der Dregger-CDU mit 42,8 Prozent den längst sicher geglaubten Durchmarsch, während die FDP von 6,6 auf desaströse 3,1 Prozent schrumpft.

Selbst konservative Beobachter werten das Votum als eine Art Volksabstimmung für den immer noch beliebtesten deutschen Politiker und gegen den Bonner Koalitionswechsel. Werden es die schockierten Liberalen jetzt noch wagen, ihren geradezu halsbrecherisch erscheinenden Umstieg trotzdem zu vollenden?

Andererseits hat das Resultat von Wiesbaden, das die Wortführer aller Parteien einige Tage lang in heillose Verwirrung stürzt, auch seine tückischen Aspekte: Wie die «Strauß-Union» mit ihren zerronnenen Hoffnungen, zuerst in Hessen und dann in der Bundesrepublik eine Alleinregierung etablieren zu können, steht die unvermittelt wiedererstarkte «Schmidt-SPD» letztlich ohne Hilfstruppen da. Die mit glatt acht Prozent in den Landtag einziehenden Grünen unterstreichen nachdrücklich das strategische Dilemma, in dem der Kanzler an die Peripherie gedrängt wird.

Denn die Mehrheit «diesseits» von CDU und CSU, die der sozialdemokratische Vorsitzende Willy Brandt schon kurz nach Schließung der Wahllokale in einer Fernsehrunde als das eigentliche Ereignis ins Gespräch bringt, ist nicht «seine» Mehrheit. Noch am selben Abend bricht der seit langem schwelende Streit über die Zukunft der SPD und ihre Perspektiven in einer grundlegend veränderten Parteienlandschaft von neuem auf. Die unverhohlenen Spekulationen darüber, dass ihr mit den Grünen ein Ersatzpartner zuwachsen könne, sind das Präludium zum Ende der Ära Schmidt.

Und der kleine Rest ist dann kaum mehr als Formsache. Die nach schweren inneren Zerreißproben sichtlich derangierte FDP bringt am 1. Oktober 1982 gerade noch die Kraft zum Umsturz auf. Als Bundestagspräsident Richard Stücklen das Ergebnis des konstruktiven Misstrauensvotums verkündet, sitzt der abgewählte Kanzler minutenlang reglos auf seinem Platz. Beim Abschied von der Fraktion überreicht ihm Herbert Wehner einen Strauß roter Rosen.

Neuntes Kapitel

«Welch später Triumph»:
Elder Statesman

Wann immer sich Helmut Schmidt in den folgenden zweieinhalb Jahrzehnten an die stürmische Schlussphase seiner Regierungszeit erinnert, scheint er wie von einer schweren Last befreit. Er sei ja keinesfalls daran interessiert gewesen, beteuert er, «endlos Kanzler zu sein», im Gegenteil. Zu den wenigen wirklichen Fehlern, die er sich anzukreiden habe, gehöre die letztlich unangemessene Hartnäckigkeit, das Blatt noch wenden zu wollen: «Ich hätte schon vorher meinen Abschied nehmen müssen.»

Für einen Menschen, der seine Vergangenheit auch in allen anderen Details plausibel und möglichst widerspruchsfrei zu ordnen versucht, ist das eine gewiss verständliche Art der Retrospektive – aber trifft sie den Kern? In seinem Falle lässt sich das, zumindest was die Wochen im Spätsommer und Herbst 1982 angeht, bezweifeln. Der in schwere Wetter geratene Steuermann, erinnert sich sein Intimus Hans Apel, «denkt nicht im Traum an Aufgabe». Erst als ihm klar geworden sei, allmählich «zu Corned Beef verarbeitet zu werden», habe er einen «prima Abgang zu inszenieren begonnen und zugleich unheimlich darunter gelitten».

In der SPD sind es erstaunlicherweise ausgewiesene Linke wie der Politologe Peter von Oertzen, die ihn bedrängen, um der Bewahrung des äußeren und inneren Friedens willen «die Regierungsverantwortung mit Klauen und Zähnen zu verteidigen». Und nachdem Helmut Schmidt sich entschlossen hat, die treulosen Liberalen in Neuwahlen «wegzuharken», gilt er in den Führungsgremien seiner Partei sofort wieder als Spitzenkandidat. Herbert Wehner bietet ihm den Fraktionsvorsitz an – eine Offerte, die ihn merklich ins Grübeln bringt.

Eigennützig hofft die SPD, die zu dieser Zeit bundesweit bei 30 Prozent dümpelt, auf einen letzten Dienst. Der Kabinettsherr auf Abruf soll ihr mit seinem Popularitätsbonus aus dem Gröbsten heraushelfen, und der so Umworbene scheint tatsächlich zu schwanken. In einem «Zwölf-Punkte-Katalog», den er im Bundestag unmittelbar vor dem Misstrauensvotum ausgebreitet hat, präsentiert er offenkundig nicht nur sein Testament, sondern sieht sich auch immer noch als Wegweiser. Wer den Lotsen an Bord behalten wolle, heißt die unterschwellige Botschaft, müsse das von ihm verkörperte Erfolgskonzept bejahen.

So möchte er festklopfen, «was mit ihm geht und was nicht», schreibt sein Sprecher Klaus Bölling in einem schon anderthalb Wochen nach dem Machtwechsel vom «Spiegel» veröffentlichten Tagebuch, und die Indizien für einen Comeback-Versuch häufen sich. Einem «Einberufungsbefehl» will er zwar nicht mehr Folge leisten, aber er lässt sich vorsorglich von einem Arzt gute Gesundheit bescheinigen. Engen Gefolgsleuten wie Hans-Jürgen Wischnewski, der sich engagiert für sein Verbleiben in einer Spitzenposition einsetzt, hört er zumindest ebenso aufmerksam zu wie den eher skeptischen Genossen.

Der Altkanzler sei «hin- und hergerissen», steckt der Journalist Bölling befreundeten Kollegen – eine beim Naturell seines bisherigen Chefs eher untypische Gemütsaufwallung, die sich zunächst einmal aus dem Erfolg in Hessen erklärt. Das mit einigem Recht zum Schmidt-Plebiszit umgedeutete Votum hält die Partei wie den in Bonn gestürzten Regierungschef gleichermaßen in Hochspannung. Denn was wäre, wenn sich dieses Ergebnis auf die von Kohl und Genscher für den 6. März 1983 versprochene Bundestagswahl übertragen ließe?

Doch dann, nach knapp vier Wochen intensiven Nachdenkens, zieht der potentielle Kanzlerkandidat plötzlich die Reißleine. Im Ton befremdlich schroff, als habe es das neue «Wir-Gefühl» unter den Sozialdemokraten nie gegeben, erteilt er den Genossen eine glatte Absage: Mit der Union oder den Grünen oder – schlimmer noch – einer von Genscher gelenkten FDP Koalitionsverhandlungen zu führen, kann er sich ebenso wenig vorstellen wie die dazu nötige Geschlossenheit in der SPD. Es gebe weiterhin Kräfte in der Partei, befindet er kurz und schmerzlos, die ihre Gegnerschaft zu seiner Politik leider nur vorübergehend kaschierten.

Dass er dabei nicht allein die «Epplers und Lafontaines» ins Visier nimmt, wird aus einem Briefwechsel mit dem Vorsitzenden deutlich. Vor allem gegen Schmidts Behauptung, er sei von der SPD-Spitze nur höchst unzureichend gestützt worden, setzt sich Willy Brandt zur Wehr. «In Wirklichkeit musst du selbst wissen», schreibt er dem Stellvertreter, «dass du ohne mich kaum länger, sondern wohl eher kürzer und vielleicht mit weniger Erfolg im Amt gewesen wärst» – eine wahrscheinlich zutreffende Einschätzung.

Aber Helmut Schmidt bleibt bei seiner Auffassung. Beide, keilt er zurück, hätten sich in ihrem Bemühen, die ewigen Konfliktherde einzudämmen, «bis an die Grenzen der Selbstachtung» bewegt. Über «Aufgabe und nötige Gestalt der deutschen Sozialdemokratie» sei man eben seit einem Jahrzehnt «verschiedener Meinung».

Alle Anstrengungen, das dennoch mit Abstand erfolgreichste politische Zweckbündnis in der Bonner Nachkriegsgeschichte neu zu beleben, haben sich so erledigt. Die berühmte «Troika», in der sich der dritte Mann, Herbert Wehner, ohnehin kaum noch Gehör verschaffen kann, gibt es nach diesem ultimativen Wortgefecht nicht mehr. Was die Kompromissfähigkeit betrifft, sind Brandt und Schmidt am Ende ihrer Kraft angelangt – und doch scheitert der abgewählte Regierungschef letztlich an sich selber. Mit seinem störrischen Rationalismus und einer «brüsken Verständnislosigkeit gegenüber der ökologischen Zeitstimmung», analysiert danach der SPD-Bundesgeschäftsführer und Vordenker Peter Glotz, beraubt er sich jeder Alternative.

Die Partei setzt nun auf den ehemaligen Justizminister und Berliner Bürgermeister Hans-Jochen Vogel, während der einfache Abgeordnete Schmidt aus dem Wahlkreis Hamburg-Bergedorf sein Leben zu ordnen beginnt. Wie einst Konrad Adenauer seiner Rosenzucht widmet sich der erst knapp 64-jährige fünfte Kanzler der Republik überfälligen Gartenarbeiten – er hat das zumindest vor. Jedenfalls kauft er sich einen Rasenmäher und gibt auch sonst den entspannten Privatmann, der zu ausgedehnten Spaziergängen aufbricht. In Zukunft will er Bücher schreiben, aber zunächst einmal eine Pause einlegen.

Doch der Rückzug in die ungewohnte Abgeschiedenheit währt nicht lange. Dem Müßiggang, den er sich eher halbherzig verordnet hat, folgen schon bald die ersten Vortragsreisen in ferne Länder, bei denen sich der Politpensionär ein scheinbar weltumspannendes Dilemma zunutze macht. Es gebe in den obersten Staatsämtern, rührt er kräftig für sich die Trommel, keine «vernünftigen Leute» – vor allem ein Ökonom wie er werde händeringend gesucht. Und um den dringendsten Bedarf zu decken, präsentiert er in Bonn erst mal eine achtzig Schreibmaschinenseiten lange, ins Englische, Französische und Japanische übertragene Expertise zur Vermeidung einer globalen «Wirtschaftsdepression».

Helmut Schmidt – wieder «ganz der Alte», meldet bereits im Februar 1983 der «Spiegel» und enthüllt Sottisen, mit denen der agile Diplom-Volkswirt über den neuen Kanzlerkandidaten Hans-Jochen Vogel herzieht. Statt sich für eine rigorose Umweltpolitik einzusetzen, nörgelt der Vorgänger, möge der etwas einseitig auftretende Genosse gefälligst wichtigere Schularbeiten erledigen – und empfiehlt ihm, etwa den Unterschied zwischen einem Schnellen Brüter und einem Hochtemperatur-Reaktor kennenzulernen. Aber zugleich beweist er Größe: Als ihm der noch unsichere Newcomer anbietet, im Falle eines Wahlsieges in ökonomischen Fragen die Beraterfunktion eines «One-Dollar-Man» zu übernehmen, gibt der Oldie prompt sein Einverständnis.

Nur dazu kommt es dann nicht. Der Gewinner heißt Helmut Kohl, dessen Triumph mit 48,8 Prozent so üppig ausfällt, dass er das schwache Abschneiden der FDP leicht ausgleichen kann. Gegen die wiederauferstandene Bürgerblock-Koalition und deren vermeintlich überlegenen wirtschafts- und finanzpolitischen Sachverstand hat die konfuse Post-Schmidt-SPD keine Chance. Sie erschöpft sich in ihrer Wahlkampagne vor allem darin, auf dem Felde der NATO-Strategie von ihrem Ex-Kanzler abzurücken, während der Spitzenmann der Union das Sicherheitskonzept des gestrauchelten Sozialdemokraten ohne Abstriche übernimmt.

Zumindest hier darf er sich also bestätigt fühlen – und dennoch hätte auch eine unter Helmut Schmidts Führung kämpfende SPD, die mit 38,2 Prozent unter das Niveau von 1965 fällt, mangels Partner die Macht wohl verloren.

So trägt er nun den Ehrentitel eines Elder Statesman – ein in der noch jungen Republik selten vergebenes, allein auf der persönlichen Autorität fußendes Prädikat, das in seinem Falle bestens mit einer anderen Rolle harmoniert: Bereits an Silvester 1982 hat ihm der Verleger der Hamburger Wochenzeitung «Die Zeit» und einstige CDU-Abgeordnete Gerd Bucerius den Posten eines Mitherausgebers angetragen, und so landet er wenige Monate danach bei einem ehedem «gegnerischen Kollegen». Den Kontrakt mit dem betont konservativ-liberalen Hanseaten besiegelt der sozialdemokratische Kanzler a. D. souverän per Handschlag.

Für den Journalisten-Verächter Schmidt ist das zunächst kein leichtes Amt. Denn nach seinem Urteil gibt es in dem neuen Wirkungskreis neben solidem Durchschnitt eine bunt gemischte Spezies, deren Schaffenskraft von «nahezu verbrecherischem Rufmord bis zu staatsmännischer Klugheit» reicht. Während seiner aktiven politischen Laufbahn hat er diese «Typen» nicht selten mit beißender Häme übergossen, und nun steht er auf der anderen Seite der Barriere, wo man auch ihm verständlichen Argwohn entgegenbringt. Wird der als arrogant geltende Rechthaber einer Redaktion, die sich dem Pluralismus verpflichtet fühlt, die nötigen Freiräume belassen? Oder laufen seine Mitarbeiter Gefahr, dass er ihnen unnachgiebig den eigenen Stempel aufdrückt?

Vom Zeitungmachen, gesteht der Verleger Bucerius später, habe er anfangs «einige abenteuerliche Vorstellungen» entwickelt – doch der prominente Neuzugang lernt. Als Partner der langjährigen Vertrauten Marion Gräfin Dönhoff sieht er in seiner Berufung dankbar einen «Glücksfall». Schließlich verfügt der sendungsbewusste, unvermittelt zum Publizisten geworden Ex-Kanzler, wann immer er das Wort ergreifen möchte, über eine vielbeachtete Plattform.

Die kann ihn für den erlittenen Machtverlust nur zum Teil entschädigen. Wie sehr ihm der Entzug der Richtlinienkompetenz – eine offenkundig den ganzen Menschen erfassende harte Droge – noch zu schaffen macht, lässt sich der Umsteiger nur ungern anmerken. Dass ihn Auguren in neuen Funktionen wie jener eines künftigen NATO-Generalsekretärs handeln, wimmelt er grantelnd ab, um stattdessen sein angeblich wachsendes Desinteresse an einem politischen Comeback zu bezeugen. Das Volk soll sich am Bild eines entspannten Zeitgenossen erfreuen, der mit sich im Reinen ist. Etwa bei Klavierkonzerten berühmten Pianisten assistieren zu dürfen oder seine anderen musischen Talente zu pflegen, scheint ihm nun tatsächlich zu genügen.

Und das umso mehr, als er mit der Resonanz auf seine achteinhalbjährige Amtszeit rundum zufrieden sein kann. Dass die überwältigende Mehrheit der Deutschen die Abwahl des zweiten sozialdemokratischen Regierungschefs der Nachkriegsrepublik emotional weniger berührt als der Sturz des ersten, ändert nichts an ihrer Wertschätzung. Jenseits der Friedens- und Ökologiebewegung wird Helmut Schmidt in den nationalen und internationalen Medien noch vor Konrad Adenauer als der insgesamt sachkundigste aller Kanzler gefeiert.

Schade, so der übereinstimmende Tenor, dass ihm jetzt politische Kräfte von vergleichsweise begrenzter Qualität das Steuer aus der Hand gewunden haben, aber andererseits ist er ja der Öffentlichkeit nicht vollends verlorengegangen. Auch nach dem Wechsel in das unscheinbare Herausgeberbüro am

Hamburger Speersort zieht er sich keineswegs aufs Altenteil zurück. Die «Person der Zeitgeschichte», die der Chefredakteur Theo Sommer den Kollegen vorstellt, bleibt in seinem neuen Job mit kaum verminderter Leidenschaft der Gegenwart verhaftet.

Von wegen Privatier, der es als erfülltes Leben empfände, am Klavier zu sitzen oder Aquarelle zu malen! In der Pose eines «an der res publica interessierten Bürgers, der sich erlauben möchte, seine Meinung kundzutun», fungiert der späte Publizist im Laufe von Wochen und Monaten immer stärker als eine Art Neben-, zuweilen auch Ab- und Überkanzler. Um die Weltwirtschaftskrise der frühen achtziger Jahre zu managen, rät er dem Nachfolger, die – wie er schreibt – üblichen Fehler zu vermeiden: «Regierungen neigen dazu, ihre unmittelbaren Vorgänger für schuldig zu halten»; besser, so Helmut Schmidt, sei ein von den Partei-Egoismen abgekoppelter Blick auf die wahren Gründe prekärer Entwicklungen. Die liegen nach seinem Urteil fast immer in der mangelnden Kooperation der entscheidenden Figuren.

Dabei hat er durchaus Anlass, die von der neuen Bonner Koalition gesetzten Prioritäten mit einer gewissen Genugtuung zu verfolgen. Schon bald zeichnet sich ab, dass Kohls Wahlkampfparole von der «geistig-moralischen Wende» eine tönende Leerformel gewesen ist und der christdemokratische Kanzler in den zentralen Botschaften seines Programms deutlich auf Schmidt-Linie liegt. Das gilt vor allem für die außen- und sicherheitspolitische Marschroute, überraschenderweise aber auch für die meisten Versuche, die strapazierten Staatsfinanzen zu sanieren oder die weiter ansteigende Arbeitslosigkeit zu bekämpfen.

Zumindest findet sich der geschasste Sozialdemokrat in den

Grundzügen der konservativ-liberalen Konzepte eher wieder als in den Wendemanövern seiner SPD. In deren Reihen führt der Abschied von der Macht – und nicht minder der Rücktritt Herbert Wehners – zu einer massiven Umorientierung. Aus der «Troika» bleibt allein der fast 70-jährige Willy Brandt übrig, der zusammen mit dem peniblen neuen Fraktionsvorsitzenden Hans-Jochen Vogel die Akzente spürbar nach links verschiebt. Die vom Joch ihres regierenden Pragmatikers befreiten Genossen suchen nun Anschluss an die aufblühenden Öko- und Friedensinitiativen. Nur «selten in der deutschen Parlamentsgeschichte», analysiert später der Göttinger Politikwissenschaftler Franz Walter, habe eine Partei «diesen Bruch so radikal vollzogen».

Innerhalb weniger Monate distanziert sich die SPD von nahezu allen bedeutsamen Richtungsentscheidungen, die sich auf den Feldern der Wirtschafts- und Sozialpolitik, der Nutzung der Kernenergie wie der Verteidigungsstrategie mit dem Namen Helmut Schmidt verbinden. Die von ihm praktizierte Problemlösungstechnik, anfallende Sachfragen Schritt für Schritt und im Rahmen des dazu nötigen Wachstums zu bewältigen, gilt der postmaterialistisch gewendeten Partei als obsolet. Statt sich mit Schmidts enervierender Realitätsbezogenheit abzuquälen, darf nun endlich wieder – wie Brandt es formuliert – «über den Tag hinaus» gedacht werden.

Doch der kaltherzig abservierte einstige Führungsgenosse gibt sich noch nicht völlig geschlagen. Beflügelt von dem anhaltenden Echo, das er daheim als Publizist und in aller Welt als bestens bezahlter Vortragsreisender findet, beharrt er auf seinen Positionen. Wie eh und je treibt ihn besonders die ökonomische, aber noch mehr die bedrohte militärische Sicherheit Deutschlands um. «Der Doppelbeschluss ist nach wie vor richtig», schreibt er etwa im Sommer 1983 gegen den immer breiter anschwellenden Strom derer an, die das Junktim zwischen den erhofften west-östlichen Verhandlungen und einer gegebenenfalls nötigen Nachrüstung auflösen wollen.

Seine Beschwörung, das zarte Pflänzchen einer noch möglichen Übereinkunft der in Genf konferierenden Supermächte zu stärken, verfängt aber nicht mehr. Obwohl sich Fraktionschef Vogel um Formelkompromisse bemüht, erlebt der Altkanzler auf einem Parteitag im November 1983 sein Waterloo. Nach Massendemonstrationen, die mit einer Sitzblockade vor dem US-Raketenstützpunkt im schwäbischen Mutlangen ihren Höhepunkt erreichen, triumphiert in der SPD die reine Lehre: Von den 400 in Köln versammelten Genossen votieren ganze vierzehn Getreue für das angeblich den Frieden gefährdende Modell Helmut Schmidts.

«Einige» in seinen Reihen, hatte er bereits in den dramatischen letzten Tagen seiner Amtszeit vermutet, würden ihn «wegwerfen wie ein verbrauchtes Blatt Löschpapier» – und nun sind es fast alle. Da hilft es nur wenig, dass die christlich-liberale Koalition kurz danach ihre Majorität nutzt und den 1979 von den Außen- und Verteidigungsministern der NATO gefassten Beschluss im Bundestag umsetzt. Für den ehemaligen SPD-Kanzler verdichten sich die beiden Entscheidungen zu einer Erfahrung besonderer Art: Während er von den eigenen Freunden gedemütigt wird, verwirklicht der politische Gegner sein Konzept.

Wilde Gerüchte machen nach dem Desaster die Runde. Sogenannte gut unterrichtete Kreise streuen Spekulationen, der von Brandt und dessen Gefolgschaft bis auf die Knochen blamierte, immerhin noch stellvertretende Vorsitzende plane den Ausstieg aus der SPD. Unter den mehr als fünfzehntausend

Bundesbürgern, die seine Abwahl in Briefen und Telegrammen bedauerten, hätten ihn selbst zahllose Konservative gebeten, zur Union zu wechseln.

Der Altkanzler mag sich geschmeichelt fühlen, doch an «solchen Quatsch» verschwendet er keinen Gedanken. Auf dem für ihn niederschmetternden Raketen-Parteitag legt er noch vor der Abstimmung dar, was er nie in Zweifel ziehen lässt: Die Sozialdemokratie soll auch dann seine politische Heimat bleiben, wenn sich die Delegierten in einer ihm existentiell erscheinenden Frage anders entscheiden, als er das für richtig hält.

In den Führungsgremien der Partei taucht er nach den Ereignissen von Köln zwar nur noch selten auf, aber Genossen, die sich dennoch mit seinem im Volk ungebrochenen Renommee zu schmücken gedenken, dürfen gerne bei ihm anklopfen. Wie nach dem Ende seiner Regentschaft in Hessen beweist der schlachtenerprobte Elder Statesman seine Zugkraft zunächst in der Heimatstadt Hamburg, wo er den Spitzenkandidaten Klaus von Dohnanyi erfolgreich unterstützt, um sich dann vornehmlich in den Provinzen des deutschen Südens zu bewähren: Etwa in Freiburg und in Lörrach, in Mannheim und Böblingen hilft er einstigen Kollegen aus Bonner Zeit, ihre Wahlen zum Oberbürgermeister zu bestehen – und alle gewinnen.

Es sind sorgfältig gesetzte Zeichen, die einerseits die immer noch von ihm ausgehende Wirkung hervorkehren, zum anderen aber auch seine Genügsamkeit belegen. Und sie erinnern an die Bilanz des Historikers Golo Mann, der dem an unauflösbaren Gegensätzen gescheiterten Bundeskanzler gleich nach seinem Abgang kluge Selbstzucht bescheinigt. Schmidt, so der 1994 verstorbene Politikwissenschaftler, habe in weiser Bescheidenheit darauf verzichtet, seine insgesamt eher ereignisarme Amtstätigkeit mit unangemessen hohen Zielen zu befrachten, und stattdessen Solidität und Augenmaß bewahrt: «Nicht Geschichte machen wollte er, sondern weitermachen, und das war schwierig genug.»

Natürlich will er von Anfang an mehr, als sich den Landsleuten mit einem unablässigen Krisenmanagement zu empfehlen – und wie sehr er darunter leidet, dass ihm nichts anderes übrigbleibt, offenbart sich gerade auf dem Gipfelpunkt seiner Karriere: Bei einem Besuch im ägyptischen Luxor, wo ihn der Staatschef Anwar as-Sadat Ende Dezember 1977 zu den jahrtausendealten Pharaonengräbern führt, beschleicht den Polittouristen der beklemmende Eindruck, selber ein Niemand zu sein. Von einem wie ihm, fällt ihm hinterher im Hotel ein, werde «allenfalls eine Fußnote» an künftige Generationen weitergegeben.

Man soll ihm glauben, dass er das so in Ordnung findet, doch gleichzeitig lässt er kaum eine Gelegenheit aus, die jeweiligen Gesprächspartner auf seinen Anteil an der Entwicklung der Welt hinzuweisen. Die von Helmut Schmidt vor allem nach seiner Regentschaft in Umlauf gebrachten Reminiszenzen sind häufig Selbsterforschungsversuche, die nur selten von Zweifeln begleitet werden. Setzt er sich mit Texten anderer auseinander, in denen er eine wichtige Rolle spielt, pocht er gerne auf Korrekturen.

Schon bald nach seinem Wechsel in den Beruf des Journalisten beginnt sich der Ex-Kanzler mit einer gewaltigen Stoffsammlung zu befassen. «Menschen und Mächte», so der Titel eines 1987 binnen eines Jahres über dreihunderttausendmal verkauften Buches, beschreibt die Erfahrungen und Empfindungen des Autors während seiner zahllosen Reisen in die Sowjetunion, die USA und China – ein, wie er im Vorwort festhält, «faszinierendes Kaleidoskop». Der Form und Dramaturgie nach bietet der bunte Bilderreigen intime Einblicke in die ebenso reizvolle wie gelegentlich rätselhafte Innenausstattung dreier Riesenreiche; bei näherem Hinsehen jedoch steht ein gelehrsamer – oder, öfter noch, belehrender – Staatsmann aus Bonn im Zentrum der meisten Geschehnisse.

Helmut Schmidt und die Koryphäen der Welt: In Pekings «Verbotener Stadt» schaut er beim greisen Mao Zedong vorbei oder trifft in Washington auf Ronald Reagan, mit dem er unnachgiebig über Steuerprobleme streitet. Oder nicht selten ist er auch selbst der Gastgeber: Der vornehme französische Adelsherr Valéry Giscard d'Estaing fühlt sich in seinem Eigenheim in Langenhorn offenbar so wohl wie der derbe Russe Leonid Breschnew, der bei ihm reichlich Wodka aus Wassergläsern trinkt und es sich im Sessel zufällig an der Stelle gemütlich macht, wo der Hausherr in seiner Bücherwand die gesammelten Werke von Marx und Engels platziert hat.

Stimmt die Chemie besonders wie im Verhältnis zu Sadat oder Gerald Ford, gerät der Altkanzler nachgerade ins Schwärmen. Er nennt beide ihrer Geistesverwandtschaft wegen «Freunde», eine in der Politik seltene Kategorie, von der der eher introvertierte Helmut Schmidt erstaunlich häufig Gebrauch macht. Zumindest «freundschaftliche Gefühle» entwickeln sich bei ihm immer dann, wenn ein unter schwierigsten Umständen sich behauptender Zeitgenosse Verlässlichkeit und Vernunft ausstrahlt wie der Pole Edward Gierek, den er trotz härtester Verhandlungen ins Herz schließt – oder bei aller Vorsicht ein bisschen sogar der Kremlherr Breschnew.

Dem kommunistischen Diktator, verbreitet er gerne, habe er bereits als Verteidigungsminister die Schizophrenie junger Soldaten Hitlers erklärt, einerseits einem Verbrecherregime dienen zu müssen, aber andererseits keinen Landesverrat begehen zu wollen, und sich so seinen Respekt eingehandelt. Später gewinnt der mächtigste Mann der Sowjetunion dann offenbar so viel Zutrauen zum deutschen Kanzler, dass er in einem Vieraugengespräch über die Moskauer Raketenpläne spontan seinen aufgestauten Empfindungen freien Lauf lässt: In jäher Bestürzung über den wuchernden Rüstungsirrsinn, so erzählt es Schmidt, habe der kurzerhand die vor ihm liegenden Geheimpapiere vom Tisch gewischt.

«Das war durchaus einer, der sich vor Kriegen genauso fürchtete wie wir», will der pragmatische Sozialdemokrat da erkannt haben, und er sieht sich fortan in seiner Philosophie bestätigt. Staats- und Regierungschefs, die einen soliden Wirklichkeitssinn letztlich über Fragen der Weltanschauung stellen, gefallen ihm. Sie bekräftigen seine These, nach der es eine überparteiliche Vernunft gibt, die auch zum Ziel führt, wenn sie nur mit dem nötigen Willen vertreten wird. Auf dem «denkbar kleinsten Dienstweg», enthüllt er erst als Privatmann, ist es ihm so gelungen, 1970 einen bereits von der NATO beschlossenen, quer durch die Bundesrepublik zu installierenden atomaren Landminengürtel zu verhindern. Nach seiner geharnischten Intervention beim amerikanischen Kollegen Melvin Laird «beerdigt der das schreckliche Ding».

«Ganze Kerle» – für den kernigen Deutschen eines der vornehmsten Prädikate – machen eben Geschichte, und wie sich Politiker, die ihm anfangs eher unbedarft erscheinen, auf beachtliche Weise wandeln können, erläutert er etwas großmäulig am Beispiel Helmut Kohls. Nur weil einer «gestreifte Hosen» trage, sei er «noch kein Staatsmann», hatte Schmidt dem Christdemokraten gleich nach dessen Machtübernahme zugezischt, aber seit er ihm die Durchsetzung seines Doppelbeschlusses verdankt, schlägt er deutlich mildere Töne an.

Dem vergleichsweise unerfahrenen Nachfolger ein paar nützliche Ratschläge zu erteilen, hält der unentwegt um den Bestand der Bundesrepublik bangende Vorgänger dennoch für angebracht. «Regierungschefs sind meistens einsame Personen», teilt er ihm väterlich über sein Wochenblatt mit und erhebt dann mahnend die Stimme: «Sosehr sie selbst der Kontrolle und Kritik bedürfen, so sehr haben sie zu entscheiden und zu führen. Wenn sie es nicht tun, sinkt das Land in Schlendrian, oder sie bleiben nicht lange.»

Helmut Schmidt mit dem Gestus eines Praeceptor Germaniae, dem nach dem Ende seiner Karriere als Kanzler sogar der sichtlich aufgeblühte Genosse Brandt die Eignung zum höchsten Amt im Staate zugesteht. Falls die SPD einen Kandidaten für die Präsidentenwahl aufzustellen habe, lässt der Parteichef durchblicken, gehe die «erste Frage» an ihn – eine angesichts der herrschenden Kräfteverhältnisse allerdings bestenfalls theoretische Offerte.

Schwerer wiegt da schon das Echo auf den neuen Hinterbänkler, als er am 23. Dezember 1983 seinen 65. Geburtstag feiert. Am Vorabend zum Ehrenbürger seiner Heimatstadt ernannt, strömen Hunderte von Hamburgern und Gäste aus allen Himmelsrichtungen in eine schmucklose Bergedorfer Mehrzweckhalle, um dem Jubilar zu huldigen. Neben dem üblichen Aufgebot an Stars aus Politik und Kultur sind es insbesondere die weniger prominenten Gäste, die dem «Volksfest» sein Gepräge geben. Dem «bekanntesten und meistgeehrten Deutschen der heutigen Zeit in Europa und in der Welt», als den ihn der aus Paris herbeigeeilte Giscard überschwänglich preist, wird bei so viel Zuspruch «ganz mulmig».

Dass er ein Mensch «von tiefer Herzensgüte» sei, wie der aufgewühlte Franzose in den Saal ruft, verbindet das Gros der Bundesbürger wohl eher nicht mit seinem Namen – aber schon in diesem ersten Jahr der Post-Schmidt-Ära verfestigen sich bei allen Umfragen jene Werte, die den Kern seiner seither ungebrochenen Popularität ausmachen. Er avanciert schon bald nach seiner Abwahl als Kanzler, schreibt in einer Analyse der SPD-Troika der Politikwissenschaftler Martin Rupps, «zu einer Art heimlichem Bundespräsidenten». Und sein zeitweilig unerbittlicher Kritiker Rudolf Augstein reiht ihn sofort in den Kreis der Allergrößten ein: Neben den Koryphäen Bismarck, Stresemann, Adenauer und Brandt gehöre der fünfte Regierungschef der Republik zu den Staatsmännern, deren «man sich erinnern wird».

Von den täglichen Sachzwängen befreit, darf er sich Wünsche erfüllen, die ihm in seiner Amtszeit versagt geblieben sind. Zu ihnen zählt auch, nun den zweiten deutschen Staat kennenzulernen, und so besucht er aus Anlass des 500. Geburtstags Martin Luthers die historischen Stätten der Reformation – eine Tour, über die er in der «Zeit» in seltsam betulich anmutenden Sätzen berichtet: Er habe mit seiner Frau «an einem sehr anrührenden, weil ungemein lebendigen Familiengottesdienst in der Stadtkirche zu Wittenberg teilgenommen» und «vielfältige Kontakte zu Bürgern der DDR» pflegen können.

Was da so vorsichtig gestelzt und im Stil eines Kommuniqués an die Leser weitergereicht wirkt, ist in Wahrheit seiner immer noch enormen Bedeutung geschuldet. Denn auch dort, wo der Privatier Schmidt sich bewegt, findet nach wie vor große Politik statt, weshalb sich der SED-Generalsekretär Erich Honecker persönlich die Ehre gibt. Wie der Staatsgast aus Hamburg danach berichtet, redet man «um der Nation und des Friedens willen» lange über den misslichen Stand der in Genf vor sich hin dümpelnden Atom-Abrüstungsverhandlungen und versichert einander, den Draht nicht abreißen zu lassen.

Vieles spricht dafür, dass sich der wieder auffällig agile Elder Statesman auf ähnliche Weise seine künftige Rolle vorstellt. Die Möglichkeit, über die bisherigen Grenzen hinaus seine Dienste als gutwilliger Emissär anzubieten und das Ergebnis solcher Bemühungen dann in Form dosierter Bulletins zu veröffentlichen, entschädigt ihn für den Machtverlust. Sosehr ihn in Schüben wohl noch wurmt, was mit ihm geschah, beginnt er nach den wahren Gründen zu forschen, und nicht alle bestätigen die hartnäckigen Klischees. Dass er nur verraten und verkauft und zwischen den Koalitionspartnern zerrieben worden sei – wie er zunächst selber den Anschein erweckt hat –, lässt sich kaum aufrechterhalten. Seinen Sturz, ahnt er nun, besiegelten mit ihrem Entschluss, der Republik nach dem angekündigten Sozialabbau einen «heißen Herbst» zu bescheren, letztlich ausgerechnet die von ihm gehätschelten Gewerkschaften.

Und trug nicht auch er einen Teil dazu bei, indem er die SPD zum reinen Vollzugsorgan seiner Politik zu degradieren versuchte? «Seit der Bundestagswahl 1976», schreiben in einer ersten ausführlichen Analyse der Ära Helmut Schmidt die Politologen Wolfgang Jäger und Werner Link, «verkeilten sich Kanzler und Partei im Stellungskrieg und blockierten sich gegenseitig.» Der «Prediger des Realismus und Pragmatismus» habe den Wortführern in seiner zukunftsgläubigen Organisation so die Motivation und den Antrieb geraubt – er sei «mehr Tierbändiger» als Leitfigur gewesen.

Aber das Volk scheint es besser zu wissen, und das tut ihm gut. Die Bereitschaft der Öffentlichkeit, Helmut Schmidts auf Koalitionskompromisse bedachten Führungsstil als gelungene

Synthese von Moral, Geist und Macht zu betrachten, erleichtert es ihm, die eigene Verbitterung zu besänftigen. Bereits im Januar 1984 teilt er Willy Brandt mit, er fühle sich «gesundheitlich und seelisch» weit besser als jemals zuvor im Laufe der vergangenen zwölf Jahre, und verspricht, sich in seinem Groll auf die Partei zu mäßigen. Nachzukarten sei nicht sein Fall, er werde sich im Wesentlichen um die neue Profession in Hamburg kümmern und der SPD «immer weniger Schwierigkeiten» bereiten.

Von gelegentlichen Ausnahmen abgesehen, hält er sich auch daran. Nachdem er beim Kölner Raketenkonvent schon auf das Amt des Stellvertreters verzichtet hat, scheidet er im Mai 1984 in Essen vollends aus den Spitzengremien aus. Seine letzte Mahnung, «in der Opposition von heute» müsse die sozialdemokratische «Regierungsverantwortung von gestern» und in «unserer Regierungspraxis von morgen» wiederum «unsere Oppositionspraxis von heute» erkennbar bleiben, nehmen die Delegierten verhalten zur Kenntnis. Sie haben offenbar anderes im Sinn, als der ewigen Schmidt'schen Fixierung auf Kontinuität in der Politik zu applaudieren.

Die Zeichen stehen auf Umbruch, und je weiter sich die wieder ganz auf Willy Brandt konzentrierten Sozis von der Marschroute der letzten Regierungsjahre entfernen, desto stärker verankert sich der Ex-Kanzler außerhalb der Partei. Zunehmend zieht es den insbesondere in Fragen der Ökonomie beseelten Deutschen («Die Weltwirtschaft ist unser Schicksal») auf Vortragsreisen ins Ausland. Der auf diesem Gebiet als überaus kompetent geltende Hamburger, Ehrendoktor unter anderem der amerikanischen Eliteuniversitäten Harvard und Johns Hopkins, der Pariser Sorbonne und der britischen Universitäten Oxford und Cambridge, erwirbt sich rund um den Globus den Ruf eines fiskalpolitischen Messias.

Der im Englischen nahezu perfekte Vortragsreisende hat die nötigen Verbindungen größtenteils bereits in den Jahrzehnten seiner aktiven Zeit hergestellt – ein über alle Kontinente hinwegreichendes Beziehungsgeflecht, das er zu nutzen versteht. Zu seinen Gesprächspartnern zählen mit Nixon, Ford, Carter und Reagan allein vier amtierende US-Präsidenten, und dass ihn ehemalige Staats- und Regierungschefs nun zum Vorsitzenden eines sogenannten Inter Action Council wählen, ist da ebenso wenig verwunderlich wie die Entsendung in eine der denkbar schwierigsten Missionen: Ab der zweiten Hälfte der Achtziger leiten Helmut Schmidt und Valéry Giscard d'Estaing einen Ausschuss, der sich mit der Vorbereitung eines gemeinsamen europäischen Währungssystems (EWS) befasst.

Aber auch daheim schmückt man sich gerne mit ihm. Nach Hamburg tragen die Stadtväter von Bonn und Bremerhaven, später jene von Berlin und Güstrow, dem Veteranen die Ehrenbürgerschaft an, während die Zahl der ihm verliehenen Doktorhüte im Laufe der Jahre auf annähernd zwei Dutzend steigt. Zu Lorbeer und Lametta kommt in der «Zeit» die Funktion eines Geschäftsführers hinzu – und der robuste Workaholic darf sich nun wieder rühmen, einen Terminkalender bis zum Überquellen abzuarbeiten.

Helmut Schmidt, das bei aller Bescheidenheit unablässig nach Bestätigung gierende omnipotente wie omnipräsente Multitalent: In Europa über das neue Geld zu grübeln – oder es am Hamburger Speersort zu mehren –, kann ihn nicht daran hindern, zwischendurch gänzlich anderen Engagements nachzugehen. Im Privatfernsehen etwa erprobt er sich als Talkmaster und steht auch hier professionell seinen Mann: Zum Beispiel geht es in einem langen Gedankenaustausch mit dem amerikanischen Dirigenten Leonard Bernstein um

Hiroshima, die Musik Beethovens und die Produktion von Kernwaffen.

Tuchfühlung mit Künstlern aufzunehmen, ist dem musisch interessierten Politiker von jeher wichtig gewesen, und so hält er es auch jetzt. Nachdem ihn das Kanzleramt gebeten hat, eine vormals von ihm selbst angeregte Galerie der Porträts Bonner Regierungschefs um das eigene Konterfei zu erweitern, verfällt er auf eine ziemlich ungewöhnliche Idee. Er fährt nach Leipzig und gewinnt den von Erich Honecker gepäppelten DDR-Star Bernhard Heisig für das Projekt.

Ein bisschen mag dabei nach Extravaganz aussehen, was vermutlich nur einer gesunden Selbsteinschätzung entspringt. Dass er sich als Person der Zeitgeschichte und zumal in der gespaltenen deutschen Nation mit hohen Erwartungen befrachtete öffentliche Instanz empfindet, soll dabei nicht schamhaft untergepflügt werden. Helmut Schmidt ist sich der kitzeligen Konstellation – wie er später spöttisch zum besten gibt – sehr wohl bewusst: Ein an Minderwertigkeitskomplexen leidender Arbeiter-und-Bauern-Staat, höhnt er, beweist sein «Weltklasse-Niveau», indem er einen seiner bevorzugten Künstler ausgerechnet den missliebigen einstigen «Raketenkanzler» malen lässt.

Im Scheinwerferlicht steht er nun seltener, aber was ihm noch bleibt, liebt er zu zelebrieren. Im September 1986 verabschiedet sich der Sozialdemokrat als Volksvertreter, und die Schlussansprache, obschon er sie nicht in «Selbstbeweihräucherung» zu ersticken beabsichtigt, gerät ihm zum eindrucksvollen Rechenschaftsbericht. Seine Retrospektive auf dreieinhalb Jahrzehnte «gelernter Demokratie», in der er die eigenen Verdienste gebührend berücksichtigt, begeistert vor allem die Konservativen. Am Ende seines ausschweifenden Plädoyers für Moral und Sitte stattet vor den nahezu vollständig erschienenen Bundestagsabgeordneten sogar der amtierende Regent Helmut Kohl seinen Dank an ihn ab. Gefühlvoll und in typischer Diktion lobt der Kanzler «die Erfahrungen und die Reflexion eines der großen Parlamentarier und politischen Gestalten» der Republik.

Schmidts über weite Strecken fulminant vorgetragene zweistündige Rede unterstreicht noch einmal die entscheidenden Markenzeichen seines Wirkens. Der auf unverbrüchliche Westbindung bedachte Atlantiker ruft sich genauso in Erinnerung wie der Marktwirtschaftler und Anhänger eines um «nüchterne Leidenschaft zur praktischen Vernunft» ringenden Pragmatismus. Über die drastischen Veränderungen des gesellschaftlichen Großklimas, etwa die Ökologie- und Friedensbewegung oder die Emanzipationsversuche der Frauen, verliert er dagegen kein Wort.

Helmut Schmidt bleibt Helmut Schmidt – und Helmut Schmidt darf frohlocken. Was ihm in seiner Regierungszeit nicht gelang und letztlich die eigene Partei gegen ihn auf die Barrikaden trieb, machen im Dezember des darauffolgenden Jahres die Führer der beiden Supermächte möglich: US-Präsident Ronald Reagan, der sich vom Kalten Krieger zum gelenkigen Verhandlungspartner gewandelt hat, und der mittlerweile bestaunte kommunistische Reformator Michail Gorbatschow einigen sich in Reykjavik und New York auf die vollständige Verschrottung der amerikanischen wie sowjetischen Nuklearwaffen im Reichweitenspektrum zwischen 500 und 5500 Kilometern.

Der sogenannte INF-Vertrag schafft die Voraussetzungen dafür, dass in Europa alle SS-20-Mittelstrecken-Raketen wie die im Westen des Kontinents stationierten Pershing II und landgestützten Marschflugkörper Cruise Missiles abgebaut werden. Diese «Null-Lösung» entspricht der Idealvorstellung der Väter des NATO-Doppelbeschlusses, für deren Entwicklung und Durchsetzung sich im Bündnis kein zweiter Politiker so in die Bresche geworfen hat wie der sozialdemokratische Kanzler Schmidt. «Welch später Triumph» für ihn, notiert, als das Ergebnis endgültig feststeht, der ehemalige Verteidigungsminister Hans Apel in sein Tagebuch.

Hat der damals regierende, seine militärstrategischen Optionen fast schon obsessiv vertretende Spitzengenosse tatsächlich «nur Glück gehabt», wie der Nachrüstungsgegner Egon Bahr bis heute glaubt? Immerhin lässt sich ein anderer Schmidt-Kritiker, Horst Ehmke, mit der einschränkenden Bemerkung zitieren, die USA hätten den Beschluss «ums Verrecken nicht gewollt – den hat der Helmut ihnen aufgezwungen», und ohne dessen Hartnäckigkeit, kann das nur heißen, wäre der Deal so kaum zustande gekommen. Schließlich musste selbst der seinerzeit noch mächtige Kremlchef seinen Generälen für die Zerstörung der eigenen Raketen ein entsprechendes Äquivalent des Westens anbieten.

Dass sich der Bonner Ex-Kanzler also als Spiritus Rector des bis dahin größten Erfolgs auf dem Felde der nuklearen Deeskalation fühlen darf, wird ihm in den neunziger Jahren der inzwischen entmachtete Michail Gorbatschow persönlich bestätigen – für den Deutschen eine Genugtuung, die er in kleineren Dosen schon früher erfährt. Einen «Fackelzug», der nach Hans Apels Geschmack «eigentlich fällig gewesen wäre», spendiert ihm die SPD nach der Ratifizierung des Vertrages zwar nicht, aber auf Fragen von Journalisten gibt zumindest Willy Brandt eine gewisse Korrektur seiner Haltung zu erkennen: Von der generellen Unbeweglichkeit der beiden Weltmächte ausgegangen zu sein, habe sich «Gott sei Dank als irrig» erwiesen.

In der Bevölkerung und insbesondere in aufgeklärt-bürgerlichen Kreisen sorgen die aktuellen Entspannungstendenzen indessen für einen neuerlichen Popularitätsschub Schmidts. Im Gegensatz zu seiner eigenen Partei, die sich ab 1987 nach dem Rücktritt ihres Vorsitzenden immer stärker auf den ungestümen Saarländer Oskar Lafontaine fixiert, steht der Hanseat wie nur wenige andere für die häufig beschworene «Mitte» der Gesellschaft. Zu seinem Siebzigsten preist ihn Bundespräsident Richard von Weizsäcker in den höchsten Tönen: Der Jubilar, so das Staatsoberhaupt, verkörpere «ein Ringen mit den Konflikten des Menschen in seiner Zeit, eine Auseinandersetzung mit der Spannung zwischen Verstand und Gefühl, Leidenschaft und Disziplin, Idee und kritischer Rationalität …».

Und der Kanzler außer Diensten, dem bis an Resignation grenzende Stimmungstiefs in den Jahren seiner Karriere nie ganz fremd gewesen sind, zeigt sich beflügelt. Wie einst, als er noch selbst an der Schraube des Weltgeschehens drehte, nutzt er seine nach dem INF-Vertrag hinzugewonnene Kompetenz. Nun sei es an China, Frankreich und Großbritannien, ihre Atomwaffenarsenale ebenfalls zu verringern, fordert Schmidt auf einer Tagung in Moskau, der er «in Amtseigenschaft» beiwohnt. Er spricht im Namen des Inter Action Council, des vom ehemaligen japanischen Ministerpräsidenten Takeo Fukuda ins Leben gerufenen «Rats der Weisen».

Sein Verständnis von der grenzüberschreitenden Wirksamkeit allen politischen Handelns, eine Frühform der Globalisierung, erfordert es, sich in internationalen Gremien zu engagieren. Schon als Kanzler hat er darauf gebaut, dass die Völker ihre Probleme nur in Kooperation lösen können – oder andernfalls samt und sonders verlieren –, und nach diesem Erkenntnismuster verhält er sich. Im April 1989 übernimmt der «Patriot und Weltbürger» («Hamburger Abendblatt») den Vorsitz einer Kommission, die sich mit den Finanzströmen in die Entwicklungsländer befasst und bereits im Juli ihren Bericht vorlegt. Er empfiehlt ein stabileres Währungssystem und weniger schwankende Wechselkurse, mahnt zugleich aber auch die noch rückständigen Staaten, ihre zum Teil horrenden Militärausgaben zu drosseln.

Doch dann nimmt ihm ein Ereignis den Atem, das er nach der Kriegsheimkehr als «den zweiten der beiden glücklichsten Momente» in seiner Vita umschreibt: In Berlin fällt die Mauer, und Schmidt, der an diesem 9. November 1989 wieder mal aus der DDR zurückkehrt, kommen angesichts der überwältigend anrührenden Fernsehbilder unvermittelt die Tränen. Natürlich hat auch er, was da auf ihn einstürzt, zu seinen Lebzeiten für ganz und gar undenkbar gehalten – der Realist wird mit einem zur Wirklichkeit geronnenen Traum konfrontiert.

Aber nun ist die Lage da, wie sich in der Gründerphase der Bundesrepublik deren sprachlich anspruchsloser Urvater Konrad Adenauer auszudrücken pflegte, und bei Helmut Schmidt setzt schon bald die professionelle Skepsis ein. Der Ökonom misstraut dem großen Glück und kann bereits bei einem seiner ersten öffentlichen Auftritte in Mecklenburg-Vorpommern nur mit äußerster Mühe davon abgebracht werden, seinen tatsächlichen Empfindungen zu folgen. Der Freund Peter Schulz, in Hamburg zeitweilig Bürgermeister und gebürtiger Rostocker, bittet ihn inständig, die zu Tausenden gläubig an seinen Lippen hängenden Ostdeutschen nicht zu desillusionieren.

Seine Kritik an Helmut Kohl und den von ihm leichtfertig

verheißenen «blühenden Landschaften» bricht danach umso heftiger hervor. Als Redner im Wahlkampf und Publizist fühlt sich der Vorgänger im Kanzleramt zunehmend «verpflichtet, den Menschen die Wahrheit zu sagen und die ganze Scheiße, diese Riesenarbeitslosigkeit, zu prophezeien». So geißelt er in den Wendejahren vor allem die ihm miserabel erscheinende, dem Grundsatz «Rückgabe vor Entschädigung» folgende Eigentumsregelung in der ehemaligen DDR und fordert von der Regierung, die ursprünglichen Besitzer aus Westdeutschland auf Verzicht einzustellen. Um der Vereinigungskrise Herr zu werden, benötige die Republik weder «neue Theorien, Ideologien oder Utopien», sondern «praktische Vernunft».

Darüber hinaus bedürfe es persönlicher Vorbilder, die er sowohl beim bürgerlich-liberalen Establishment als auch in den eigenen Reihen schmerzlich vermisst. Im Januar 1990 ist nach langer Krankheit der Zuchtmeister der SPD, Herbert Wehner, dahingegangen, und im Oktober 1992 stirbt der in den letzten Jahren seines Lebens ganz auf die Wiedervereinigung fixierte sozialdemokratische Patriarch Willy Brandt. Mit ihm hat sich Schmidt am Rande einer von der Friedrich-Ebert-Stiftung organisierten Jubiläumsveranstaltung noch halbwegs verständigen können.

Aus Anlass des 100. Geburtstages von Julius Leber, einem im «Dritten Reich» hingerichteten Widerstandskämpfer, treffen die beiden Granden in einem Nebenraum der Berliner Gethsemane-Kirche zusammen und begraben, wie anschließend der einstige hessische Ministerpräsident Holger Börner als Initiator des Gesprächs den Genossen zuraunt, «ihr Kriegsbeil». Sie wollen in Frieden und gegenseitigem Respekt miteinander auskommen, was aber keineswegs darauf hinausläuft, dass sie bereit wären, von ihren jeweiligen Standpunkten abzurücken.

Der zum Ehrenvorsitzenden gewählte Brandt bleibt dabei, er habe den Parteifreund häufig genug bis an die «Grenze der Selbstachtung» unterstützt, und desgleichen nimmt sein Nachfolger im wichtigsten Staatsamt von seinen Urteilen kaum etwas zurück: Noch viele Jahre später stellt er den Vorgänger schroff als reformeuphorischen «Ankündigungskanzler» und «Überläufer» beim Doppelbeschluss bloß. Das lasse sich «leider nicht anders ausdrücken».

Einiges spricht dafür, dass ihn der Tod seiner politisch engsten Bezugsperson dennoch schwer berührt – aber er scheint auch befreiend auf ihn zu wirken. Schon seit der Bundestagswahl von 1990, die der in Sachen Einheit empörend desinteressierte neue Spitzenmann Oskar Lafontaine krachend verliert, steht die SPD vor einem Scherbenhaufen. Nachdem im Mai 1993 auch noch Björn Engholm als Konsequenz aus der Kieler «Waterkantgate»-Affäre den Parteivorsitz aufgegeben hat, ist ihr unter den «Enkeln» die bis auf weiteres letzte Führungsfigur abhandengekommen. Nur ein Zufall oder logische Folge, dass in dieser Talsohle Helmut Schmidt immer stärker in den Blickpunkt gerät?

Er ist jetzt vierundsiebzig und bewegt sich mit etwas schleppenden Schritten, wenn er im Lande sorgfältig ausgewählten Einladungen nachkommt, doch das schadet seiner kantigen Aura nicht. In den Tagen, in denen der deprimierte, um 21 Jahre jüngere Engholm die verängstigte Sozialdemokratie in eine ihrer schwersten Krisen stürzt, verbreitet der Altkanzler bei seinen Auftritten eine Stimmung, die im Parteivolk an die schönsten Zeiten der Republik erinnert. Er hat für den Rowohlt Verlag im Ferienhaus seines Freundes Justus Frantz auf Gran Canaria einen neuen Bestseller unter dem Titel «Handeln für Deutsch-

land» geschrieben, mit dem er sich nun auf groß angekündigten Lesereisen präsentiert.

Doch das Erscheinen des Buches allein erklärt das auffällige
Echo wohl nur zum geringeren Teil. Eher wird das Schmidt'-
sche «Revival» (so die «Tageszeitung») von der im vereinten
Deutschland tristen Wirklichkeit begünstigt, und der Autor
hat ein Gespür für Erwartungen. Er habe jetzt «zehn Jahre
lang die Schnauze gehalten», echauffiert er sich in Bonn oder
Dresden nicht ganz wahrheitsgemäß, um dann in gewohnter
Übellaunigkeit über die unfähige politische Klasse herzuziehen. Wohin er auch schaut, sieht er ein penetrantes «Affenthea-
ter» am Werk, grämen ihn «gesammelte Dusseligkeiten».

«Das Volk ist sauer», stellt der vormalige Regierungschef mit
eisiger Miene fest, und davongeflogen sind seine Bedenken, er
könne dafür gescholten werden, «dass es hier ein alter Mann
noch einmal wagt, den Kanaldeckel hochzuklappen». Ganz im
Gegenteil: Da ihn Krisen wie die im Mai 1993 ausufernde Misere der verpatzten inneren Einheit des Landes schon immer
munter gemacht haben, fühlt er sich selbst im beginnenden
Greisenalter noch berufen, «ein paar Therapievorschläge» zu
unterbreiten.

Oder führt er am Ende nicht sogar mehr im Schilde? Wann
immer er das Wort ergreift, nimmt der mit wehendem knallro-
tem Schal auftretende Helmut Schmidt die Reizvokabel «Kanzlerkandidatur» in den Mund. «Eine Kandidatenrede war das
nicht», ruft er zum Beispiel in einem Festzelt auf dem Hamburger «Dom» einer tausendköpfigen Menschenmenge zu und variiert danach das ihn offenkundig umtreibende Thema: Eine
Journalistin, teilt er etwa mit, habe ihn gerade gefragt, «ob das
Buch als Kandidatur zu werten sei».

Und die Medien spekulieren. Allen Ernstes erörtern selbst

seriöse Blätter Schmidts Comeback-Chancen, während dem ehrgeizigen Erfolgsschriftsteller das Spiel gefällt. Dass er im Hinblick auf die Bundestagswahl 1994 unter den kopflosen Genossen als die nach wie vor beste Alternative zur mittlerweile hoch verunsicherten Koalition Helmut Kohls gilt, lässt er sich gerne bestätigen. Ist nicht Konrad Adenauer bei seinem Einstieg ähnlich betagt gewesen?

Ihm immer noch nahestehende Genossen wollen beschwören, dass er seinerzeit das eigentlich Undenkbare zumindest ins Kalkül zieht. Nahezu zwei Drittel aller befragten Deutschen wünschen sich in jenen Wochen seine Rückkehr in die Regierungsverantwortung – für den elf Jahre vorher demontierten Kanzler ein in der Geschichte der Republik sensationeller Wert. «Der noch überaus kraftvolle Graue Panther», steckt der Verlagschef Michael Naumann vertrauten Journalisten, plane mit seinem Buch «einen Probelauf», und der Hamburger SPD-Kombattant Henning Voscherau verstärkt diesen Eindruck. Er bietet sich an, für den leicht hüftsteifen Parteifreund «stellvertretend über die Marktplätze zu spazieren».

Doch die Bonner SPD, sosehr sie sich auch in personellen Nöten befindet, ruft ihren vormaligen Lotsen nicht mehr – und Schmidt versteht. Er sei zu alt, beendet er die Phase der inneren Anfechtung bedauernd per Presseerklärung, um im Anschluss daran mit erneuertem Herzschrittmacher in die USA und den Fernen Osten zu entschwinden. Nach diffusen Tagträumen, in denen er sich in seine Lieblingsrolle hineinphantasiert hat, das heftig schlingernde Vaterland wieder auf Kurs zu bringen, siegt zu guter Letzt der Realist.

Natürlich hätte er gekonnt, wenn er denn nur gewollt hätte, eröffnet Schmidt am Vorabend seines 75. Geburtstages dem «Spiegel»-Reporter Jürgen Leinemann, aber damit reicht es dem pensionierten Staatslenker. Statt sich mit kurzsichtigen und kleinkarierten Kollegen herumzuquälen, inszeniert er sich lieber als sachverständigen Analytiker, der «mit breit geöffnetem Visier und offenen Ohren durch die Weltenlandschaft geht». Seit August sitzt er einer gemeinsam mit Freunden aus der Industrie in Weimar gegründeten «Deutschen Nationalstiftung» vor, die den Mitbürgern vor allem den europäischen Gedanken nahebringen soll. Weil er für die teure Einrichtung zu Spenden animieren will, zweigt er von seinen üppigen Vortragshonoraren erst mal eine runde Million Mark als persönliche Einlage ab.

Hatte er sich als Kanzler nicht stets geweigert, seine Landsleute mit geistig-moralischer Wegweisung zu traktieren? Er sei «kein Vorphilosophierer» oder gar «Volkserzieher», so der regierende Hanseat demonstrativ dröge in einem Streitgespräch mit den kritischen Dichterfürsten Günter Grass und Siegfried Lenz. Dem Staat eine sinnstiftende Instanz zuzubilligen, ging ihm schlicht gegen den Strich – aber neuerdings, da die von einem gütigen Schicksal vereinigten Menschen aus West und Ost einander mit zunehmenden Verständnisschwierigkeiten gegenüberstehen, sieht er das nicht mehr so streng.

Könne sein, räumt er vorsichtig ein, dass er die ihm «seinerzeit gestellten immateriellen Aufgaben etwas untertrieben definiert» habe, und seine Gedanken kreisen nun intensiver, als ihm das vorher nötig erschien, um das unverhofft hereingebrochene Wunder der Einheit. Ihrer Historie und einer im Herzen Europas komplizierten geographischen Lage wegen hält er die Deutschen «immer noch für ein gefährdetes Volk», das zu seiner Besorgnis darüber hinaus von einer perspektivlos-verlotterten «politischen Klasse» repräsentiert wird.

Dass selbstverständlich auch in einer Demokratie umso

straffer die Zügel anzuziehen sind, je tiefer der Karren im Dreck steckt, lässt dem Fuhrmann Schmidt keine Ruhe. Ökonomische und mentale Krisen, wie sie in den Neunzigern die neue Bundesrepublik erschüttern, entfachen in ihm das Feuer des «deutschen Patrioten», der sein Land beschützen muss. Und weil ihm dazu leider die amtliche Richtlinienkompetenz verlorengegangen ist, versucht er sie redend und schreibend zurückzugewinnen.

Seinem Bestseller mit Gebrauchsanweisungen zur Überwindung der Teilung folgt schon im Jahr darauf das Buch «Zur Lage der Nation», eine Art Regierungserklärung nach den von ihm gesetzten Maßstäben. Und dazwischen findet der arbeitswütige Autor noch Zeit, ein weiteres Werk aufzulegen: Unter dem Titel «Was wird aus Deutschland?» entwickelt er in einem über zwei volle Tage sich erstreckenden Marathongespräch mit dem Geschichtswissenschaftler Eberhard Jäckel und dem Unternehmer Edzard Reuter Modelle einer möglichen Innen- und Europa-Politik.

«Krise» übersetzt der ehemalige Kanzler in dieser Expertenrunde mit dem Wortpaar «Gefahr *und* Chance» – für Helmut Schmidt und seine Analyse herrschender Zustände eine bezeichnende Sichtweise. Sosehr sich seine Befunde über die aktuellen Verhältnisse in der Bundesrepublik mit fortschreitendem Alter auch zu verdüstern scheinen, so wenig hält er von rein emotional begründeten Einschätzungen. Optimismus an sich ist ihm dabei genauso suspekt, wie er es für unsinnig erachtet, als greinende Kassandra aufzutreten. Eher schon vertraut er auf die Kraft der Diagnose und eine adäquate Therapie.

In einem vierten, im Frühling 1994 erscheinenden Buch («Das Jahr der Entscheidung») beschäftigt sich der Staatsmann im permanenten Unruhezustand deshalb mit der mentalen Verfassung seiner Landsleute. «Wir Deutschen», konstatiert er besorgt, seien «zu Weltmeistern der Angst geworden», und zählt auf, was er danach in immer neuen frustrierenden Bildern variiert: Ob Kernenergie oder Gentechnik, Transrapid oder nur die Elektrifizierung einer Bahnstrecke – allerorten sieht er bängliche Bremser am Werk, die jede vernünftige Planung untergraben. Wen wundert es da, dass sich die zu den bedeutendsten Staaten gehörende Industrienation so schwer regieren lässt!

«Angst ist ein schrecklich schlechter Ratgeber», belehrte der fortschrittsgläubige Sozialdemokrat bereits acht Jahre vorher den Atomphysiker und Philosophen Carl Friedrich von Weizsäcker, mit dem er in Sachen Raketenbeschluss im Clinch lag – und der Streit, der ihn durchaus bekümmerte, endete letztlich mit einem Triumph für ihn. Als sich die Supermächte auf die Verschrottung der in Europa stationierten Mittelstreckenarsenale einigten, so schiebt er nun nach, habe der kleinmütige Wissenschaftler seinen «Irrtum» bekannt.

In den wesentlichen Entscheidungen seiner Zeit als Parlamentarier und Kanzler richtiggelegen zu haben, ist für Schmidt von so hohem Wert, dass er darüber am liebsten redet. Hat er nicht Beharrungsvermögen und Stetigkeit bewiesen, wo andere bequem in einem Mainstream mitschwammen? In einer zuweilen fast schon grotesk wirkenden Rechthaberei will er da weder der APO noch den «linken Friedensaposteln» verzeihen. Gnadenlos denunziert er deren Aufmärsche selbst mit knapp neunzig als «zum Teil paranoide Massenpsychosen».

Denn schließlich geht es ihm um «Urteilskraft», eine Eigenschaft, an der der schneidige Veteran die eigentliche Qualität eines Politikers bemisst, und die kann sich bei ihm sehen lassen. Dass auch er in den Jahrzehnten der deutschen Spaltung die nationale Frage der Erhaltung von Frieden und Sicherheit unterordnete, will er nicht leugnen, aber ganz aus den Augen habe er sie nie verloren. Zum Beispiel nicht in den Siebzigern, als er eine von der DDR begehrte Erneuerung ihrer Verkehrswege subventionierte: Das Geld floss erst, nachdem ihm Erich Honecker zugestanden hatte, im Norden ein Stück Autobahn an die Zonengrenze heranzuführen. Ohne dass er deshalb als «Visionär» gelten wolle, sei so «ein bisschen Einheit auf Vorrat» geschaffen worden.

Eine kleine, gleichsam «typisch Schmidt» eingefärbte Episode, die sich erkennbar von den Behauptungen einiger Parteifreunde abheben soll. Von wegen, der «Wandel durch Annäherung» sei in erster Linie von Brandt und Bahr auf den Weg gebracht worden! Hat er doch selber bereits Ende der Fünfziger an Konzepten einer möglichen Verbindung der deutschen Teilstaaten gewerkelt – und überhaupt: Etwas bemerkenswert findet er schon, wie der große Vorsitzende «noch im Jahr 1989 in Bezug auf die Wiedervereinigung von einer Lebenslüge sprach», um sich danach zum profiliertesten aller Patrioten im Lande zu stilisieren.

Willy Brandt kann dazu nichts mehr sagen, und sein ewiger Rivale schlüpft in dieser ersten Hälfte der letzten Dekade des 20. Jahrhunderts in die Rolle des allseits hofierten, quasi überparteilichen Gurus. In der SPD hängt er in allen Umfragen den inzwischen zum Kanzlerkandidaten gekürten Rudolf Scharping um Längen ab – ein echter Widerpart des regierenden Helmut Kohl, der als Zeitzeuge wie kaum ein Zweiter die jüngere Geschichte der Deutschen verkörpert. Und während die auf den Westen fixierte «Enkel-Generation» der SPD zunächst einmal kläglich strandet, setzt Schmidt vieldiskutierte Akzente.

In die Tagespolitik will er sich kaum noch einmischen, doch die guten Vorsätze sind schon bald vergessen. Dass sich der zunehmend phantasielos im Kanzleramt ausharrende CDU-Patriarch unbestreitbare Verdienste erworben habe, möchte der Vorgänger zwar nicht unterschlagen, aber in den Details hält er dessen «halbherziges und liebloses Vereinigungsmanagement» für katastrophal. Wer sich als unfähig erweise, die wohlversorgten Bürger der ehemaligen Bundesrepublik zum Verzicht zu bewegen – um die neuen vor einer andauernden «Demütigung» zu bewahren –, müsse schleunigst das Feld räumen.

Bricht da Bitterkeit durch, dass es ihm selber nur vergönnt gewesen ist, in einer vergleichsweise unbedeutenden Übergangsphase die Geschicke des Landes zu lenken? Wie wenig er, da die Deutschen nun so mühselig das große Rad zu drehen versuchen, tatsächlich noch in die Speichen greifen kann, scheint den «Macher» schon zu verdrießen. Was auch nach seiner Auffassung zusammengehört, würde er gerne nicht nur dem Wildwuchs oder – wie Kohl es tut – dem Markt überlassen.

Aber der alte Kämpfer bleibt bei seinem rigiden Oppositionsprogramm. Nachdem er bereits die Übereinkunft von Maastricht zur EU-Wirtschafts- und -Währungsunion als «einen der miserabelsten internationalen Verträge, die ich je gelesen habe», attackiert hat, legt Schmidt sich in den Jahren zwischen 1995 und 1997 mit den obersten Kassenverwaltern der Republik an. In einer endlosen Kontroverse wirft der einstige Finanzminister dem amtierenden Kollegen Theo Waigel wie dem Präsidenten der Deutschen Bundesbank, Hans Tietmeyer, einen arroganten «D-Mark-Nationalismus» vor. Der strikte Befürworter des Euro und einer möglichst fest verankerten Einbindung Berlins in die noch fragile Europäische Gemeinschaft tritt mal wieder gegen die Angstmacher an.

Der Haudrauf mit der einst so gefürchteten «Schnauze» kann es auch als Greis nicht lassen. Rechtzeitig «vor Schließung der Wahllokale», wie er in einer Vorrede penibel anmerkt, bringt er am 27. September 1998 sein bis dahin impulsivstes Werk unter das Volk. Während am Tag darauf die Ära Kohl endet und mit Gerhard Schröder nach sechzehn Jahren Opposition wieder ein SPD-Regent das Sagen hat, macht der quicklebendige Altkanzler aus Hamburg als roter Papst Furore.

Die abermals in die Bestsellerlisten schießende Philippika trägt den Titel «Auf der Suche nach einer öffentlichen Moral» und versteht sich als Analyse einer von grässlichen Zerfallserscheinungen heimgesuchten «offenen Gesellschaft». Deren Funktionseliten, allen voran die von «Egozentrik und Habgier» angefressenen Amts- und Mandatsträger, aber auch die Managerklasse, die Richter, Lehrer oder Ärzte, erregt sich der Verfasser, nähmen ihre Verantwortung nicht mehr wahr und verlören erschreckend an Autorität. Werde in einer Demokratie «das doppelte Prinzip von Rechten und Pflichten» missachtet, könne sie auf Dauer keinen Bestand haben. Überfällt den sonst so unerschrocken auftretenden Elder Statesman nun selbst die Panik?

In Wahrheit ist es wohl der Versuch, einen Kreis zu schließen. Allein als Mensch zu gelten, der sich seine Meriten als hartgesottener Technokrat erwirbt, hat den eher empfindsamen Helmut Schmidt immer gekränkt und wird ihm auch kaum gerecht. Seine frühesten Bemühungen, alle Verrichtungen in einen möglichst geschlossen erscheinenden Sinnkreis einzubetten, stammen bereits aus der Zeit der Konfirmation, als ihm ein Onkel die «Selbstbetrachtungen» des römischen Kaisers Mark Aurel schenkt. Ein Leben lang wird für ihn der im Geiste des Stoizismus verfasste Tugendkatalog, der die «notwendigen Eigenschaften eines guten Mannes» beschreibt, eine größere Bedeutung haben als die Bibel.

Neben diesem ersten Fundament, auf das sich ein Teil seines Weltbildes gründet, sind es später vor allem drei deutschsprachige Gelehrte, an denen der in die Politik gewechselte Volkswirt sein Profil zu schärfen versucht. Aus ihren Kernsätzen und zentralen Botschaften eignet er sich an, was ihm für die innere Balance nötig erscheint – vom Philosophen Immanuel Kant etwa den «kategorischen Imperativ» und vom Soziologen Max Weber das Bekenntnis zur «Verantwortungsethik», während ihm der Empiriker Karl R. Popper den «kritischen Rationalismus» nahebringt.

Aus allem stellt er, wie er es nennt, seine «Hausapotheke» zusammen, die ihn vom Ruch des reinen «Machers» befreien soll. «Seinem Beruf nach», vermutet der Historiker Golo Mann, habe Helmut Schmidt kaum ein großer Bücherleser sein können, «aber zu seinem Selbstbild gehörte es, seinem Tun eine theoretische Grundlage zu geben». Als Kanzler erklärt Schmidt in einem 1975 veröffentlichten Essayband über das Wesen der Sozialdemokratie seine Zweifel an allen dogmatischen Postulaten. Sogenannte systemverändernde Reformen sind ihm in einer Demokratie ähnlich verdächtig wie «totale Utopien», die nach seiner Ansicht nur in einen «geschlossenen, totalitären Staat» münden können. «Politik», predigt er den Marxisten, die ihn immer wieder der schnöden «Durchwurstelei» bezichtigen, «ist pragmatisches Handeln zu sittlichen Zwecken.»

Von Max Weber stammt die Schmidt'sche Geringschätzung einer allein auf Gesinnung aufbauenden Haltung, und vom Österreicher Popper, dem er bis zu dessen Tod im September 1994 als Brieffreund und gelegentlicher Gast verbunden bleibt, sein Faible für die Methode des «trial and error». In Versuch und Irrtum um die denkbar beste – was immer auch heißt, eine der möglichst exakten Überprüfung unterworfene – Lösung zu ringen, entspricht ihm am ehesten. Denn das alles erklärende «Bewegungsgesetz» gibt es nach seiner Erfahrung nicht.

Jedenfalls reicht ihm dieses Rüstzeug, um im auslaufenden zweiten Jahrtausend den Verfall der Sitten zu konstatieren, und die Heftigkeit, mit der er zum Beispiel über die deutschen Banken und deren «Sucht nach schierer Größe» herzieht oder den auch in der heimischen Wirtschaft zu beobachtenden «amerikanischen Raubtierkapitalismus» geißelt, fällt auf fruchtbaren Boden. Zwar fragt das Massenblatt «Bild am Sonntag» leicht erstaunt, ob der Kanzler a. D. noch im hohen Alter «zum Linken mutiert» sei, aber die Zahl seiner Anhänger wächst danach selbst bei den Journalisten Springers. Sein Pragmatismus, bestätigt ihm der in den Konzern zurückgekehrte Peter Boenisch, einst immerhin Kohls Regierungssprecher, passe weit besser als jede ideologische Traumtänzerei in die politische Landschaft: Helmut Schmidt – «eine Eiche im rotgrünen Gras».

Zu Beginn seines neunten Lebensjahrzehnts scheint er sich nun endgültig zur Ikone entwickelt zu haben, und das umso mehr, als ihm 1998 nach dem Wahlsieg Gerhard Schröders über die Union eine besondere Ehre zuteilwird. Der wendige Niedersachse und neue starke Mann in Berlin beruft sich ausdrücklich auf eine von seinem sozialdemokratischen Vorgänger verfochtene Programmatik. Auch wenn es gelegentlich anders ausgesehen habe, so der dritte Kanzler der SPD, sei er «schon immer ein Fan von ihm gewesen – wegen dem bin ich in die Partei eingetreten».

Lässt sich eine überzeugendere Rehabilitation vorstellen, als vom einstigen Juso-Boss und veritablen Bürgerschreck derart umarmt zu werden? Helmut Schmidt fühlt sich geschmeichelt, aber er misstraut seiner neuen Renaissance. Die rasche Einsicht des Nachfolgers, «dass ein Land wie die Bundesrepublik nur aus der Mitte zu regieren ist», beantwortet noch längst nicht die für ihn entscheidende Frage: Sind die Sozis nun bereit, ihre von Schröder beherzt ins Zentrum vorgeschobene Position auszubauen, oder fallen sie im Verein mit den leider unvermeidlichen Ökopaxen in die alten Untugenden zurück? Um sich unter den Seinen wieder wohlfühlen zu können, möchte er gerne wissen, «*welche* SPD» bei der Wahl triumphierte.

Im Grunde klingen da noch die alten Schwierigkeiten an, die er auch nach mehr als anderthalb Jahrzehnten allenfalls in Ansätzen aufgearbeitet hat. Dass die deutsche Sozialdemokratie zumindest in seiner aktiven Zeit praktisch in zwei Parteien zerfiel – in eine von Willy Brandt und jene von ihm repräsentierte –, mag er wie eh und je lediglich in umschriebener Form bestätigen. Ja, der «genetisch zum Einzelgänger» neigende Vorsitzende, sagt er dazu nur lapidar, sei ihm immer fremder geworden, und einige, die in dessen Bannkreis wandelten wie der von ihm als Fachmann durchaus respektierte Erhard Eppler, «waren doch gar keine Sozis».

Aber wo verliefen die Grenzlinien, und wer durfte anhand welcher Kriterien die wahre SPD definieren? Als Kanzler, verteidigt sich der Gegenspieler, habe Schmidt «die von ihm in sein Kategorienschema der Gesinnungs- und Verantwortungsethik gepressten Genossen» nur als Risikofaktor gesehen – und «Parteitage empfand er als Heuschreckenschwarm, der über seine fetten Wiesen herfiel». Aber Eppler will dann doch nicht Gleiches mit Gleichem vergelten: Er sei «auf seine Weise schon ein Sozialdemokrat gewesen».

Nur die Mehrheit im Volk scheint das kaum noch zu interessieren. Je älter der Politpensionär wird und je mehr er sich zum Zeichen seiner Unbeugsamkeit auf ein schon früh festgefügtes Koordinatensystem stützt, desto nachhaltiger applaudiert sie ihm. Ob im Stuttgarter «Haus der Wirtschaft» oder als Gast auf einem «Forum der Ostseesparkasse» in Warnemünde: Wo immer der Starredner aufkreuzt, um sich über Gott und die Welt auszulassen, ist den Versammelten seine Parteizugehörigkeit fast egal. Und auch er, eine mit schlohweißem Haar und markanten Zügen beeindruckende öffentliche Instanz von noch immer erstaunlicher Präsenz, genügt in erster Linie seinen eigenen Grundsätzen.

Denn dass Schmidt, der sich an Poppers *piecemeal engineering* – einem Vorankommen Stück für Stück – orientiert, einst selbst von Konservativen wie dem Historiker Joachim Fest ein leicht «ins Leere» fallendes Denken «ohne poetische Emphase» vorgehalten wurde, spielt schon lange nur noch eine untergeordnete Rolle. Sein erstes und im Kern einziges Gebot, der Sache des Volkes am besten mit praktischer Vernunft zu dienen, hat an Kurswert deutlich gewonnen. Ein Vierteljahrhundert nach seinem Abgang wählen ihn die Bundesbürger nicht nur zum tüchtigsten aller noch lebenden Regierungschefs und seit dem Kriegsende beliebtesten Politiker. Er erscheint ihnen darüber hinaus auch, so ergibt es sich aus einer anderen Meinungsumfrage, als der «weiseste Deutsche».

Und die Skeptiker in der SPD sehen ihn nun ebenfalls in milderem Licht. Bei aller Kritik an seiner, wie Peter Glotz es empfindet, «herabziehenden, sozusagen furztrockenen Realitätsbezogenheit» wird dem eigenwilligen Genossen im Nachhinein hochqualifizierte Sacharbeit attestiert: etwa von Egon Bahr das «trotz des falschen Doppelbeschlusses überragende strategische Vermögen» oder von Horst Ehmke die Vielfalt seiner Fähigkeiten. Helmut Schmidt, erkennt er bei allen Differenzen, sei «mitnichten ein verbohrter Militarist, sondern ein Ost- und Entspannungspolitiker der ersten Stunde gewesen, und er hatte ein Händchen für Wirtschaft».

Um seinen Nachruhm muss er sich also kaum sorgen, und dennoch wirkt er in regelmäßigen Abständen seltsam unzufrieden. Gereizt stochert der Publizist dann in seinem Herausgeberbüro in Einzelheiten herum, die ihm aus der heißen Phase des Koalitionsbruchs im Gedächtnis haftengeblieben sind, als läge das Drama erst wenige Wochen zurück. Was könne er dafür, wehrt er sich unvermittelt gegen Vorwürfe, die niemand erhoben hat, «dass man es zum Beispiel mit diesem Herrn Genscher zu tun hatte»? Bei dem, einem «Vertragsrechtsanwalt», habe er «leider nie so richtig gewusst, ob es da nicht noch die eine oder die andere Tapetentür gab, durch die er hindurchging».

Doch im nächsten Augenblick winkt er auch wieder ab. Vergessen ist nichts, nur was soll das nach all den Jahren? Dass es beim vorzeitigen Ende seiner sozial-liberalen Regierung im Kern um das Überleben der FDP ging – einer, wie Schmidt pikiert hinzufügt, «klitzekleinen Partei», die bei der Bundestagswahl 1980 mit seinem Porträt warb und folglich «ein hübsches Ergebnis» eingefahren habe –, hält er zwar noch immer für reichlich «unappetitlich», aber gewiss lag auch darüber hinaus einiges im Argen. Natürlich wäre über die Genossen zu reden – eine Geschichte, die er freilich längst bis zum Überdruss durchgewalkt hat.

In der zweiten Amtsperiode Schröders, dessen Standhaftigkeit in Sachen Irak-Krieg und Agenda 2010 er ausdrücklich lobt, macht Schmidt im Großen und Ganzen seinen Frieden mit sich und der SPD. Dass ihn aus der Partei, die sein «politisches Schicksal gewesen» sei, niemand herausdrängen werde, hatte er sich bereits in der Stunde seiner bittersten Niederlage in Köln geschworen, aber die Kontakte dann auf ein Mindestmaß heruntergeschraubt. Nach der Verkündung des radikalen Reformprogramms, mit dem ihm der amtierende Kanzler immer ähnlicher wird, gibt der Vorgänger dem gelehrigen Nachfolger nun öfter mal seinen Segen.

Denn die Genossenschaft zu pflegen, ist ihm schon wichtig, weil nur sie einigermaßen sicherzustellen vermag, woran er stets festgehalten hat: Um zu verhindern, dass sich eine Katastrophe wiederholt, die ihn, den Angehörigen der Generation zwischen zwei Weltkriegen, traumatisch an Weimar erinnert, bedarf es zwingend starker Sozialdemokraten. Doch die haben sich dann allerdings von ihrem historisch widerlegten marxistischen Ballast zu trennen. Eine SPD, die sich realitätsblind dem Wählervolk entfremdet, muss nach seiner festen Überzeugung scheitern.

Der ehemalige Regierungssprecher Klaus Bölling nennt das Schmidts «Lebensthema» – doch für wie groß er diese Gefahr in der Gegenwart hält, lässt sich mit jedem Jahr weniger deutlich erkennen. Er habe nun keine Lust mehr, sich in seinem Alter noch neue Feinde zu machen, wehrt er mal witzelnd, mal mürrisch ab und zieht sich darauf zurück, dem eigenen Lager seine grundsätzliche Solidarität zu bezeugen. Sollen die Damen und Herren, die heute Verantwortung tragen, ihren Job erledigen – einer wie er fühlt sich «in erster Linie dem Wohl des Landes verpflichtet».

Folglich setzt er sich lieber als Einzelkämpfer in Szene, der in Büchern oder von seiner «Zeit»-Plattform aus das Gespräch mit dem Bürger sucht. Greift er zur Feder, verkauft sich das Wochenblatt um einige tausend Exemplare besser – und der Ex-Kanzler ist ja ein enorm arbeitsamer Redakteur. Statt sich bei blutarmen Events seiner Partei als «Grüß-August» missbrauchen zu lassen, bevorzugt er Podiumsveranstaltungen, die sein Verlag für ihn im Hamburger Thalia Theater organisiert. Dort unterbricht ihn dann auch keiner, wenn er etwa zu Gedenktagen der deutschen Einheit über die Larmoyanz in beiden Teilen des Landes herzieht – er finde «die Jammer-Ossis so beschissen wie die Jammer-Wessis» – oder vehement das Mehrheitswahlrecht fordert, um so den «ständigen Zwang zum Koalitionsgewürge» abzuschaffen.

Im Werben um die Gunst des Wählers, hat ihm einst sein Konkurrent Franz Josef Strauß vorgeworfen, habe sich der Staatsmann Helmut Schmidt Schritt für Schritt zum «Staatsschauspieler» entwickelt – ein von leisem Neid begleiteter Seitenhieb, der ihn deshalb kaum berührt. Politiker, die sich bei ihren «Publikümern», wie er die Zuhörer bisweilen nennt, die nötige Geltung verschaffen wollen, sind nach seiner Erfahrung nicht frei davon, auch in ihrer Selbstdarstellung einem Image zu entsprechen. Bleibt der Kern der Botschaft unverfälscht, ist die Inszenierung für ihn eine erlaubte Form. Und dass zum Beispiel ausgerechnet er, der den Deutschen einen fernsehfreien Sonntag empfahl, «ohne Schminke und Maske» zum ersten Medienkanzler der Republik aufstieg, findet er keineswegs inkonsequent.

Sein Erfolgsgeheimnis scheint vor allem darin zu liegen, dass es ihm schon immer gelang, einen in jeder Lebensphase «authentischen» Typus hervorzuzaubern – und der in die Jahre gekommene Schmidt folgt diesem Muster. Anstelle der früher gerühmten Dynamik und Durchschlagskraft ist es später die von ihm personifizierte Unbeugsamkeit, die die Menschen berührt. Seit längerem zwingt ihn ein Hüftleiden, seine Auftritte im Sitzen und auf einen Krückstock gestützt zu absolvieren, und das Urgestein wirkt zerbrechlich, doch der nach wie vor eindrucksvollen Geistesgegenwart kann das wenig anhaben.

Und natürlich mischt er sich ein. Der «Bundeslotse», wie ihn die «Süddeutsche Zeitung» tauft, sieht sich nicht nur unter der Ägide Helmut Kohls, sondern auch in den Zeiten rotgrüner Herrschaft allenfalls «mittelmäßig regiert», was ihn unentwegt zu Interventionen veranlasst. «Unkraut jäten» heißt sein Arbeitsprogramm, das sich allen Enthaltsamkeitsschwüren zum Trotz mit den jeweiligen Tagesaktualitäten auseinandersetzt, in dem er Punkt für Punkt die ihm zwingend erscheinenden Reformaufgaben benennt. Auf dem Wirtschaftssektor greift er «die Innovationsfeindlichkeit hierzulande» an, und er ist sich auch nicht zu schade, als Leserbriefschreiber der «Frankfurter Allgemeinen» zuzustimmen, die in einem Artikel ein erneuertes «Selbstwertgefühl des Volkes» angemahnt hat.

Im Frühling 2002 wagt sich Schmidt erstmals nach zwei Jahrzehnten wieder vor die Bundespressekonferenz, wo er ein im Gespräch mit Jugendlichen verfertigtes Frage-und-Antwort-Buch vorstellt, das von der Fernsehjournalistin Sandra Maischberger moderiert worden ist. Dass vor allem die jüngeren Korrespondenten der Präsentation eines überraschend entspannten und streckenweise sogar intimen Smalltalks unter dem Titel «Hand aufs Herz» so viel Aufmerksamkeit schenken, rührt ihn, und er bedankt sich auf seine Weise dafür. Um den Anwesenden eine Kostprobe seiner einst berühmten Kodderschnauze zu geben, findet er im Hinausgehen die in Berlin inzwischen entstandenen Parlaments- und Regierungsbauten «zum Kotzen».

Helmut Schmidt, nun schon vierundachtzig, in der Pose des Unverwüstlichen – doch schon wenig später bangen die Deutschen um ihn. Im Ferienhaus am Brahmsee erleidet er seinen nach 1990 zweiten Herzinfarkt und dieses Mal einen fast tödlichen. Dass er in einer mehrstündigen Notoperation, in der ihm in der Kieler Uniklinik vier Bypässe gelegt werden, mit dem Leben davonkommt, hat er einzig seiner robusten Natur zu verdanken.

Aber die Hoffnung der zahllosen Fans, er werde jetzt endlich kürzertreten und insbesondere auf die exzessive Qualmerei verzichten, erfüllt sich nicht. Dem sonst in nahezu jeder Lebenslage als Vernunftmensch reagierenden Rekonvaleszenten fehlt es schlicht an Einsicht. «Gebe ich meine Gewohnheiten auf», sagt er dazu nur lakonisch und bedient sich schon bald wieder aus dem blauen Emaillekästchen mit den obligaten Mentholzigaretten, «fragen die Leute erst recht, ob mit mir was nicht stimmt.»

Nein, mit einem wie ihm, der störrisch zu allen seinen Marotten steht, ist das nicht zu machen. Ändern muss sich stattdessen das Land, so die Überschrift über einen Artikel, in dem er die Opposition davor warnt, Gerhard Schröders Agenda im Bundesrat zu torpedieren. Und sein Wort hat noch immer so viel Gewicht, dass sich die CDU-Vorsitzende und spätere Kanzlerin Angela Merkel in einem persönlichen Brief an ihn wendet. Im Detail setzt sie dem «lieben Helmut Schmidt» das Unionsprogramm auseinander, mit dem sie den verzagten Deutschen neuen Mut einhauchen will.

Lässt sich der fortdauernde Einfluss, den der sozialdemokratische Altkanzler auf die nachgeborene «politische Klasse» ausübt, besser belegen? Praktisch noch vom Krankenbett aus schaltet sich Schmidt in die Debatte über die Aufnahme der Türkei in die EU ein und ruft die «Erweiterungsfanatiker» barsch zur Ordnung. Sosehr ihm der Staat am Bosporus prinzipiell am Herzen liegt, so wenig hält er davon, «ein muslimisches Land von heute 70 und in einigen Jahrzehnten 80, 90 oder gar 100 Millionen Menschen in die Europäische Union einzubinden». Für ihn ist das «die schiere Großmannssucht».

Mögen Schröder und die jeweilige Mehrheit der ihn tragenden Parteien darüber anders denken – der wieder mal aus dem Mainstream der politischen Korrektheit ausbrechende Querdenker verschärft seine Gangart noch: Im Spätherbst 2004 überrascht er die Medien mit der provozierend ernüchternden Erkenntnis, multikulturelle Gesellschaften hätten bislang nur dort funktioniert, «wo es einen starken Obrigkeitsstaat gibt», und insofern sei es «ein Fehler» gewesen, «dass wir zu Beginn der sechziger Jahre Gastarbeiter aus fremden Kulturen ins Land holten». Selbst Sprecher konservativer Organisationen spenden ihm dafür nur vorsichtigen Applaus, während liberale Geister schäumen.

Ob der einstige «Feldwebel» überhaupt wisse, fragt zum Beispiel die «Tageszeitung», worüber er rede, und entsendet einen Reporter, um den Schmidt'schen Mikrokosmos in Langenhorn zu inspizieren. Am nördlichen Stadtrand Hamburgs, so das Resultat der Recherchen, wohnten «in Klinkerhäuschen» vornehmlich ältere und ängstliche Spießer, die borniert hinter ihren Jägerzäunen hervorlugten. Der ehemalige Spitzenpolitiker Helmut Schmidt habe deshalb «keine Fühlung mehr mit dem neuen Deutschland».

Doch «der jüngste alte Mann der Welt», wie die «Zeit»-Redaktion ihren Herausgeber auch zu Werbezwecken nennt, stört sich nicht an solchen Befunden. Die nach seinem Urteil völlig missglückte Eingliederung von Menschen mit sogenanntem Migrationshintergrund, die er etwas schrill zur Diskussion stellt, avanciert in der Bundesrepublik zum journalistischen Dauerbrenner, und der nimmermüde Autor wendet sich neuen brisanten Themen zu: In Rage bringen ihn insbesondere die vom Gesetzgeber immer öfter ins Absurde getriebene Regelungswut oder die ausufernde Bürokratie.

Über allem aber wölbt sich seine Sorge um das anhaltende Gefälle zwischen den Landsleuten in West und Ost. In einem Streitgespräch mit Günter Grass beklagt er nicht nur zum wiederholten Male die zu rasche Aufwertung der Währung, durch die in der ohnehin schon ausgelaugten einstigen DDR die Industrie zugrunde gerichtet worden sei. Zu dieser «von ökonomischem Unverständnis geprägten Politik» habe sich nach der Vereinigung auch eine bodenlose Hetzjagd gesellt: «Man ist mit den Kommunisten schlimmer umgegangen», erregt sich der Altkanzler, «als am Beginn der Bundesrepublik mit den ehemaligen Nazis.»

In Sachen Patriotismus soll ihm keiner den Rang ablaufen, und das gleiche Interesse bringt der «Weltbürger» Schmidt dem internationalen Beziehungsgeflecht entgegen. In einem weiteren Werk – «Die Mächte der Zukunft», das den Ertrag dreier im Winter 2004 unternommener Reisen in die USA, nach Russland und China verarbeitet – frönt er einmal mehr seiner außenpolitischen Leidenschaft. Mit konkreten Prognosen hält er sich zurück, aber zwischen den Zeilen schimmern dann doch seine tiefverwurzelten Befürchtungen durch: Der sich abzeichnende «Kampf der Kulturen» beunruhigt ihn ebenso wie die um sich greifende «privatisierte Gewalt» und eine augenscheinlich von niemandem zu bremsende Bevölkerungsexplosion.

Steht das nicht im Widerspruch zu jenen bissigen Kommentaren, mit denen er üblicherweise gegen «die Defätisten» zu Felde zieht? Ein bisschen sieht es danach aus, wenn er etwa die Angst vor der Klimakatastrophe thematisiert: Da sei ihm «zu viel Hysterie dabei», knurrt er in Interviews, um dann seine Distanz zu den Predigern einer angeblich bevorstehenden Apokalypse mit «ganz normalen Alltagserfahrungen» zu begründen: Hat man in Deutschland nicht Mammutzähne en masse und er persönlich im Garten jede Menge Meeresmuscheln ausgegraben? Solche Fundstücke legen für ihn den Verdacht nahe, dass die Warm- oder Eiszeiten – beziehungsweise alles, was dazwischen noch zu beobachten ist – «Naturnotwendigkeiten» sind.

Von Klimapolitik zu reden, als ob Regierungen oder eifernde Bürgerbewegungen den nächsten globalen Wandel verhindern könnten, mokiert sich Helmut Schmidt, sei schlicht «zum Schieflachen», und so scheint er den Argwohn seiner Kritiker zu bestätigen: Für gesellschaftliche oder ökologische Umwälzungen, die bestenfalls am Rande in sein Welt- und Menschenbild passten, habe der vielgepriesene Krisenmanager nie ein Gespür gehabt.

Aber er beharrt auf seinem Einwand. Bei der Debatte über die Erderwärmung geht es ihm zunächst einmal darum, das Zwangsläufige und Unvermeidliche vom durchaus Möglichen zu trennen, nämlich den hausgemachten Anteil an der Misere zu reduzieren und die vorhersehbaren Folgen des Problems zu mildern. Wer nur hybride die Naturgesetze zu korrigieren beabsichtige, hält er den professionellen Schwarzsehern sarkastisch vor, werde schließlich in Ohnmachtsgefühlen versinken und am Ende nicht einmal das technisch Denkbare umsetzen.

Kühlen Kopf zu bewahren und mit Augenmaß die wahren Dimensionen eines komplexen Sachverhalts zu vermessen, rät er in allen Lagen. Als der US-Außenminister Donald Rumsfeld die Bundesrepublik vor dem Irak-Krieg einem erschlafften «alten Europa» zuordnet, nimmt ihn Schmidt süffisant auf die Schippe. Die Deutschen als «historisches Relikt» abzuqualifizieren, könne kein Minister in Washington dauerhaft durchhalten und überhaupt: «Wir müssen uns nicht zu Instrumenten von Weltpolizei-Aufgaben machen lassen, wie es einige Amerikaner sich vorstellen.»

Den Waffengang in der Golfregion sieht er schon vor dem ersten Schuss als fatal an, und so bewertet er in den letzten Jahren nahezu alle anderen militärischen Interventionen. Kriege sind dem Hauptmann der Reserve, der niemals Pazifist gewesen ist, ein Gräuel, und speziell Auseinandersetzungen, an denen die Bundeswehr sich beteiligt, erregen ihn. Weder vermag er dem mit Auschwitz begründeten Angriff auf dem Balkan («eindeutig völkerrechtswidrig») noch dem als Freiheitskampf getarnten Truppeneinsatz in Afghanistan einen Sinn abzugewinnen: «Sollen wir demnächst», fragt er entsetzt, «etwa auch in Pakistan einmarschieren?» Ein heute als Verteidigungsminister amtierender Helmut Schmidt könne es «gut ertragen, von einem amerikanischen Politiker als Feigling beschimpft zu werden».

Doch leider ist er ja nun «nur noch ein alter Mann», wie er ein über das andere Mal kokett hinterherschiebt, und der denkt in den ihm gemäßen Kategorien. Lässt es der Terminkalender zu, ergeht sich der passionierte Analytiker europäischer Geschichte in langen Zeitungsinterviews über seine «verspätete Nation». Deren schwierige Entwicklung und äußerst prekäre Lage inmitten eines Konglomerats von immerhin neun

Anrainerstaaten, doziert er, habe in starken Phasen des Landes die zentrifugalen und in schwachen die zentripetalen Kräfte geweckt – ein schier endloses Hauen und Stechen in Eroberungs- oder Verteidigungskriegen. Daraus die richtigen Schlussfolgerungen zu ziehen, falle vielen Deutschen noch ersichtlich schwer.

Jedenfalls warnt er eindringlich davor, der wiedervereinigten Bundesrepublik eine «neue Normalität» an den Hals zu reden, die die leidvolle Vergangenheit weitgehend unterpflügt. Dass Politiker wie die vormaligen Außenminister Klaus Kinkel oder Joschka Fischer, zuletzt aber auch die Kanzlerin Angela Merkel, auf einen ständigen Sitz im Weltsicherheitsrat erpicht sind, erscheint dem besorgten Elder Statesman kaum weniger deplatziert als das nach seinem Empfinden überbordende «Geschwätz von Deutschlands Rolle».

Und noch stärker bringt ihn in Rage, wenn sich die amtierende Regierung erlaubt, etwa den Russen oder Chinesen öffentliche Ratschläge zu erteilen. «Wissen wir nicht selbst erst seit einigen Jahrzehnten», braust er dann auf, «wie eine Demokratie funktioniert und was man in einem Rechtsstaat zu tun hat?» Wer «von Adolf Nazi herkommt oder von Tirpitz, von Ludendorff, Wilhelm II. und Bismarck», habe sicher gute Gründe, bei seinen Belehrungsversuchen den schwierigen eigenen Weg mitzubedenken.

Statt das Aktionsfeld «out of area» immer weiter auszudehnen, fordert der zusehends als Einmannpartei agierende Helmut Schmidt eine Rückbesinnung auf die wirklich wichtigen Aufgaben. Bundesrepublikanische Staatsräson gebietet nach seinem Verständnis, allem voran das Zusammenwachsen der Europäischen Union zu fördern, um zu den anderen Zentren der Welt eine stabile Balance herzustellen. Und nichts geht für ihn dabei ohne Frankreich, letztlich auch kaum etwas ohne die Vereinigten Staaten, wobei der von Anfang an überzeugte Atlantiker damit «weniger die jeweilige Administration als das amerikanische Volk» meint.

Im Grunde sind das insgesamt Standortbestimmungen, die kaum so eklatant aus dem Rahmen fallen, dass sie das anhaltend verblüffende öffentliche Echo erklären. Seine «Gemeinde» hat der streitbare Realo immer gehabt (und desgleichen einen festen Stamm an Gegnern) – doch je älter er wird, desto stärker verschieben sich die Gewichte. Zu seinem 85. Geburtstag nennt ihn etwa der zwischen 1984 und 1994 amtierende Bundespräsident Richard von Weizsäcker einen «hanseatischen Preußen», der «zum Regieren wie geschaffen» sei.

Beides Attribute, die so oder so ähnlich in den meisten der Person Helmut Schmidts und ihrem Wirken gewidmeten Beschreibungsversuchen auftauchen. «Das Holz, aus dem Kanzler geschnitzt werden», betitelt der Historiker Heinrich August Winkler eine vorläufige Bilanz seiner Ära, und ein Kollege, der mit einer Biographie Konrad Adenauers über die Grenzen seiner Zunft hinaus bekannt gewordene Hans-Peter Schwarz, gesteht dem Politpensionär höchste Weihen zu: Er sei der «effektivste aller deutschen Sozialdemokraten» gewesen.

Und die Mehrheit der Bürger sieht das offenbar ebenso, indem sie dem gelegentlich raubauzigen Querdenker bereitwillig einen Bonus einräumt, wie er kaum einem anderen Volksvertreter hierzulande zuteilgeworden ist. Von Helmut Schmidt inszenierte Publikumsbeschimpfungen gelten in aller Regel als Appelle im Namen des sogenannten gesunden Menschenverstandes, die manchmal ein wenig klotzig daherkommen mögen, doch im Kern notwendig erscheinen. Im Übrigen entwickelt der rechtzeitig ins Charakterfach umgestiegene «Staatsschauspieler» zunehmend ein Gefühl dafür, was er seiner Rolle als Patriarch zumuten darf.

An Schmidt, hebt schon früh der Politikwissenschaftler Theodor Eschenburg hervor, habe ihm stets imponiert, «dass er der einzige unter den Kanzlern der Nachkriegszeit war, der gegen den Zeitgeist regiert hat» – nur trifft das auch zu? Dem Volk platt nach dem Munde zu reden, wäre ihm bei seinem Ego und Nimbus wohl nie in den Sinn gekommen, aber der «schweigenden Mehrheit» im Lande ist er bisweilen gerne zu Diensten.

Natürlich will sich einer von seinem Zuschnitt nicht mit verquasten Bekenntnissen einschmeicheln. Dass er etwa «auf Deutschland stolz sein soll», wie das andere Politiker angeblich sind, empfindet er schlicht als «Quatsch», doch aus seinem wertkonservativen Drang, sich in der «Mitte der Gesellschaft» zu behaupten, macht er ebenfalls keinen Hehl. Eine zumindest unterschwellig populistische Intellektuellenfeindlichkeit pflegt er gerne, und spätestens als Greis räumt er bereitwillig ein, er habe bei allem rhetorischen Furor, den er vor allem in der Frühphase seiner Karriere entfachte, den beiden ersten Unionskanzlern häufig ziemlich nahegestanden.

Konrad Adenauer muss das bemerkt und den frechen Abgeordneten mit Wohlwollen betrachtet haben. Dieser Schmidt, ließ sich der alte Herr bereits Ende der fünfziger Jahre staunend vernehmen, sei erkennbar «noch am Sichentwickeln», ein in seinem Gehalt eher unerheblicher Halbsatz, den der Belobigte allerdings wie einen kleinen Ritterschlag im Gedächtnis bewahrt. Große Männer sind dem strebsamen Sozi immer ziemlich wichtig gewesen, und jede Verbindung, die zwischen ihm und dem Gründervater der Republik hergestellt wird, hebt ersichtlich seine Laune. Denn schließlich hat er sich ja entwickelt – in seiner Vielseitigkeit und Kompetenz zum womöglich fähigsten aller deutschen Regierungschefs.

Und mehr: Anders als der erste Kanzler, der zum Zeitpunkt seiner Wahl im 74. Lebensjahr stand und von den Erfahrungen als ehemaliger Kölner Oberbürgermeister zehrte, gehört der «junge Spund» aus Hamburg einer besonderen Generation an. Die muss nach dem Krieg mit ihren beschädigten Biographien erst «noch lernen und schon können», wie der Journalist Gunter Hofmann in einem Porträt Schmidts vermerkt. Dass der fünfte Bonner Regent dennoch zu einem der wenigen Repräsentanten avanciert, die, wie Klaus Bölling anmerkt, in der Lage sind, «Politik und Ökonomie zusammenzudenken», ist wahrscheinlich die nachhaltigste seiner Qualitäten.

Ihre Spitzen erreicht die in früheren Jahren manchmal schwankende Popularität allerdings erst, als ihm ein gütiges Schicksal dazu verhilft, seine Amtszeit um ein Vierteljahrhundert und länger zu überdauern. Jenseits der achtzig sieht ihn die Tageszeitung «Die Welt» ins «Walhall der Unsterblichkeit» eintauchen, in dem ihn nun tatsächlich die «Aura des Unfehlbaren, die er immer geliebt hat», umhülle. Mag sein, dass da leise Ironie mitschwingen soll, aber die Bewunderung überwiegt, und die wird ihm in nahezu allen deutschen Blättern entgegengebracht. Schmidts außerordentliche Beliebtheit nährt sich nicht zuletzt auch aus dem Umstand, dass dem Land – wie er selber bedauernd anmerkt – «die gebrochenen Lebensläufe abhandengekommen sind».

So genügt denn manchmal seine bloße Anwesenheit, um eine Veranstaltung zum Ereignis zu verklären. Auf dem Hamburger SPD-Bundesparteitag 2007 sitzt der prominente Gast inmitten frenetisch applaudierender Delegierter, die sich allein schon daran ergötzen, dass er unbeirrbar allen Rauchverboten widersteht. Statt sich auch nur mit einem einzigen Wort bemerkbar zu machen, faltet der statuarisch auf seinen Krückstock gestützte Staatsmann im Ruhestand aus einem der herumliegenden Antragspapiere ein Schiffchen, um darin die Asche abzuladen. Der begeisterten «Bild»-Zeitung ist die Szene anderntags fast eine ganze Seite wert. Helmut Schmidt, eine «lebende Legende», jubelt der Reporter.

Aber was bleibt von diesem Glanz? Nach den üblichen mürrischen Abwehrritualen, die zunächst einmal den Eindruck erwecken sollen, wie egal ihm künftige Urteile sind, blickt der Altkanzler dann doch mit dem gebührenden Ernst zurück. Vorweg nennt er natürlich die Flutkatastrophe, einen Schicksalsschlag, dem er sich ebenso entschieden und unkonventionell entgegengestemmt hat wie später dem RAF-Terror und vor allem zwischendrin der Installation eines von den USA bereits beschlossenen atomaren Minengürtels.

Wenn das Selbstbild Helmut Schmidts von der «unabweisbaren Pflicht des Menschen» und zumal eines Politikers in höchster Verantwortung denn jemals wirklich erfüllt worden ist, dann nach seiner Bewertung in diesem Fall: Soll ihm erst mal einer nachmachen, in einer zur geheimen Kommandosache erklärten, höllisch brisanten Angelegenheit, «die in der Bundesrepublik zum Riesenrabatz geführt hätte», im Alleingang gegen Amerika anzutreten und am Ende als Sieger heimzukehren!

Aber er will das Eigenlob nicht zu weit treiben. Möge die Nachwelt über seine Verdienste um den Euro, das «neue Geld», befinden, das er zum Teil «zu Hause am Küchentisch» entwickelt hat, um es anschließend mit Freund Giscard den konzeptionslosen Nachbarstaaten aufs Auge zu drücken. Oder über das praktisch unaufhörliche wirtschaftliche Krisenmanagement in den achteinhalb Jahren seiner Regierung.

Nur im Zusammenhang mit seinen militär- und sicherheitsstrategischen Interventionen möchte er denn doch ein bisschen nachhelfen: Wer immer sich mit der Geschichte der deutschen Einheit befasse, darauf legt er Wert, könne schwerlich den Niedergang der Sowjetunion ausblenden. Die gerühmte Ostpolitik sei «eine moralisch gebotene Politik gewesen, die aber zu keinem operativen Ergebnis führte», der lange Zeit übel diskreditierte NATO-Doppelbeschluss dagegen – «der ohne mich nie zustande gekommen wäre» – habe sehr wohl eines gehabt: die Vernichtung der Mittelstreckenwaffen.

Erkennbar knüpft Schmidt so noch nach Jahrzehnten an einer Kausalkette mit zwangsläufiger Schwachstelle. Die von ihm vorsichtig suggerierte Auffassung, der beiderseitige Abbau des atomaren Arsenals habe die insbesondere für Deutschland unselige Nachkriegsordnung beseitigt, dürfte sich kaum je belegen lassen – so bleibt auch die Frage offen, ob es ihm gelang, eine Leistung von historischem Rang zu erbringen. Koketterie oder ein Anflug von Bitterkeit, wenn er sich letztlich «im Panorama der Weltpolitik» als «guten Platzhalter» beschreibt?

Immerhin: Dass er als Kanzler des Übergangs in einer schwierigen Phase des großen Umbruchs «das politische, wirtschaftliche und strategische Gewicht der Bundesrepublik gewahrt und etwas gemehrt hat», soll ihm vom Volk schon nachgesagt werden dürfen.

Zehntes Kapitel

«Nach Popularität habe ich nie gehascht»:
der Mensch und der Mythos

«Zur Person» und vor allem über Fragen, die sich mit seinem Seelenleben beschäftigen, mag er nur ungern reden. «Indiskretion oder Selbstentblößung widern mich an», sagt der Altkanzler häufig in einem Tonfall, der den Gesprächspartner einschüchtert – und zieht sich demonstrativ auf seine «norddeutsch-reservierte Art» zurück. Die fordere ihm ab, diesen sensiblen Bereich seiner Existenz auch deshalb weitgehend auszusparen, weil er die Öffentlichkeit nicht mit «zwangsläufig geschönten Geschichten» langweilen wolle.

Es gebe bei Schmidt, behauptete einst der SPD-Bundesgeschäftsführer Peter Glotz, eine «protestantische Angst vor der Unterwelt der Gefühle», und wenn er auch nur ein paar Stufen in tiefere Schichten hinabsteigen soll, scheint sich die Scheu zu bestätigen: Als ihn etwa die «Süddeutsche Zeitung» auf die Beliebtheit Willy Brandts anspricht – während er von den Menschen bloß «respektiert» werde –, nennt er das frostig einen untauglichen Vergleich. Statt im Volk oder in einer Partei emotional aufgehoben zu sein, belehrt der ehemalige Regierungschef die Redakteure, habe der Politiker in erster Linie «Zustimmung» nötig, und die komme wohl besser «aus dem Hirn als aus dem Urin».

Aber in Wahrheit glaubt er ja gar nicht an solche rüden

Empfehlungen. Mit fast achtundsiebzig präsentiert der Publizist Helmut Schmidt ein mehr als fünfhundert Seiten umfassendes Buch unter dem Titel «Weggefährten» – ein höchst erstaunliches Werk. Manchmal etwas ausschweifend, bisweilen auch nur in wenigen präzisen Sätzen legt er darin eine Serie von Porträts vor, in denen sich der Autor Berühmtheiten mit Weltgeltung ebenso offenherzig widmet wie Hamburger Lokalmatadoren. In jedem Fall belegen sie eindrucksvoll seinen Wunsch nach menschlicher Bindung.

Eine aus den fünfziger Jahren datierende Liaison mit dem Filmproduzenten Gyula Trebitsch führt schon früh dazu, dass der kunstsinnige Sozi jede Menge Schauspieler, Musiker und Maler kennenlernt, und als er selbst ein Star ist, weitet sich das Feld. Am Ende gehören Inge Meysel und Lilli Palmer wie Curd Jürgens, Heinz Rühmann, Siegfried Lenz und Max Frisch zu seinem Kreis. Oder Leonard Bernstein, Yehudi Menuhin und Herbert von Karajan, auf dessen Segelyacht er sich entspannt. International renommierte Politiker wie Gerald Ford, Takeo Fukuda und Anwar as-Sadat, aber auch Moshe Dayan, Henry Kissinger oder Edward Gierek vervollständigen schließlich diesen illustren Zirkel.

Und alle werden von Helmut Schmidt, der sich der Gefahr einer peinlichen Vereinnahmung durchaus bewusst ist, mit Hingabe als Freunde bezeichnet. Der seinem Image nach militärisch-schneidige, häufig als arrogant verschriene Hanseat nähert sich jedem Einzelnen von ihnen in offenbar ehrlich gemeinter «Dankbarkeit» und nicht selten «in Liebe». Derart beschenkt worden zu sein, merkt er demütig an, sei vielleicht ein «unverdienter Reichtum».

Der «große Professionelle», wie ihn sein Biograph Jonathan Carr feiert, in der Manier einer treuen Seele: Geht es um Men-

schen, die ihm imponieren – in seinem Bezugssystem vorzugs-
weise Männer –, verfügt der auf den ersten Blick zur Einzel-
gängerei neigende Helmut Schmidt über eine ausgesprochen
sentimentale Ader.

In einer Clique «wunderbarer Kerle» mitzumischen und
gemeinsame Ziele zu verfolgen, hat ihn schon als Kapitän im
Ruderclub seiner Schule fasziniert, und diese Einbettung in
Netzwerke ist ihm bis in die Gegenwart hinein beträchtliche
Anstrengungen wert. Um im Rat ehemaliger Staats- und Regierungschefs verankert zu sein, nimmt er klaglos die damit
verbundenen Reisestrapazen auf sich oder pflegt in gleicher In-
tensität seine Kontakte an der Hamburger Basis. Seit mehr als
zwei Jahrzehnten steht der Elder Statesman einer im Winter regelmäßig in Langenhorn tagenden sogenannten Freitagsgesellschaft vor, in der sich so unterschiedliche Persönlichkeiten wie
der Versandhaus-König Michael Otto oder der einstige CDU-
Generalsekretär Volker Rühe versammeln.

Freunde sind nach seinem Empfinden zuallererst «Kameraden», eine aus dem Schützengraben ins zivile Leben über-
nommene Analogie, die für seine Generation typisch ist. Man
lernte, sich auf «den Nebenmann» zu verlassen, und jener
verhielt sich genauso, ruft der Veteran im Sommer 2004 Rainer Barzel, vormals Leutnant bei den Marinefliegern, in einer
Laudatio zu dessen achtzigstem Geburtstag zu, und die beiden
Herren verstehen sich. Nach diesem Muster, soll der bewegte
Rückgriff auf Kriegszeiten unterstreichen, habe man sich in
den sechziger Jahren auch zusammengeschweißt, als es die
Lage mit sich brachte, in der Bundesrepublik die Große Koalition managen zu müssen.

Verlässlichkeit und Berechenbarkeit stehen im Wertekanon
Schmidts obenan. Selbst in seiner politisch bittersten Stunde,

als beim Kölner «Raketenparteitag» 1983 für ihn alle Dämme brechen, denkt er nicht im Traum daran, das Parteibuch zurückzugeben. Die SPD ist sein «Verein», im soldatisch eingefärbten Jargon eine «Truppe», der er sich verantwortlich fühlt und die er nie zur Disposition stellen wird. Mögen andere in ähnlichen Fällen zu anderen Schlüssen gelangen – schnöde «Fahnenflucht» käme für einen wie ihn nicht in Frage.

Aber natürlich hat er bei allem Korpsgeist immer auch einen ausgeprägt eigenen Kopf. Die im Namen der gemeinsamen Sache propagierte Solidarität hindert ihn kaum daran, seine vom Kollektiv abweichende Position notfalls mit Brachialgewalt durchzusetzen. Wer ihn schwer enttäuscht, wie der Genosse Oskar Lafontaine, bekommt die kalte Kehrseite der fast schon schwärmerisch bekundeten Fähigkeit zur Freundschaft zu spüren: Im Wendejahr 1990 findet er nichts dabei, dem SPD-Spitzenkandidaten inmitten des Bundestagswahlkampfs hochoffiziell eine «verdiente» Niederlage zu prophezeien.

Und nach diesem Verhaltensmuster verfährt der Sozialdemokrat Helmut Schmidt ohne jede Rücksicht auf weltanschauliche Differenzen. Dem wohl schärfsten Widersacher in den dreieinhalb Jahrzehnten seiner Karriere, Franz Josef Strauß, wirft er zwar einen gefährlichen Hang zum Kontrollverlust vor, betrachtet ihn ansonsten aber mit Respekt. Für den ehemaligen Kabinettskollegen Erhard Eppler, dem er immer noch nachsagt, dass er ihn und seine Regierung habe «beseitigen» wollen, scheint es dagegen auf Dauer kein Pardon zu geben.

Bei Strauß hat er von Anfang an kalkulieren können, wo die Frontlinien verlaufen, und selbst dem marktradikalen Otto Graf Lambsdorff verübelt er dessen unverblümt kritische Haltung zur sozial-liberalen Koalition in der Rückschau kaum noch. Für Helmut Schmidt sind das stabile Größen, doch in seinem Grundraster, das die positiv bewerteten, weil verlässlichen Charaktere streng von den vermeintlich unberechenbaren trennt, gibt es eben immer auch die andere Kategorie: In den USA etwa neben dem «vertrauenswürdigen» Präsidenten Gerald Ford dessen «sprunghaften» Nachfolger Jimmy Carter – oder daheim in Bonn neben Hans-Dietrich Genscher einen Mann wie Herbert Wehner, in seiner Kanzlerära zwei Schlüsselfiguren.

Wie sonst kaum noch jemand stehen die beiden darüber hinaus für seinen tiefverwurzelten Unwillen, frühere Urteile zu revidieren. Obschon sich der Partner von der FDP zumindest in den ersten Jahren unbestrittene Verdienste um das Bündnis erwirbt, hält ihn der Bonner Regierungschef meistens für «undurchsichtig», während er dem ähnlich schwer einzuordnenden sozialdemokratischen Fraktionsvorsitzenden jederzeit klaren Kurs bescheinigt.

So bildet unter den Mitgliedern in der Führungscrew der SPD eigentlich nur Willy Brandt eine Ausnahme. Bis Mitte der Sechziger ruft Schmidt sich bereitwillig zu seinem Herold aus – aber dann kommt es unvermittelt zu einem praktisch schon damals unheilbaren Zerwürfnis. Beim Ringen um die Notstandsgesetze erkennt er entgeistert die enorme «Schwankungsbreite» des allseits gerühmten Genossen.

Für den Hardliner aus Hamburg ist das ein Fall von Doppelbödigkeit, die er der charismatischen Lichtgestalt nicht verzeihen kann, und dennoch kann er sich aus deren Schatten selbst zu seinen besten Zeiten nur selten lösen. Woran es liegt, dass der Parteifreund allen Widersprüchen zum Trotz die Massen euphorisiert, während ihm, dem stur und vergleichsweise prinzipienfest rackernden Arbeiter, höchstens Anerkennung zuteilwird, versucht er noch Jahrzehnte später tastend in einem

Gespräch mit dem «Spiegel» zu ergründen: Der Willy sei halt «ein Gefühlsmensch, kein Verstandesmensch» gewesen und habe bei «den Anlagen, die er besaß, genauso gut Künstler werden können».

Täuscht der Eindruck, oder bleibt er ihm letztlich ein Rätsel? In der Endphase seiner Regierungszeit redet Helmut Schmidt ausführlich mit dem in der Friedensbewegung aktiven Gießener Psychoanalytiker Horst-Eberhard Richter. Man erörtert Fragen der Ethik oder spricht über Ängste – und der Kanzler öffnet dem Arzt einen Spaltbreit sein Herz: Er möchte erklärt haben, weshalb die meisten Brandt lieben und ihn nur als «Macher» akzeptieren. Richter erkennt in ihm einen unter der Last der Verantwortung leidenden, durchaus kränkungsanfälligen Mann, der keineswegs – wie es den Anschein hat – in sich selber ruht.

Mit seinem Abgang von der Bonner Bühne vermissen nicht wenige Bundesbürger über die jeweiligen Parteipräferenzen hinaus den geschliffenen Schmidt'schen Auftritt – ein anderer Teil der Bevölkerung allerdings sehnt sich nach einem erneuerten Politikverständnis, wie es mit seiner «geistig-moralischen Wende» der Nachfolger Helmut Kohl ankündigt. Der hält sich für stark genug, auf seine Art sogar das von Brandt vermittelte Feingefühl wiederzubeleben; der vielfach als technokratisch und deshalb leicht blutarm empfundene Stil seines Vorgängers soll möglichst rasch der Vergangenheit angehören.

Wohl hat der zweite SPD-Kanzler der Nachkriegsrepublik immer noch eine stabile Anhängerschaft, doch die Aura der Macht verflüchtigt sich. Die Spitzenfunktionäre seiner Partei schweigen den ungeliebten Genossen weitgehend tot, während konservativen Sympathisanten sein Scheitern als Beleg für eine gestrandete Sozialdemokratie gilt. Und Helmut Schmidt, der sich bis zum Ende der ersten Legislaturperiode der Bürger-block-Koalition mit dem ruhmlosen Dasein des parlamentari-schen Hinterbänklers begnügt, reist und schreibt.

Aber je länger die Amtszeit zurückliegt, desto häufiger ver-knüpfen sich mit seinem Namen nostalgische Gefühle. In dem Maße, in dem sich Kohls Pathos als hohl erweist (und eine in Diadochenkämpfen verstrickte SPD dennoch über die Opposi-tion nicht hinauskommt), gewinnt der Hanseat wieder spürbar an Gewicht. Besonders nach der schwierigen Vereinigung sieht in ihm eine wachsende Zahl von Deutschen den am besten ge-eigneten Chef. Nicht umsonst erkennt vor allem der spätere Spitzenkandidat Gerhard Schröder, dass der «Typus Schmidt» für «hohe Führungskunst» steht, und beruft sich gelenkig auf seine Geistesverwandtschaft.

Vermutlich hat der Altkanzler diese Renaissance seiner Ste-tigkeit zu verdanken. Sosehr er bereits in seiner ersten Regie-rungserklärung der «Kontinuität» höchste Bedeutung zumisst, so konsequent präsentiert sich in seinem Beharrungsvermö-gen auch der Staatsmann außer Diensten. Was die Basis sei-ner Politik anbelangt, hält er die entscheidenden Passagen des Grundgesetzes und des unter seiner Mitwirkung in Bad Godes-berg verabschiedeten Programms, das die SPD zur Volkspartei umgewandelt hat, noch immer für völlig ausreichend.

Ein «Typus Schmidt» entfernt sich bloß in Notfällen von seiner Linie. Sich treu bleiben heißt die Devise, eine Form der Verweigerung alles «Neumodischen», die gelegentlich in Starrsinn umzukippen droht – aber dann treten die vielen Fa-cetten hervor, die sein persönliches Erscheinungsbild prägen. Als «größter Menschendarsteller Deutschlands», wie ihn im Januar 2008 bei einer Podiumsdiskussion der TV-Journalist Ulrich Wickert begrüßt, gefällt er sich seit eh und je in den unterschiedlichsten Rollen. Er ist nicht nur Kosmopolit und bekennender «Durchschnittsbürger» in einem, sondern vereinbart auch sonst in mancherlei Hinsicht, was nur schwer zusammengeht.

Zum Beispiel Bescheidenheit im Lebensstil und das krasse Gegenteil davon, wenn er mit Leuten zu tun hat, die ihn zum Hochmut reizen. Schon als Student verkündet er seinen verblüfften Lehrern, er verzichte auf eine Promotion, weil ihm der Doktortitel später honoris causa verliehen werde – und in seiner Zeit als Regierungschef laufen in Bonn ähnlich bemerkenswerte Geschichten um. Mal verschiebt Schmidt die Staatsgeschäfte, um sich stattdessen von einem Förster stundenlang geduldig in die Geheimnisse des deutschen Waldes einweihen zu lassen, in einem anderen Fall telefoniert er am Schreibtisch brüllend mit Breschnew und Carter, während ein ahnungsloser Genosse sein Arbeitszimmer betritt. «Dass man diesen Arschlöchern immer die Welt erklären muss», stöhnt der genervte Hausherr und bittet seinen beeindruckten Gast um Verständnis.

So kolportiert es jedenfalls aus eigenem Erleben der damalige Juso-Boss Gerhard Schröder, und Helmut Schmidt scheint sich im Nachhinein zu amüsieren. Die Story sei zwar nicht wahr, aber «sehr schön erfunden», lobt der Uraltkanzler den Altkanzler – ein laues, der Etikette wegen vermutlich notwendiges Dementi. Soll die Öffentlichkeit ruhig erfahren, darf man aus seiner Reaktion folgern, mit welch breiter Brust er den wichtigsten Job in der Bundesrepublik einst versah. Schließlich wurzeln die Gründe für sein hohes Ansehen auch in solchen Episoden, die seine beträchtliche Kompetenz und einen soliden Mannesmut belegen.

Er habe «nach Popularität nie gehascht», versteift sich der

Jubilar aus Anlass seines 85. Geburtstags in einem Interview mit dem «Norddeutschen Rundfunk», um dann wie üblich die Medien zu beschimpfen. Dass die Journaille den Politiker und die Bevölkerung zur Oberflächlichkeit verleite, glaubt er sogar noch nach seinem Umstieg in die Publizistik und sieht sich insoweit selbst gerne als Opfer. Denn hat man zu seinen aktiven Zeiten nicht häufig einen sagenhaften Stuss über ihn verbreitet?

Die Wahrheit ist komplizierter. Schon als junger Abgeordneter unterhält auch er zu den einflussreichen Meinungsführern beste Beziehungen und bemüht sich seinerseits, sie zu nutzen. In seinem Privatarchiv bewahrt der akribische Dokumentensammler etwa noch die Kopie eines Rundschreibens auf, in dem er sich 1958 nicht nur für die ungezählten Glückwünsche nach seinem berühmten Atomdebatten-Beitrag im Bundestag bedankt. Er rät seinen Fans darüber hinaus, an ihren jeweiligen Wohnorten eine gezielte Leserbrief-Kampagne zu organisieren.

Natürlich braucht der ehrgeizige Newcomer, der sich vom Start weg gewaltig ins Zeug legt, ein entsprechendes Image. Sein Faible für Mark Aurel und Kant – oder später den im Mittelalter lehrenden Philosophen und Theologen Thomas von Aquin, dem er die vier «Kardinaltugenden» Weisheit, Tapferkeit, Besonnenheit und Gerechtigkeit ablauscht – taugt dazu nur bedingt. Im politischen Alltag, weiß der mit hohem Wirklichkeitssinn ausgestattete Sozialdemokrat, geht es um handfestere Leistungsangebote, und die müssen zunächst einmal dem Volk bekanntgemacht werden. Also profiliert sich Schmidt als großer Kommunikator.

In den fünfziger Jahren fließt bei kaum einem Abgeordneten im Bonner Bundestag ein so starkes amerikanisches Element in die Vermittlung der Parlamentsarbeit ein wie bei dem angelsächsisch geprägten Hamburger. Tue Gutes und rede darüber – dieser Kern der damals in der Bundesrepublik noch weitgehend unbekannten *Public Relations* wird von ihm mit oftmals aggressiv vorgetragenen Glaubenssätzen verflochten. Er will das neue Deutschland in die richtige Richtung lenken und stilisiert sich dabei zum Prachtexemplar eines auf Disziplin und Pflichterfüllung ausgerichteten Menschen – was er dann allerdings auch beweist.

Und dennoch soll ihn das Engagement nicht daran hindern, sein Verlangen nach Unabhängigkeit zu bekräftigen. So interessant der «gelernte Demokrat» den politischen Betrieb findet, so sehr kokettiert er für längere Zeit mit realen oder eingebildeten Möglichkeiten des Ausstiegs. Nach dem raschen Ende seiner Träume, in der zerstörten Hansestadt als Architekt zu reüssieren, geht es ihm immer wieder um Alternativen zum praktizierten Berufsleben. Einen Wechsel hält er sogar noch für denkbar, als ihn Willy Brandt zum Kronprinzen ernennt.

Wesentliche Gründe für sein häufiges Geraune, er könne auch anders, liegen gewiss in seinem ambivalenten Verhältnis zur Partei. Bei aller Freundschaftspflege, die Schmidt in Kreisen und Netzwerken betreibt, fühlt er sich in einer Großorganisation mit ihren vorgegebenen Ritualen und festgefügten Handlungsmustern zu sehr gebunden. Obschon er die Fähigkeit zu Konsens und Kompromiss als unerlässliche Voraussetzung für eine funktionierende Demokratie propagiert, sieht er sich selbst in seiner Entfaltung bedroht.

Um die obligatorische Anrede «Genosse» drückt sich der ausgeprägte Individualist deshalb schon bald herum, aber daraus zu schließen, der Staatsmann und «Weltökonom» habe sich beizeiten aus dem grauen und nivellierenden SPD-Milieu in die ihm gemäßen lichten Höhen abgesetzt, würde ihm kaum gerecht. Den Dünkel eines typischen Parvenüs kennt der Spross einer Hamburger Kleinbürgerfamilie nicht. Noch auf dem Gipfel seiner Karriere schleppt er als Gastgeber die internationale Politprominenz in schleswig-holsteinische Kirchen, um ihr die Einzigartigkeit norddeutscher Backsteingotik vorzuführen. Oder er erfreut sich an ihrem Erstaunen darüber, wie unaufwendig er lebt.

Denn der heimatverbundene Helmut Schmidt will weder seine Wurzeln noch seine Eigenheiten verleugnen – und diesen Anspruch trägt er mit manchmal aufreizender Selbstverständlichkeit vor sich her. Einer von seinem Ruf kann es sich leisten, etwa in Peking von deutscher Erbsensuppe zu schwärmen oder daheim das im St. Pauli Theater dargebotene Volksschauspiel zu verteidigen. Gerade weil er als musisch sachkundiger Mensch Kunst von Kunsthandwerk zu unterscheiden vermag, sind dem passionierten Klavier- und Orgelspieler die von Freddy Quinn oder Hans Albers vermittelten «harmlosen Vergnügungen» lieber als die öden Schmähreden «elitärer Intellektueller».

Oder ist auch das wieder nur eine Pose, in der er seiner komödiantischen Begabung folgt und sich nebenher ein bisschen als Populist erprobt? In einem kulturpolitischen Streitgespräch entwickelt der Schriftsteller und Freund Siegfried Lenz am Beispiel Schmidts, was er als offenkundiges «deutsches Dilemma» zu bedenken gibt: Nachdem er den Kanzler als Mann des kritischen Rationalismus und «Pragmatiker allerkühlsten Wassers» gewürdigt hat, kommt er auf dessen künstlerische Potenz zu sprechen und entdeckt bei ihm «zwei Seelen» in einer Brust. Inwieweit die in einem Spannungsverhältnis zueinander stünden, möchte er wissen.

Doch der Regierungschef weist die ihm unterstellte «Polarisierung in mir selbst» entschieden zurück. Er zeigt sich leicht verwundert über das, «was Sie hier in mich hineingeheimnissen», und besteht robust auf seiner inneren Balance. Analysen, die sich nach seinem Empfinden klischeehaft mit der Psyche von Menschen befassen, sind ihm grundsätzlich suspekt. Und dass er mit sich Schwierigkeiten haben könnte, soll sich erst gar nicht in den Köpfen festsetzen.

Hat es mit dieser zuweilen fast schon hermetischen Abriegelung seiner Person zu tun, dass die von Siegfried Lenz so genannte «Außenansicht» Schmidts im Laufe der Zeit immer klarere Konturen zu gewinnen scheint, während sie aus der Nähe betrachtet eher verschwimmen? Je öfter sich einer an seiner Seite aufgehalten hat, desto schwerer fällt es ihm, den Altkanzler zu charakterisieren. Freund Voscherau etwa verweist auf Freund Apel und der wiederum auf Freund Schulz. Und selbst die vom späteren Publizisten für ihren «Klarblick» bewunderte Kollegin Marion Gräfin Dönhoff tappt letztlich im Dunkeln. Kurz vor ihrem Tod lobt sie den Partner, der stets für sie da gewesen sei, als den denkbar verlässlichsten Menschen: «… aber was ihn tief in seinem Inneren bewegt, habe ich nie erfahren.»

Eine ähnliche Technik der Verweigerung nutzt der Elder Statesman, wenn er in seiner Vita mit Ungereimtheiten konfrontiert wird. Hat er vor seinem Abgang als Regent – ein Amt, das er angeblich allein aus Gründen des Pflichtbewusstseins übernahm – nicht bis zuletzt nach Auswegen aus der Misere gefahndet? Um die abtrünnige FDP in möglichst raschen Neuwahlen abzustrafen, paktiert er da sogar mit Franz Josef Strauß, und als ihm danach seine Partei abermals die Spitzenkandidatur anträgt, ringt er wochenlang mit sich. Den Ausschlag für den Verzicht gibt erst der «seelsorgerische Rat» eines evangelischen Bischofs.

Seine Behauptung, zu keiner Zeit nach der Macht gestrebt und sie gerne wieder losgelassen zu haben, beruht also erkennbar auf Selbsttäuschung. Doch er bleibt dabei: Macht, sagt er so lapidar, als könne er tatsächlich nie einer anderen Meinung gewesen sein, sei «etwas für Soziologen» – und auf die gleiche Weise apodiktisch glättet Helmut Schmidt nahezu alles, was nicht in sein Bild von sich passt. Auch in seinem Falle wirkt das Alter wie ein großer Weichzeichner, der die unvermeidlichen Widersprüche in ein mildes Abendlicht taucht.

Welche Korrekturen soll er in dieser praktisch abgeschlossenen Biographie noch vornehmen, wovon sich verunsichern lassen? Selbst wenn ihm das erste Drittel in seinem fast wie auf einem Reißbrett dreigeteilten Leben – die Kindheit und Jugend unter dem Hakenkreuz – lange zu schaffen gemacht hat, will er nicht klagen. Immerhin darf er nun schon länger als ein volles Vierteljahrhundert auch jenseits von Amt und Würden als verehrte öffentliche Instanz wirken. Und dass er sozusagen zum Dank dafür selbstlos dem öffentlichen Wohl dienen kann, stellt ihn durchaus zufrieden.

Für das Eingeständnis gravierender Fehler bleibt da nur wenig Platz. Sein und seiner Regierung «größtes Versäumnis», sagt Helmut Schmidt nach längerem Grübeln, liege im Wesentlichen in einer unzureichenden gesellschaftlichen Analyse. Obwohl die Koalition bereits in den Siebzigern die drohende Überalterung der Deutschen habe erkennen können, sei kaum etwas geschehen. Seither treibt ihn diese Frage um – und wenn er besonders gut in Form ist, schickt er seiner Warnung, das dringliche Thema endlich mit dem gebührenden Ernst zu behandeln, eine kleine, bitter-ironische Pointe hinterher: Könne man ja an ihm sehen, ruft er bei Podiumsdiskussionen in die Säle, welche schwerwiegenden Folgen sich aus diesem Sachverhalt ergäben!

In den ersten Tagen des Jahres 2008, als er wieder mal im Hamburger Thalia Theater gastiert, nennt er sich aufgekratzt ein «Paradebeispiel» für die aktuellen demographischen Probleme, und das erwartungsvoll an seinen Lippen hängende Publikum berauscht sich an solchen Einlagen. Momente, in denen der von Schmidt in kleinsten Portionen veräußerte Charme aufblitzt, gelten als Raritäten. Seine in der Regel mangelnde Bereitschaft, «sich selber durch den Kakao zu ziehen», hat dabei weniger mit unterentwickeltem Humor als mit Argwohn zu tun. Die überwältigende Mehrheit der Menschen, fürchtet der Skeptiker, honoriere derartige Angebote nicht.

Also nimmt er auch die stehenden Ovationen auf eine für ihn typische Art entgegen. Kein Anflug von gesteigertem Wohlbehagen oder gar sichtbarem Genuss spiegelt sich in seinen fahlen Zügen. Leicht in Schräglage stehend und hörbar schnaufend auf einen Krückstock gestützt, scheint der Redner das Bad in der Menge als unvermeidliche, lästige Pflichtübung über sich ergehen zu lassen.

Doch der zielstrebig zur Schau gestellte Ausdruck des Leidens täuscht. Mit seiner Griesgrämigkeit als Reaktion auf die Rituale der Zuwendung pflegt er zugleich jenen Teil seines Persönlichkeitsbildes, der sich am liebsten im Understatement offenbart. So wie Helmut Schmidt selbst auf dem Gipfelpunkt seiner Karriere etwas kokett lediglich als «leitender Angestellter» der Bundesrepublik seinen Job machen mochte, präsentiert er sich auch als Rentner. Einerseits soll man ihm glauben, dass er fast schon nicht mehr dazugehöre – aber sich andererseits auch nicht täuschen: An Durchblicksvermögen und Urteilskraft habe er deshalb kaum eingebüßt!

Allem voran ist es wohl dieser auffällige, in einer Figur zusammenfließende Doppeleffekt, der seine Anhänger fasziniert: Zuweilen ähnelt der gerne auf die Wechselfälle von neun Jahrzehnten deutscher und europäischer Geschichte zurückgreifende Staatsmann a. D. einem Relikt aus vergangener Zeit, um dann unvermittelt eindrucksvoll up to date zu wirken. Die unausgesprochene Botschaft heißt, dass es einen moderneren Politiker als ihn im Lande nirgendwo gibt – und natürlich erst recht keinen, der sich auf eine nur annähernd vergleichbare Erfahrung berufen könnte.

Dass die Auftritte dabei mitunter in eine nervende Belehrungssuada ausarten, lässt sich wohl kaum vermeiden, doch je älter er wird, desto unpathetischer klingen seine Retrospektiven auf einstige Heldentaten oder die Warnungen vor künftigen Katastrophen. Von allen Rollen, die ihm das Leben ermöglicht oder abverlangt hat – etwa jene des schneidigen Kriegsoffiziers oder in Friedenszeiten des hocheffizienten Krisenmanagers –, ist diese Rolle des alten Mannes vielleicht seine beste, weil am wenigsten einem Klischee verhaftete: Als alter Mann darf er sich Zweifel oder das Eingeständnis von Unvollkommenheit erlauben, was das in früheren Jahren aufgeblähte Ego nie zugelassen hätte.

Gleichzeitig verfügt er nach wie vor über eine hinreichende Dosis an Eitelkeit, mit der er die Ursachen seines Sturzes vor einem guten Vierteljahrhundert ausschließlich dem schuldhaften Verhalten anderer zuschreibt. Ist es nicht ein bisschen tragisch, in den wesentlichen Sachfragen richtiggelegen zu haben und trotzdem schnöde vom Hof gejagt worden zu sein? Da tut es dem Elder Statesman schon gut, wenn ihn das Gros der bundesdeutschen Bevölkerung wenigstens im Nachhinein reichlich entschädigt.

Also trägt auch er bereitwillig einen Teil dazu bei, der immer öfter mit seinem Namen verbundenen Metapher von der «lebenden Legende» gerecht zu werden. Dem Parteienstreit längst entrückt, gelingt es ihm wie keinem Zweiten, die im Lande verbreitete Sehnsucht nach Kompetenz und gesundem Menschenverstand zu bedienen. In einer an Leitfiguren zunehmend armen Gesellschaft ist es vor allem der von ihm vermittelte Eindruck, über einen herausragenden Wirklichkeitssinn zu verfügen, der ihn zum allseits anerkannten Mentor aufsteigen lässt.

Und Schmidt wächst mit den Aufgaben. Da nun «leider die Empörung nicht mehr so vital in der Seele rumort», tritt er bei seinen Auseinandersetzungen um Personen und Sachen weniger verletzend als in jüngeren Jahren in die Arena. Ein Zyniker ist er bei aller Rauflust und Bissigkeit nie gewesen, aber das ehedem Saloppe, bisweilen aufreizend Arrogante oder zumindest Lakonische in seiner Diktion scheint nun mehr und mehr einer sympathischer wirkenden Melancholie zu weichen.

Das schließt andererseits nicht aus, dass er in die Rückschau auf die Highlights seiner Karriere immer mal kleine Facetten einstreut, mit denen der Ich-Erzähler das ohnehin schon günstige Bild noch ein bisschen glatter poliert. Dass er etwa die Nerven besaß, am Tage der Entscheidung von Mogadischu parallel zu seinem berühmten Krisenmanagement stundenlang mit Max Frisch, Heinrich Böll und Siegfried Lenz über Literatur zu diskutieren – «und die wussten von nix» –, soll die Nachwelt denn doch erfahren. Und wie er den Granden Breschnew und Carter die Stirn bot oder bereits als sozialdemokratischer Jungtürke im Hamburger Wahlkampf von Freunden gebremst werden musste, um nicht mit der Latte auf Kommunisten einzudreschen, berichtet er ebenfalls gern.

Denn natürlich möchte auch Helmut Schmidt zu den von ihm so verehrten «wunderbaren Kerlen» gehören. Handfeste Männer, die aus politischem Urgestein gehauen sind und in ihren Heldenstücken Härte mit Herz wie Unbeirrbarkeit in der Sache verbinden, haben es ihm ein Leben lang angetan. Sich da einreihen zu dürfen, ist ihm so wichtig, dass er selbst vor kräftigem Eigenlob nicht zurückschreckt: Was kann er zum Beispiel dafür, merkt er noch vier Jahrzehnte danach mit leiser Verachtung an, wenn am Morgen der Sturmflut 1962 das Spitzenpersonal seiner Heimatstadt samt und sonders den Durchblick verlor? Klar doch, dass da einer von seinem Zuschnitt «das Heft in die Hand nimmt»!

Aber solche Tiraden bleiben die Ausnahme. In der überwiegenden Zahl seiner Reminiszenzen und Anekdoten beweist der ehemalige Regierungschef ein solides Gespür für die Gefahr von Überzeichnungen. Schmidt Schnauze setzt sich nur noch selten in Szene; besser gefallen nun auch ihm die etwas feiner gewirkten Geschichten, die seine angebliche Neigung zu schroffer Egomanie widerlegen. Eine erzählt davon, wie er nach Beendigung seiner Kanzlerära im Bundestag als Hinterbänkler einen Papierflieger faltet, den er dann ungeniert in Richtung vordere Sitzreihen schleudert. Das im Sturzflug niedergehende Projektil ist aus einem Redetext Willy Brandts gebastelt.

Unwahrscheinlich, dass er bei diesem Jokus anlässlich einer Debatte zur Umsetzung des NATO-Doppelbeschlusses das Parlament zu düpieren beabsichtigt. Aber was möchte er dann damit bezwecken? Ist es der plötzlich ins Lausbubenhafte umkippende Versuch, die schmerzliche Niederlage auf dem Kölner Parteitag mit dem Mittel der Selbstironie erträglicher zu machen?

Da er hartnäckig von sich behauptet, nichts aus dem Bauch heraus zu tun, bleibt der Grund für den leicht albern-provokativen Akt letztlich offen. Vielleicht soll so seinem Untergang nur das Pathos genommen werden. Ein Schlachtfeld, wenn es denn sein muss, mit steif durchgedrücktem Kreuz zu räumen, hat er sich stets abverlangt, und was immer ihn antreibt oder notfalls zum Rückzug zwingt – er möchte in jedem Fall imponieren.

Obenan steht bei Helmut Schmidt nämlich auch der Effekt seines Handelns. Den Menschen eine möglichst nahtlose Übereinstimmung mit ihren Interessen und Präferenzen vorzugaukeln, verbietet ihm sein sperriger Charakter, aber gleichwohl will er ihnen gefallen. Folglich gibt er der latenten Verführung, den Bundesbürgern einen Regierungschef zu präsentieren, wie er von den meisten am liebsten gesehen wird, in einer Form von gewissermaßen gehobenem Populismus nach: Sofern man sie nur mit dem entsprechenden staatsmännischen Gestus vorträgt, beeindrucken das Volk nach seinen Erfahrungen gerade die unbequemen Wahrheiten.

Gelegentliche – häufig durchaus kalkulierte – Ausraster können da kaum schaden, doch allem Anschein zuwider ist Helmut Schmidt keineswegs der große Polarisierer. Statt gnadenlos die Konfrontation zu suchen, baut er eher auf Vermittlung. Wer in den täglichen Geschäften den Kompromiss geringschätzt, untergräbt nach seiner Überzeugung einen wesentlichen Baustein der Demokratie, und so ruppig er sich etwa mit den oft von ihm geschmähten «Schwarzen» auseinandersetzt, so verlässlich hält er zugleich alle Vereinbarungen ein. Das am stärksten ins Auge springende Merkmal seiner Amtszeit ist der Wille zum Ausgleich – ein Verständnis von Politik, das zwar immer wieder zu Lasten der Identität seiner SPD geht, dem in der Bundesrepublik zunehmend als überparteilich empfundenen Kanzler aber eine besondere Aura verleiht.

Dass er sein Leben darüber hinaus zu einer Art Opfergang im Namen der Pflichterfüllung verklärt, beeindruckt die Deutschen nicht minder als seine immerwährende Realitätsbezogenheit, die er manchmal hochfahrend gegenüber allen ideologisch begründeten Konzepten zur Schau stellt. Menschen, die sich mit Visionen quälten, sollten gefälligst den Arzt aufsuchen, höhnt der um seine Jugend und damit die eigenen frühen Träume betrogene Pragmatiker und wundert sich, dass die von ihm in erster Linie ins Visier genommene Generation der «Achtundsechziger» hart zurückschlägt: Für die Protest- und Anarchoszene ist er der Law-and-Order-Mann aus Hamburg, ein ewiger Typ Feldwebel, den man trotz seiner Fähigkeiten nur als eindimensional abqualifiziert – was dann wiederum ihn erheblich kränkt.

Und in Wirklichkeit hat er ja auch weit mehr zu bieten, obschon er einige der zu diesem Bild passenden Eigenschaften bis in die Gegenwart pflegt. «Welcome to the club of workaholics», hatte der Kanzler bereits im heißen «Deutschen Herbst» seinem Vertrauten Hans-Jürgen Wischnewski zugerufen, als der ähnlich umtriebige Genosse zu ihm in die Regierungszentrale wechselte, und so tönt er noch Jahrzehnte später: Er komme wöchentlich «auf fünfzig bis sechzig Stunden Arbeitszeit», versteift sich der 85-jährige Schmidt in einem NDR-Interview, um sich danach mit fast neunzig gewaltig über die Besitzstandsverteidiger in Sachen Rentenalter aufzuregen. «Die faulen Zeiten sind zu Ende», echauffiert sich der Elder Statesman im Winter 2008 bei einem Kurzeinsatz als Hamburger Bürgerschaftswahlkämpfer.

Zum Mythos des Sachverständigen gesellt sich so der Glorienschein des Unverwüstlichen, der sich selbst nach zwei Infarkten und mit dem inzwischen vierten Herzschrittmacher eine im Grunde kaum begreifliche Unvernunft erlaubt: Der in den Kanzlerjahren von zahllosen Ohnmachtsattacken heimgesuchte Greis raucht weiterhin Kette und lässt sich dafür die – an seiner Intelligenz gemessen – abenteuerlichsten Erklärungen einfallen. Die skurrilste heißt, sein Arzt habe ihm versichert, die gefährdeten Gefäße seien inzwischen hinreichend «auszementiert».

Näher kommt der Wahrheit wohl, dass das gemeinsam von einer andauernden Qualmwolke umnebelte Ehepaar Schmidt dieses Laster mit der gleichen Nonchalance und lakonischen Hinnahmebereitschaft trägt, wie es seine körperlichen Gebrechen erduldet. Als sichtbarstes Zeichen der fortgeschrittenen Jahre hat die Standfestigkeit und Trittsicherheit beider spürbar gelitten, und den Hausherrn plagt darüber hinaus eine an Taubheit grenzende Schädigung seines Gehörs, sodass ihm selbst die geliebte Musik als krächzendes, unspezifisches Geräusch in den Schädel dringt.

Zu seinen Eigenheiten zählt eine auffällige, beinahe schon teilnahmslos wirkende Art, in der er diese Malaisen weder verheimlicht noch dramatisiert, sondern nüchtern wie eine leider kaum zu beschönigende Mängelliste zu Protokoll gibt. Für eine Tragödie hält er dagegen, dass ihm in den bisher neun Jahrzehnten seines Lebens fast alle Freunde weggestorben sind. Diese Abschiede und ein schmerzliches Hineingleiten in die Einsamkeit des vorerst noch Zurückbleibenden sind nach seinem Empfinden die wahre Tragödie und schwerste Krankheit des Alters.

«Tot, tot, tot», sagt er mit matter Stimme, als sein Blick auf ein leicht vergilbtes Bild fällt, das ihn 1938 im Kreise der jungen Vegesacker Marinesoldaten zeigt und nahezu siebzig Jahre später für eine Fotoausstellung verwendet wird. Von allen Kameraden, die da entschlossen und hoffnungsfroh zur Verteidigung des Vaterlandes antreten, hat es am Ende eines mörderischen Krieges, wie der Ex-Kanzler mit feucht glänzenden Augen in seinem Hamburger Redaktionsbüro berichtet, nur den «kleenen Schmidt» nicht erwischt. Und so ergeht es ihm nun wieder – was er schlicht «zum Kotzen» findet.

Doch darüber ungebührlich zu jammern, kommt ihm nicht in den Sinn. Schließlich muss er dem Schicksal dankbar sein, das ihm mit der Jugendliebe Loki sozusagen von Kindesbeinen an eine Partnerin zur Seite stellte, ohne deren segensreiche Wirkung und weise Nachsicht in persönlichen Krisenphasen weder die politische Karriere möglich gewesen wäre noch das beispielhaft erscheinende private Miteinander. Die Gnade der späten Gemeinsamkeit, lässt sich der im siebenten Jahrzehnt verheiratete und in früheren Zeiten von Anfechtungen nicht freie Ehemann demütig vernehmen, sei «in erster Linie gewiss das Verdienst einer starken Frau … die braucht man in so einem Leben».

Philemon und Baucis sind sie deshalb zwar nie geworden, wohl aber im Laufe der Jahre ein unzertrennliches Paar. Nachdem der Elder Statesman als 87-Jähriger auf Dienstreise in Japan am Telefon davon erfährt, wie die zu Hause gestürzte Loki eine Nacht lang hilflos auf dem Boden liegt, beendet er kurzerhand seine weltumspannenden Missionen. Er möchte sich fortan in ihrer Nähe aufhalten.

Die bewährte Schmidt-Show, die er als immer noch hoch angesehener Interpret globaler Entwicklungen auf internationalen Foren bietet, hat sich damit weitgehend erledigt, und sein

Aktionsfeld beschränkt sich nun zunehmend auf das politische Kammerspiel. Allein wenn es um eines seiner Spezialgebiete geht, wie im Frühjahr 2007 das von ihm kritisierte Vorhaben der Bush-Administration, mit einem Raketenabwehrsystem in Osteuropa die ohnehin fragile nuklearstrategische Balance zu erschüttern, schlägt er als scharfzüngiger Kritiker Alarm. Energischer als der einstige Partner von vier US-Präsidenten warnt in jüngster Vergangenheit kaum ein anderer westlicher Staatsmann die Verbündeten davor, einen neuen kalten Krieg zu schüren.

Aber sonst scheint er die schillernde Weltbühne nicht mehr nötig zu haben, sondern nimmt bei allem verbliebenen Ehrgeiz mit der kleinen Form vorlieb. «Auf eine Zigarette» heißt ein in der Beilage seines Wochenblattes regelmäßig publiziertes Kurzinterview, das er mit dem Chefredakteur etwa über das Wesen Russlands, die Schwarzmalerei der Deutschen oder den im Spektakel versinkenden G-8-Gipfel führt. Und selbst wenn er sich da nur über Politikerwitze verbreitet, sind in einer Zeit der schmerzlich vermissten Autoritäten und Leitfiguren Worte Helmut Schmidts offenbar goldene Worte.

Er könnte also mit sich zufrieden sein und behauptet das erstmals auch. Stehe auf seinem Grabstein, er habe seine Sache «anständig gemacht», würde ihm das reichen, sagt der alte Mann wie immer ein bisschen gespreizt, wenn er sich zu seinen Gefühlen äußern soll – um dann unversehens mitteilungsfreudig zu den letzten oder zumindest vorletzten Fragen zu wechseln.

Allem voran der «liebe Gott», die Frage, ob es den tatsächlich gibt und was er mit einem wie ihm im Schilde führen könnte, ist für den evangelischen Lutheraner stets ein wichtiges Thema gewesen. Schon in den frühen Sechzigern bejaht er, als der spätere Bundespräsident Gustav Heinemann mit dem jungen Abgeordneten aus Hamburg über Gesinnungs- und Verantwortungsethik debattiert, ausdrücklich die Existenz des von ihm so genannten Herrn der Geschichte. Aber diese Gewissheit scheint sich, je älter er wird, peu à peu abzuschwächen: Ende November 2007 überrascht die Kommunikationsagentur einer Fernsehtalkshow mit der Vorausmeldung, der «ehrwürdige Politiker» habe seinen Glauben verloren.

In der Sendung bestätigt er dann freilich nur, was er seit geraumer Zeit für die wahrscheinlichste Lösung des größten aller Rätsel hält: Gott, so bastelt sich Helmut Schmidt eine etwas extravagant anmutende Erklärung, sei wohl tatsächlich eine Realität – doch wie die Hölle von Auschwitz oder zwei verheerende Weltkriege gezeigt hätten, möge man sich tunlichst auf ihn «nicht verlassen».

Und so will er denn dereinst dahingehen: im Grunde ohne Erwartung, aber auch neugierig auf das, «was vielleicht noch kommt».

Literaturauswahl

Apel, Hans: Der Abstieg. Politisches Tagebuch eines Jahrzehnts, Stuttgart 1990.

Bahr, Egon: Zu meiner Zeit, München 1998.

Baring, Arnulf: Machtwechsel. Die Ära Brandt-Scheel, Berlin 1998.

Baring, Arnulf / Schöllgen, Gregor: Kanzler, Krisen, Koalitionen, Berlin 2002.

Bölling, Klaus: Die letzten 30 Tage des Kanzlers Helmut Schmidt, Reinbek 1982.

Brandt, Willy: Erinnerungen, Hamburg 2007.

Carr, Jonathan: Helmut Schmidt, Düsseldorf und Wien 1985.

Dönhoff, Marion Gräfin, u. a. (Hrsg.): Hart am Wind. Helmut Schmidts politische Laufbahn, Hamburg 1978.

Dönhoff, Marion Gräfin: Gestalten unserer Zeit. Politische Portraits, Stuttgart 1991.

Dönhoff, Marion Gräfin: Deutschland, deine Kanzler, Berlin 1999.

Ehmke, Horst: Mittendrin. Von der Großen Koalition zur Deutschen Einheit, Berlin 1994.

Eppler, Erhard: Komplettes Stückwerk, Frankfurt a. M. 2001.

Jäger, Wolfgang / Link, Werner: Geschichte der Bundesrepublik Deutschland 1974–1982, Stuttgart 1987.

Kellermeier, Jürgen: Willy Brandt/Helmut Schmidt. Zwei Sozialdemokraten im Gespräch, Reinbek 1976.

Koch, Peter: Das Duell. Franz Josef Strauß gegen Helmut Schmidt, Hamburg 1979.

Krause-Burger, Sibylle: Helmut Schmidt. Aus der Nähe gesehen, Düsseldorf und Wien 1980.

Leinemann, Jürgen: Höhenrausch. Die wirklichkeitsleere Welt der Politiker, München 2004.

Maischberger, Sandra: Hand aufs Herz. Im Gespräch mit Helmut Schmidt, München 2002.

Merseburger, Peter: Willy Brandt, Stuttgart und München 2004.

Meyer, Christoph: Herbert Wehner, München 2006.

Möller, Alex: Tatort Politik, München/Zürich 1982.

Nayhaus, Mainhardt Graf von: Helmut Schmidt. Mensch und Macher, Bergisch Gladbach 1988.

Rupps, Martin: Troika wider Willen. Wie Brandt, Wehner und Schmidt die Republik regierten, Berlin 2005.

Schmid, Carlo: Erinnerungen, Berlin/München/Wien 1979.

Schmidt, Helmut: Kritischer Rationalismus und Sozialdemokratie (Vorwort), Berlin und Bonn-Bad Godesberg 1975.

Schmidt, Helmut: Was wird aus Deutschland? Im Gespräch mit Eberhard Jäckel und Edzard Reuter, Stuttgart 1994.

Schmidt, Helmut, u. a.: Kindheit und Jugend unter Hitler, Berlin 1992.

Schmidt, Helmut: Jahrhundertwende. Gespräche mit Jimmy Carter, Michail Gorbatschow, Henry Kissinger u. a., Berlin 2000.

Schmidt, Helmut: Handeln für Deutschland, Berlin 1994.

Schmidt, Helmut: Menschen und Mächte, Berlin 1989.

Schmidt, Helmut: Beiträge, Stuttgart 1967.

Schmidt, Helmut (Hrsg.): Erkundungen. Protokolle der Freitagsgesellschaft, München 2001.

Schmidt, Helmut: Auf der Suche nach einer öffentlichen Moral, Stuttgart 1998.

Schmidt, Helmut: Das Jahr der Entscheidung, Berlin 1994.

Schmidt, Helmut: Weltwirtschaft ist unser Schicksal, Frankfurt a. M. 1983.

Schmidt, Helmut: Weggefährten. Erinnerungen und Reflexionen, Berlin 1998.

Schöllgen, Gregor: Willy Brandt, Berlin und München 2001.

Soell, Hartmut: Helmut Schmidt. Vernunft und Leidenschaft, München 2003.

Steffahn, Harald: Helmut Schmidt. Monographie, Hamburg 1999.

Schwelien, Michael: Helmut Schmidt. Ein Leben für den Frieden, Hamburg 2003.

Thies, Jochen: Helmut Schmidts Rückzug von der Macht, Bonn 1988.

Vogel, Hans-Jochen: Nachsichten. Meine Bonner und Berliner Jahre, München 1997.

Walter, Franz: Die SPD. Vom Proletariat zur Neuen Mitte, Berlin 2002.

Witter, Ben: Prominentenporträts, Frankfurt a. M., 1977.

Personenregister

Adenauer, Konrad 12 f., 62 f., 68, 72–77, 79, 82, 92, 99, 148, 173, 188, 234, 237, 246, 254, 258, 279 f.
Adorno, Theodor W. 112
Ahlers, Conrad 92
Albers, Hans 295
Albrecht, Ernst 164, 198, 204
Apel, Hans 13, 18, 150, 152, 157, 191, 220, 231, 252, 296
Aquin, Thomas von 293
Arendt, Walter 173
Augstein, Rudolf 92, 246

Baader, Andreas 178, 187 f.
Bahr, Egon 11, 16, 149, 195, 252, 262, 269
Ballin, Albert 94
Baring, Arnulf 122, 126
Barlach, Ernst 29 f., 217
Barzel, Rainer 107, 227, 287
Baudissin, Wolf Graf 72
Bebel, August 69, 151
Beethoven, Ludwig van 250
Begin, Menachem 45

Benneter, Klaus-Uwe 183
Berkhan, Karl Wilhelm 94, 127, 151
Bernstein, Leonard 249, 286
Bismarck, Otto von 188, 246, 278
Blank, Theodor 72 f., 75
Blank, Ulrich 106
Bloch, Ernst 112
Boenisch, Peter 266
Bohnenkamp, Hans 48, 60
Böll, Heinrich 300
Bölling, Klaus 8, 151, 181, 210, 220, 224, 232, 270, 281
Bonaparte, Napoleon 39
Bontjes van Beek, Cato 41 f.
Bontjes van Beek, Olga 34, 41
Borchert, Wolfgang 94
Börner, Holger 255
Brandt, Willy 9, 11, 13, 15 f., 47, 52, 54, 78, 82, 93, 95, 99–105, 111, 113–121, 123–126, 128, 130–145, 147, 149, 151 f., 154, 156, 163, 165, 170 f., 173, 177, 179, 185, 188 f., 193, 205, 213 f., 221, 227 f., 233 f., 239 f., 245 f., 248, 252,

Bildnachweis

J. H. Darchinger: 7 u., 9 o., 9 u., 10, 13 u., 14 o., 15 o., 15 u.
Sven Simon: 1 o., 3, 6 u., 11
Picture Alliance: 7 o., 13 o., 14 u., 16
Uwe Reuter: 1 u.
Der Spiegel: 2
ullstein bild: 4
Der Spiegel / Max Ehlert: 5
Staatsarchiv Hamburg: 6 o.
BPK / Charles Wilp: 8
Bundespresseamt: 12

Hans-Joachim Noack,
Wolfram Bickerich

Helmut Kohl
Die Biographie

Vollblutpolitiker, Machtmensch, Einheitskanzler

Kaum ein Politiker der jüngsten deutschen Geschichte
hat so polarisiert – und kaum einer wurde so unterschätzt wie Helmut Kohl. Die langjährigen «Spiegel»-Politikchefs Hans-Joachim Noack und Wolfram
Bickerich, die Kohls Karriere seit vierzig Jahren zum
Teil aus nächster Nähe verfolgt haben, zeichnen das
Porträt dieses Ausnahmepolitikers, der wie kein Zweiter das Land geprägt hat. Ein glänzend geschriebenes
Lebenspanorama – und zugleich eine packende Zeit-
reise durch acht Jahrzehnte deutscher Geschichte.

304 Seiten, zahlreiche Fotos
ISBN 978-3-87134-657-6

rowohlt
BERLIN